中国城市技术转移的空间演化研究

Spatial Evolution of Technology Transfer in China City System

段德忠　著

中国社会科学出版社

图书在版编目（CIP）数据

中国城市技术转移的空间演化研究 / 段德忠著 .—北京：中国社会科学出版社，2020.9
ISBN 978 – 7 – 5203 – 6170 – 5

Ⅰ.①中⋯　Ⅱ.①段⋯　Ⅲ.①技术转移—研究—中国　Ⅳ.①F124.3

中国版本图书馆 CIP 数据核字（2020）第 051597 号

出 版 人	赵剑英
责任编辑	马　明
责任校对	周　昊
责任印制	王　超

出　　版	中国社会科学出版社
社　　址	北京鼓楼西大街甲 158 号
邮　　编	100720
网　　址	http://www.csspw.cn
发 行 部	010 – 84083685
门 市 部	010 – 84029450
经　　销	新华书店及其他书店
印　　刷	北京君升印刷有限公司
装　　订	廊坊市广阳区广增装订厂
版　　次	2020 年 9 月第 1 版
印　　次	2020 年 9 月第 1 次印刷
开　　本	710×1000　1/16
印　　张	20
插　　页	2
字　　数	279 千字
定　　价	118.00 元

凡购买中国社会科学出版社图书，如有质量问题请与本社营销中心联系调换
电话：010 – 84083683
版权所有　侵权必究

出 版 说 明

为进一步加大对哲学社会科学领域青年人才扶持力度，促进优秀青年学者更快更好成长，国家社科基金设立博士论文出版项目，重点资助学术基础扎实、具有创新意识和发展潜力的青年学者。2019年经组织申报、专家评审、社会公示，评选出首批博士论文项目。按照"统一标识、统一封面、统一版式、统一标准"的总体要求，现予出版，以飨读者。

全国哲学社会科学工作办公室

2020年7月

序　言

段德忠于 2014 年 9 月进入华东师范大学城市与区域科学学院，在我的指导下攻读人文地理学专业博士学位，2018 年 6 月通过博士学位论文答辩毕业，留校从事博士后研究工作，继续在创新地理学领域开展深入的探索工作。德忠的博士论文《中国城市技术转移的空间演化研究》获得国家社科基金后期资助优秀博士学位论文出版项目和华东师范大学 2019 年度人文社科精品力作出版项目联合资助，付梓出版之际，邀我为之作序，我欣然允之。

20 年前，我完成了博士论文《跨国公司 R&D 全球化的区位模式研究》，从此开始涉及创新地理和科技政策领域。从那时起，我开始指导博士生，到现在已接近 40 名，他们的论文也随着我的研究选题在不断拓展和深化。20 多年来，我研究的问题从跨国公司 R&D 区位、全球 R&D 网络、国家—区域创新体系到全球创新网络、全球科技创新中心、"一带一路"区域创新网络等，先后建构了跨国公司研发全球化的区位理论、全球科技创新中心的"343"理论模式、全球—区域创新要素流动的空间网络分析框架等，系统性提炼了跨国公司 R&D 区位选择模式、全球科技创新中心发展模式、科教深度融合的国家—区域创新体系建设路径等，为上海科技创新中心建设、国家科技战略决策等做出了自己的贡献。段德忠的这本专著正是在全球—区域创新要素流动的空间网络分析框架下，以技术转移为载体系统研究了中国技术创新体系的空间演化机理，是对本人关于创新要素空间流动分析框架的实证和深化。

知识经济时代，中国经济发展进入新常态，经济增长方式由要素驱动向创新驱动转变，创新成为推动国家和区域经济增长的首要动力。为加快创新技术转移，推动科技成果转移转化，国务院先后发布了《促进科技成果转移转化行动方案》（国办发〔2016〕28号）和《国家技术转移体系建设方案》（国发〔2017〕44号），明确提出我国目前迫切需要加强系统设计，构建符合科技创新规律、技术转移规律和产业发展规律的国家技术转移体系。综观当前技术转移研究，国内外学术界围绕"跨国公司技术转移""大学技术转移""产学研合作""科技成果转化"等核心话题展开了大量的实证研究，且在大学、企业技术转移能力、途径、模式等研究领域已形成一套完善的微观技术转移研究分析框架，但大多数成果来自经济学和管理学，从地理学的视角研究技术转移的空间问题以及其背后凸显的国家与区域创新问题的成果非常少见。

《中国城市技术转移的空间演化研究》一书基于城市这一空间尺度，将研究对象从微观主体层面的技术创新主体抽象至城市，从结构体系、维度体系和效应体系三个维度构建了城市技术转移研究的分析框架，在厘清中国技术创新体系的基础上，多维度多层次地剖析了中国城市技术转移的时空格局及其生长演化机制。综观全书，作者在以下几个方面非常值得肯定，且较有特色：

其一，研究内容上，建构了城市技术转移研究的分析框架。将研究对象从技术创新主体抽象至城市，建立了城市技术转移研究的结构体系、维度体系和效应体系，初步建构了城市技术转移研究的理论框架。另外，从技术转移的视角解析了中国城市技术创新体系的等级层次性和技术转移市场的分割性，丰富了当前创新地理学研究的视角，开拓了当前创新地理学研究的新领域。

其二，研究尺度上，在对中国城市技术转移体系进行研究的过程中，实现了空间尺度上精细化发展。当前，技术转移空间研究的尺度集中于区域这一尺度，该书从城市尺度揭示了中国技术创新体系和技术转移体系的空间演化态势，实现了技术转移研究空间尺度的向下拓展。

其三，研究方法上，不仅注重地理学空间分析和经济学计量分析相结合，还注重大数据挖掘分析与传统资料收集分析相结合，文献计量分析与传统文献阅读相结合。基于以上研究方法，该书建构了 2000—2015 年中国城市技术创新空间数据库和 2001—2015 年中国城市技术转移空间数据库两大数据库，这些数据库的建构为以后的相关研究奠定了很好的数据基础。

综述之，《中国城市技术转移的空间演化研究》一书选题新颖，紧扣发展前沿，研究思路清晰，研究方法强调理论与实证相结合，研究结论对指导国家技术转移体系建设具有重要的参考价值。另外，该书的部分研究内容已经在《地理学报》《地理科学》《科研管理》与 *Growth and Change* 等国内外权威或核心学术期刊上发表，体现了作者高水平的研究实力。该书可供高校和科研院所创新地理学、经济地理学、城市经济学、区域经济学、科学学等专业学者在教学和研究中使用，也可供科技政策、科技规划、城市管理、技术转移等领域的政府部门工作人员参考使用。

杜德斌
华东师范大学人文地理学教授、博导
城市与区域科学学院院长
全球创新与发展研究院院长
2019 年 12 月 30 日
于华东师大地理馆

摘 要

构建符合科技创新规律、技术转移规律和产业发展规律的国家技术转移体系是服务于国家创新发展战略的必然选择。本书立足于《国家技术转移体系建设方案》关于加快建设国家技术转移体系的重大关键要求，着眼于技术转移空间研究较为薄弱即创新空间研究亟待突破等理论现实问题，围绕"什么是""如何研究""现状如何""有何作用"等一系列关键问题展开系统性的研究，一方面建构了城市技术转移研究的理论框架，另一方面也从专利转让的视角对中国技术转移的现状格局、网络结构、演化过程、市场体系和空间效应进行了实证分析。研究发现：（1）中国城市技术转移活动高度遵循宏观上的空间集聚规律和微观上的地理邻近效应，主要表现在：首先，中国技术转移活动在空间上高度集聚，长三角、京津和珠三角地区是中国城市技术转移最为活跃和频繁的地区。其次，中国技术转移中心（城市）在空间上高度集聚，表明技术转移并不会在区域上形成空间塌陷效应，存在多个技术转移中心在区域内部共存的现实证据。第三，地理邻近性是中国城市技术转移结构差异和网络连接的空间机制。（2）技术差距是中国城市技术转移网络演化的动力与拓扑连接机制，也是中国统一技术转移体系和技术交易市场形成的内在原因，主要表现在：首先，由大城市主导并推动的中国城市技术创新体系演变，使得中国城市技术转移体系的演变也由少数大城市主导并推动。大城市的"大"一方面体现在城市技术创新能力上，另一方面体现在城市经济发展水平上。其次，中国城市技术转移网络中的拓扑关联机制没有形成强的邻近选择偏好性，而是呈跳跃态、跨层次进行转移。最后，基于技术差距的拓扑连接机制使得大部分城市直接选择与技术转移核心城市（北京）进行技术转移，全国统一的技术转移市场体系正在形成。(3)"速度"不是技术转移中最为重要的维度，中国技术转移在速度上可能存在一个"阈值"，以2年最为合适。同时在城市群尺度上，长三角、珠三角和京津冀这三大城市群在技术转移视角下的区域一体化皆未实现，其中长三角和京津冀正朝着一体化方向发展，而珠三角城市群却相向而行。三大城市群中，混合型和外流型的城市数量在不断增加，意味着三大城市群的技术流动越来越多地跨越边界，区域内技术转移网络越来越无法满足城市群的技术发展需求。

关键词：城市技术转移；时空格局；演化机制；市场体系；空间效应

Abstract

From the "People's Republic of China Law on Promoting the Transformation of Scientific and Technological Achievements" (Revised Edition) to the "Thirteenth Five-Year Plan of National Science and Technology Innovation", the issuance and implementation of these policies all highlight the efforts of the state to accelerate the construction of technology transfer system. Constructing a national technology transfer system that conforms to the laws of scientific and technological innovation, technology transfer and industrial development is an inevitable choice for serving national innovation and development strategies.

Based on the major key requirements of the Construction Plan of National Technology Transfer System on accelerating the construction of the national technology transfer system, a systematic study of theoretical and practical issues of technology transfer in China city system is carried out. On the one hand, a theoretical research framework on city technology transfer has been constructed. On the other hand, some empirical studies on the spatial pattern, network structure, evolution process, market system, and spatial effects of technology transfer in China city system from the perspective of patent transfer have been conducted. Some main conclusions are as follows.

Firstly, China's city technology transfer activities highly follow the macro spatial agglomeration law and micro geographical proximity effect, which are mainly manifested in the following aspects. First of all, China's technology transfer activities are highly concentrated in space, and the Yangtze River Delta Areas, Beijing-Tianjin Areas, and the Pearl River Delta Areas are the most active and frequent areas of China's city technology transfer. Secondly, China's technology transfer centers (cities) are highly concentrated in space, and the top ten cities of China's technology transfer capacity show a trend of regional concentration, such as Shanghai, Suzhou, Hangzhou, Ningbo and Nanjing in the Yangtze River Delta Areas; Shenzhen, Guangzhou, Dongguan and Foshan in the Pearl River Delta Areas, indicating that there is no spatial collapse effect in city technology transfer, and there is evidence that multiple technology transfer centers coexist in a same region. Third, geographical proximity is the spatial mechanism of the structural difference and network connection of city technology transfer in China. For example, inner-city technology transfer is the main body of city technology transfer in China.

Secondly, the technology gap is the driving force and topological connection mechanism for the evolution of China's city technology transfer network, and also the inherent reason for the formation of China's unified technology transfer system and technology trading market. First, the evolution of China's city technology transfer system is dominated and promoted by a few large cities. Second, the topological association mechanism in China's city technology transfer network does not form a strong preference for adjacency selection, reflecting that the growth and evolution of China's city technology transfer network does not reflect the hierarchical gradient diffusion effect under the "strong-strong association" of social networks, but taking on a jump state and cross-level transfer. Third, the topological connection mechanism based on technology gaps has enabled most cities to choose technology transfer with Beijing, the core of China's city technology transfer network, which makes the characteristics of well correspondence between the community division results of China's city technology transfer network and urban spatial distribution disappear gradually. Most cities in the country are divided into one community, and China's technology transfer network has gradually formed a unified national market system.

Thirdly, speed is not the most important dimension in technology transfer. There may be a threshold in the speed of technology transfer in China, with 2 years being the most appropriate. In addition, on the scale of urban agglomeration, the regional integration of the three major urban agglomerations of the Yangtze River Delta, the Pearl River Delta, and Beijing-Tianjin-Hebei from the perspective of technology transfer has not been achieved. Among them, the Yangtze River Delta urban agglomerations and Beijing-Tianjin-Hebei urban agglomerations are developing towards integration, while the urban agglomerations of Pearl River Delta are moving in the opposite direction.

Key Words: City Technology Transfer; Space-time Pattern; Evolutionary Mechanism; Market System; Space Effects

目　　录

第一章　绪论 …………………………………………………………（1）
　第一节　研究背景 …………………………………………………（1）
　　一　现实背景 ……………………………………………………（1）
　　二　理论背景 ……………………………………………………（4）
　第二节　研究意义 …………………………………………………（5）
　　一　问题的提出 …………………………………………………（5）
　　二　研究意义 ……………………………………………………（6）
　第三节　研究目标、研究思路与研究方法 ………………………（8）
　　一　研究目标 ……………………………………………………（8）
　　二　研究思路 ……………………………………………………（8）
　　三　研究方法 ……………………………………………………（9）
　第四节　研究框架与研究内容 ……………………………………（11）
　　一　研究框架 ……………………………………………………（11）
　　二　主要研究内容 ………………………………………………（11）
　第五节　数据来源 …………………………………………………（14）

第二章　技术转移相关研究进展 ……………………………………（15）
　第一节　国外技术转移研究进展 …………………………………（16）
　　一　国外技术转移研究的基本概况 ……………………………（16）
　　二　国外技术转移研究的研究前沿与知识基础 ………………（26）
　　三　国外技术转移研究的热点领域 ……………………………（31）

第二节　中国技术转移研究进展……………………………………（44）
　　　　一　中国技术转移研究的基本概况……………………………（44）
　　　　二　中国技术转移研究的研究前沿与知识基础………………（51）
　　　　三　中国技术转移研究的热点领域……………………………（55）
　　第三节　国内外研究述评……………………………………………（62）

第三章　理论基础与框架建构……………………………………………（64）
　　第一节　技术转移的相关概念辨析…………………………………（64）
　　　　一　专利的定义、分类与性质…………………………………（64）
　　　　二　技术、创新与技术创新……………………………………（67）
　　　　三　专利转让、技术转移与科技成果转化……………………（69）
　　第二节　技术转移研究相关理论基础………………………………（72）
　　　　一　创新经济学理论……………………………………………（72）
　　　　二　创新地理学理论……………………………………………（77）
　　第三节　城市技术转移研究的理论框架建构………………………（81）
　　　　一　城市技术转移的结构体系…………………………………（83）
　　　　二　城市技术转移的维度体系…………………………………（84）

第四章　中国技术创新体系与产业技术发展……………………………（88）
　　第一节　研究方法……………………………………………………（88）
　　　　一　技术创新能力评价及数据获取……………………………（88）
　　　　二　"中心地"思想下的技术创新体系等级层次性…………（89）
　　　　三　产业技术创新能力评价：IPC－USPC－NAICS ………（91）
　　　　四　单变量空间自相关模型……………………………………（93）
　　第二节　中国城市技术创新体系演化………………………………（94）
　　　　一　中国城市技术创新体系的时空演化格局…………………（94）
　　　　二　中国城市技术创新体系的等级层次性及其变迁…………（99）
　　第三节　中国城市产业技术变革与演化格局………………………（110）
　　　　一　ICT产业……………………………………………………（110）

二　电气设备产业 …………………………………………… (113)
　　三　机械产业 ………………………………………………… (115)
　　四　医疗设备产业 …………………………………………… (117)
　第四节　本章小结 ………………………………………………… (120)

第五章　中国城市技术转移的时空格局与能力综合评估 …… (122)
　第一节　研究方法 ………………………………………………… (123)
　　一　以专利转让为代表的城市技术转移数据库建构 …… (123)
　　二　城市技术转移综合能力评价体系与模型 …………… (125)
　第二节　中国城市技术转移规模的时空演化格局 …………… (128)
　　一　非基本技术转移 ……………………………………… (128)
　　二　基本技术转移 ………………………………………… (132)
　第三节　中国城市技术转移深度的时空演化格局 …………… (137)
　　一　非基本技术转移 ……………………………………… (138)
　　二　基本技术转移 ………………………………………… (142)
　第四节　中国城市技术转移范围的时空演化格局 …………… (149)
　　一　基本技术集聚 ………………………………………… (150)
　　二　基本技术扩散 ………………………………………… (152)
　第五节　中国城市技术转移速度的时空演化格局 …………… (155)
　　一　非基本技术转移 ……………………………………… (155)
　　二　基本技术转移 ………………………………………… (158)
　第六节　中国城市技术转移能力的综合评估与演化 ………… (162)
　　一　时序统计：城际差距逐渐缩小，空间集聚性
　　　　逐渐加强 ………………………………………………… (162)
　　二　空间格局：由京津冀、长三角和珠三角主导的
　　　　三极格局逐渐清晰 ……………………………………… (164)
　　三　集聚模式：强空间关联效应下的技术转移地理
　　　　邻近性显著 ……………………………………………… (170)

四　影响因素：城市创新技术的需求和供给能力
　　　　决定其转移能力 ……………………………………（176）
第七节　本章小结 ………………………………………………（178）

第六章　中国城市技术转移网络、市场与影响因素 …………（180）
第一节　研究方法 ………………………………………………（181）
　　一　网络复杂性测度指标 ……………………………………（181）
　　二　非对称相互依存理论与城市技术转移市场
　　　　划分体系 ……………………………………………………（184）
第二节　中国城市技术转移网络复杂性的时空演化 ………（186）
　　一　拓扑复杂性的时空演化 …………………………………（186）
　　二　空间复杂性的时空演化 …………………………………（191）
第三节　中国城市技术转移市场划分及演化 ………………（201）
第四节　中国城市技术转移网络的关联与生长机制 ………（205）
　　一　城市技术转移网络的关联机制 …………………………（205）
　　二　城市技术转移网络的生长机制 …………………………（211）
第五节　本章小结 ………………………………………………（216）

第七章　中国城市技术转移与区域发展 ……………………（219）
第一节　技术转移与城市经济增长 ……………………………（219）
　　一　中国城市技术转移的速度效应 …………………………（220）
　　二　中国城市技术转移的集聚效应 …………………………（226）
　　三　中国城市技术转移的开放效应 …………………………（230）
第二节　技术转移与区域一体化发展 …………………………（235）
　　一　技术转移下的区域一体化评价体系建构 ……………（237）
　　二　整体层面的城市群技术转移体系一体化 ……………（239）
　　三　技术供应链视角下的城市群区域一体化 ……………（240）
　　四　技术销售链视角下的城市群区域一体化 ……………（243）
第三节　本章小结 ………………………………………………（245）

第八章 结论、展望与建议 (247)

第一节 主要结论 (247)

一 中国城市技术转移活动高度遵循宏观上的空间集聚规律和微观上的地理邻近效应 (247)

二 技术差距是中国城市技术转移网络演化的动力与拓扑连接机制 (248)

三 "速度—集聚—开放"的城市技术转移空间效应体系很好地阐释了城市技术转移如何作用于城市经济增长 (249)

第二节 主要创新之处 (250)

一 理论层面 (251)

二 实证层面 (252)

第三节 不足之处及展望 (254)

一 技术转移中的企业主体地位需要强化 (255)

二 空间尺度和研究视角上仍有待突破 (255)

三 数据来源和数据处理上仍有待补充和完善 (255)

四 城市技术转移的空间效应仍有待进一步验证 (256)

第四节 政策建议 (257)

一 国家层面——中国城市技术转移体系的建构方案选择 (257)

二 城市层面——促进城市技术转移政策制定的启示 (259)

附 件 (261)

参考文献 (267)

索 引 (290)

后 记 (293)

Contents

Chapter 1　Introduction ……………………………………… (1)
　Section 1　Background ………………………………………… (1)
　　1. Realistic background …………………………………… (1)
　　2. Theoretical background ………………………………… (4)
　Section 2　Significance ………………………………………… (5)
　　1. Questions ………………………………………………… (5)
　　2. Theoretical and practical value ……………………… (6)
　Section 3　Objectives and methods ………………………… (8)
　　1. Objectives ……………………………………………… (8)
　　2. Technical route ………………………………………… (8)
　　3. Methods ………………………………………………… (9)
　Section 4　Framework and content ………………………… (11)
　　1. Research framework …………………………………… (11)
　　2. Main contents …………………………………………… (11)
　Section 5　Data ………………………………………………… (14)

Chapter 2　Literature review on technology transfer ………… (15)
　Section 1　Progress in Foreign technology transfer research …… (16)
　　1. Descriptive analysis …………………………………… (16)
　　2. Research frontier and knowledge base ……………… (26)

3. Research hotspots ……………………………………… (31)

　Section 2　Progress in China technology transfer research …… (44)

　　1. Descriptive analysis ………………………………………… (44)

　　2. Research frontier and knowledge base ……………………… (51)

　　3. Research hotspots ……………………………………… (55)

　Section 3　Summary ………………………………………… (62)

Chapter 3　Theory and research framework ………………… (64)

　Section 1　Discrimination of related concepts …………… (64)

　　1. Patent ……………………………………………………… (64)

　　2. Technology, innovation and technological innovation …… (67)

　　3. Patent transfer, technology transfer and S&T achievements'
　　　　transformation ……………………………………………… (69)

　Section 2　Related theory ……………………………………… (72)

　　1. Innovation economy ………………………………………… (72)

　　2. Innovation geography ……………………………………… (77)

　Section 3　Research framework of technology transfer in
　　　　　　city system …………………………………………… (81)

　　1. Structural system …………………………………………… (83)

　　2. Dimension system …………………………………………… (84)

**Chapter 4　Technological innovation system and industrial
　　　　　　development in China** …………………………… (88)

　Section 1　Research methods ………………………………… (88)

　　1. Evaluation of technological innovation capability ………… (88)

　　2. Hierarchical identification of technological innovation
　　　　system ………………………………………………………… (89)

　　3. Evaluation of technological innovation capacity …………… (91)

　　4. Spatial autocorrelation model ……………………………… (93)

Section 2　Spatial evolution of technological innovation in
　　　　　 China city system ……………………………………… (94)
　　1. Time-space pattern ………………………………………… (94)
　　2. Hierarchical system ……………………………………… (99)
Section 3　Technological transformation and industrial
　　　　　 development in China city system ………………… (110)
　　1. ICT industry ……………………………………………… (110)
　　2. Electrical equipment industry ………………………… (113)
　　3. Machinery industry ……………………………………… (115)
　　4. Medical equipment industry …………………………… (117)
Section 4　Summary ………………………………………………… (120)

Chapter 5　The changing geography of technology transfer in China ……………………………………… (122)

Section 1　Research methods ……………………………………… (123)
　　1. Database construction …………………………………… (123)
　　2. Technology transfer capability assessment ………… (125)
Section 2　Spatial evolution of technology transfer in scale
　　　　　 dimension ……………………………………………… (128)
　　1. Technology transfer within the city ………………… (128)
　　2. Intercity technology transfer ………………………… (132)
Section 3　Spatial evolution of technology transfer in depth
　　　　　 dimension ……………………………………………… (137)
　　1. Technology transfer within the city ………………… (138)
　　2. Intercity technology transfer ………………………… (142)
Section 4　Spatial evolution of technology transfer in coverage
　　　　　 dimension ……………………………………………… (149)
　　1. Technology agglomeration ……………………………… (150)
　　2. Technology diffusion …………………………………… (152)

Section 5　Spatial evolution of technology transfer in speed dimension ……………………………………………………（155）
　1. Technology transfer within the city ………………………（155）
　2. Intercity technology transfer ………………………………（158）
Section 6　Comprehensive assessment of city's capacity in technology transfer ……………………………………（162）
　1. Statistical features ……………………………………………（162）
　2. Spatial pattern ………………………………………………（164）
　3. Agglomeration models ………………………………………（170）
　4. Factors ………………………………………………………（176）
Section 7　Summary ………………………………………………（178）

Chapter 6　Network, market and determinants of technology transfer in China ……………………（180）

Section 1　Research methods ………………………………………（181）
　1. Measures of network complexity …………………………（181）
　2. Market division of technology transfer ……………………（184）
Section 2　Complexity of technology transfer network …………（186）
　1. Topological complexity ……………………………………（186）
　2. Spatial complexity …………………………………………（191）
Section 3　Division of technology transfer Market in China …（201）
Section 4　Determinants of technology transfer network evolution in China ……………………………………（205）
　1. Correlation analysis …………………………………………（205）
　2. Regression analysis …………………………………………（211）
Section 5　Summary ………………………………………………（216）

Chapter 7 Technology transfer and regional development in China (219)

Section 1 Technology transfer and urban economic growth (219)

1. Speed effects (220)
2. Agglomeration effects (226)
3. Open innovation effects (230)

Section 2 Technology transfer and regional integration development (235)

1. Evaluation system of regional integration based on technology transfer (237)
2. Regional integration of technology transfer system on the whole level (239)
3. Regional integration from the perspective of technology supply chain (240)
4. Regional integration from the perspective of technology sales chain (243)

Section 3 Summary (245)

Chapter 8 Conclusion and discussion (247)

Section 1 Main conclusions (247)

1. Technology transfer in China shows strong spatial agglomeration and geographical proximity (247)
2. Technology gap is the driving force for the development of technology transfer in China (248)
3. The analysis framework of "Speed-Agglomeration-Openness" explains well how technology transfer affects urban economic growth (249)

Section 2 Main innovations (250)

1. Theoretical level (251)

2. Empirical level ……………………………………… (252)
Section 3　Some limitations ……………………………… (254)
　　1. The dominant position of enterprises in technology transfer needs to be strengthened ……………………… (255)
　　2. Space scale and research perspective still need to break through ……………………………………………… (255)
　　3. Data sources and data processing still need to be supplemented and improved ……………………………… (255)
　　4. The spatial effect of technology transfer needs to be further verified ……………………………………………… (256)
Section 4　Some suggestions ……………………………… (257)
　　1. National level: Propositions for constructing technology transfer system in China city system ………………… (257)
　　2. City level: Inspirations of policy making for promoting technology transfer ……………………………………… (259)

Appendix ……………………………………………………… (261)

References …………………………………………………… (267)

Index …………………………………………………………… (290)

Postscript ……………………………………………………… (293)

第一章

绪　论

第一节　研究背景

一　现实背景

（一）技术转移是全球创新网络的架构基础

进入 21 世纪以来，随着全球化深入发展和产业价值链的细化分解，创新资源越来越明显地突破组织的、地域的、国家的界限，在全球范围内自由流动，世界进入以创新要素全球流动为特征的开放创新时代。在此背景下，全球生产网络下（Global Production Networks，GPNs）的全球等级体系正不断瓦解，且正在被以跨国公司为主导的全球研发网络与以大学为主导的全球知识合作网络交织耦合形成的全球创新网络（Global Innovation Networks，GINs）重塑[①]。学者们一致认为，全球创新网络的形成源于以跨国公司为主导的全球研发国际化，即研发不再集中于公司内部，创新离岸外包（Innovation Offshoring）成为当前跨国公司研发

[①] 杜德斌：《全球科技创新中心：动力与模式》，上海人民出版社 2015 年版，第 15 页；司月芳、曾刚、曹贤忠等：《基于全球—地方视角的创新网络研究进展》，《地理科学进展》2016 年第 5 期。

的主要形式①。在全球创新网络下，经济贸易时代中形成的国家间非对称相互依存关系在全球知识合作和技术转移过程中被刻画得更加清晰，全球创新资源的流动性致使当今任何一个国家或地区都不可能在某一科学领域和产业技术领域长期保持领先和垄断地位，而技术转移成为技术领先国家或地区实现技术经济价值和控制全球创新网络，以及技术落后国家或地区实现技术追赶，发展本国经济的主要方式。作为全球创新网络的核心推动者，跨国公司也正是通过全球技术转移的形式快速获得海外较低成本区位上的、与本国企业核心竞争力互补的技能和能力。

（二）城市是全球科技竞争的核心空间载体

知识化与全球化是当今世界发展的两大趋势。知识溢出的空间尺度依赖性（地理邻近性）及产业经济的规模效应（集聚性）决定了科技创新活动的空间分布无论是在全球尺度还是在国家尺度，必然高度集聚在城市群地区，全球科技创新活动高度集聚在北美、西欧大城市群地区也印证了这一点。在创新资源的全球流动和创新网络的全球—地方化（Glocalization）背景下，国家间的科技竞争已经转化为以城市为基本空间单元的全球科技创新中心的竞争，谁拥有世界级的科技创新城市，谁就能最大限度吸引全球创新要素，从而在国际竞争中获得战略主动权②。谋划建设全球科技创新中心，以最大限度地集聚和配置国际创新要素提升自身实力，已经成为许多国家和地区应对新一轮科技革命的重要举措。例如，英国于2010年启动实施了"英国科技城"（Tech City UK）的国家战略，试图将东伦敦地区打造为世界一流的国际技术中心；作为传统的国际金融中心

---

① Chen Shin Horng, "Taiwanese IT Firms' off shore R&D in China and the Connection with the Global Innovation Network", *Research Policy*, Vol. 33, No. 2, March 2004, pp. 337–349.

② 杜德斌:《全球科技创新中心：动力与模式》，上海人民出版社2015年版，第15页；段德忠、杜德斌、刘承良:《上海和北京城市创新空间结构的时空演化模式》，《地理学报》2015年第12期。

城市，美国纽约制定了打造美国"东部硅谷"的宏伟蓝图，计划在曼哈顿以东的罗斯福岛创建一个与加州硅谷抗衡的应用科学园，力图成为"全球科技创新领袖"。当前，北京、上海、深圳纷纷努力建设全球有影响力的科技创新中心，武汉、成都、重庆等城市也努力创建国家科技创新中心，试图在这个全球—地方创新网络中占据有利地位。

（三）建设城市技术转移体系是服务于国家创新驱动发展战略的必然选择

进入新常态的中国经济正面临增速下行的压力和转型升级的挑战，亟待激发新的强大动力，而加快创新技术转移（科技成果转移转化），推动大众创业、万众创新被认为是推动经济结构调整、打造发展新引擎、增强发展新动力、走创新驱动发展道路的必然选择。当前，中国城市创新等级体系正在逐渐形成，其中北京、上海、深圳等城市正在加速推进全球有影响力的科技创新中心建设，武汉、广州等城市也正在加速建设国家科技创新中心，以期成为不同层次创新网络的核心枢纽从而集聚全球或全国创新资源。作为创新资源的核心组成部分，以专利为代表的创新技术成为各个城市争夺的焦点，其集聚与扩散通道亟待建设相配套的城市技术转移体系。从《中华人民共和国促进科技成果转化法》（修订版）的正式实施到《"十三五"国家科技创新规划》中明确指出深入实施创新驱动发展战略，必须建设高效协同的国家创新体系，从国务院办公厅发布《促进科技成果转移转化行动方案》（国办发〔2016〕28号）到国务院发布《国家技术转移体系建设方案》（国发〔2017〕44号）中明确提出我国目前迫切需要加强系统设计，构建符合科技创新规律、技术转移规律和产业发展规律的国家技术转移体系，这些政策的发布和实施无不凸显着国家加快建设技术转移体系的努力。

二 理论背景

（一）技术转移微观主体层面研究成为热点，空间研究较为薄弱

综观当前技术转移文献，大量研究成果皆来自经济学和管理学，且较为关注技术创新主体的微观技术转移问题，而从地理学的视角研究技术转移的空间问题，以及其背后凸显的城市与区域创新问题的几乎没有。虽然在20世纪90年代中期，我国地理学者就呼吁加强科学技术地理学的研究，并将科学技术的转移与技术市场作为科学技术地理学的八大研究方向之一[1]，但响应者甚少。21世纪以来，随着技术转移、科技成果转化在国家自主创新建设以及创新驱动发展战略中凸显的作用越发明显，创新技术的空间分布及区域间的技术转移问题开始引起地理学者的关注[2]，但成果较少，且集中于阐释某一特色技术和特色产业领域的技术转移[3]。近年来，创新地理学在人文社会科学空间转向和经济地理学关系—文化转向的碰撞下，逐渐成为人文地理学的主要研究方向，但相较于其他研究主题（城市创新能力评价、城市创新网络、创新空间效应等），技术转移几乎成为被忽视的一个方向。

（二）创新空间研究成为热点，但亟待尺度、方法和视角的突破

在人文社会科学空间转向和新经济地理学多维转向的碰撞下，创新地理学逐渐成为当前人文地理学的主要研究方向，大量基于地

---

[1] 熊宁：《科学技术地理学——人文地理学的分支学科之一》，《人文地理》1991年第1期。

[2] 沈玉芳、孙强辉：《我国西部地区技术状况空间分布特征及上海在西部技术转移过程中的作用研究》，《世界地理研究》2001年第2期。

[3] 刘一良：《新型工业化背景下湖南省承接国内外先进汽车产业技术转移策略研究》，《经济地理》2010年第6期；罗堃、叶仁道：《清洁发展机制下的低碳技术转移：来自中国的实证与对策研究》，《经济地理》2011年第3期。

理学空间思维和应用空间计量方法的城市与区域创新问题被广泛揭示。其中，由于地理学的空间研究传统直接导致"创新活动空间特征与规律研究"（即创新空间研究）成为当前创新地理学诸多研究主题中参与人数最多、研究最为透彻的一个主题，也产出了大量优秀成果，创新活动的空间分布不均现象被广泛解释。然而，综观当前创新空间研究，仍有三个方面有待突破：（1）虽然研究尺度从微观的邮区尺度[①]至宏观的国家和区域尺度[②]，但全球尺度的创新空间研究以及中国城市体系尺度研究较少[③]；（2）虽然现有的创新能力评价较为关注专利申请/授权、专利合作这一指标，但忽视了专利背后的因素，如通过专利分类识别技术领域和产业特征；（3）虽然现有的创新空间研究方法较为成熟，但相对较为集中，且视角较为固定，不免有"泛滥"之嫌，如创新网络集中于从知识合作和专利合作的视角建构，缺乏从技术转移的视角，从创新要素流动的视角研究城市创新网络，亟待在方法论上和视角上有所创新。

第二节 研究意义

一 问题的提出

当前的技术转移研究和实践集中于微观主体层面的探讨，如大

[①] 段德忠、杜德斌、刘承良：《上海和北京城市创新空间结构的时空演化模式》，《地理学报》2015年第12期；杨凡、杜德斌、段德忠等：《上海市创新型工业的空间格局与区位模式研究》，《华东经济管理》2016年第8期。

[②] 何舜辉、杜德斌、焦美琪等：《中国地级以上城市创新能力的时空格局演变及影响因素分析》，《地理科学》2017年第7期；王承云、孙飞翔：《长三角城市创新空间的集聚与溢出效应》，《地理研究》2017年第6期。

[③] Christian Binz and Bernhard Truffer, "Global Innovation Systems-Aconceptual Framework for Innovation Dynamics in Transnational Contexts", *Research Policy*, Vol. 46, No. 7, September 2017, pp. 1284–1298；方创琳、马海涛、李广东等：《中国创新型城市建设的综合评估与空间格局分异》，《地理学报》2014年第4期。

学、企业技术转移能力、途径、模式等，已经形成一套完善的微观技术转移研究理论框架。而当将微观层面的技术创新主体（大学、企业）的技术转移问题抽象至空间层面，我们该如何研究？城市技术转移应该从哪些方面研究？涉及多少维度？技术转移的微观利己机制如何在空间尺度发挥效应，即如何促进城市经济增长？同时对于中国城市体系而言，其在技术创新体系形成的过程中，在技术转移的实践过程中，形成了怎样的技术转移体系？中国城市技术转移体系是否与技术创新体系相匹配？是否形成空间错位？中国城市在进行技术转移的过程中，又形成怎样的技术市场体系？城市技术转移市场该如何识别与划分？服务于创新发展战略，促进科技成果转化，中国该如何建设符合科技创新发展规律的技术转移体系？未来的实践方向在哪里？

另外，技术转移源于产业技术创新，一个国家或城市的技术创新实力直接决定其技术转移的能力。当前，创新驱动发展战略和"一带一路"倡议分别从内部和外部开拓了中国在新时代的发展大格局，描绘了中国梦和世界梦的蓝图以及搭建了两者息息相关的桥梁[①]，而产业技术创新则是两者得以深入实施的关键支撑，也是中国成长为技术优势国，中国产业走出去的核心力量，但这前提便是明晰中国在哪些产业上已经占据技术优势？在哪些产业上依然弱势？

二 研究意义

将微观主体层面的技术转移问题抽象至空间层面，基于城市经济活动理论将城市技术转移划分为基本技术转移和非基本技术转移，并从规模、深度、范围和速度四个维度全面解析中国城市技术转移体系的时空格局、市场体系和空间经济效应，对于丰富创新地理学

---

① 杜德斌、马亚华：《"一带一路"——全球治理模式的新探索》，《地理研究》2017年第7期。

理论体系和加快建设符合科技创新规律的中国技术转移体系，不仅具有重要的理论意义，而且具有重要的实践意义。

（一）理论意义：建构城市技术转移研究理论框架，丰富创新地理学理论体系

现有的技术转移研究集中于微观技术创新主体层面的探讨，呈现出研究对象固化、研究内容泛化、空间研究弱化的态势。现有的创新空间研究集中于多尺度下的创新能力评价研究，也呈现出研究尺度单一化、研究数据重复化、研究方法叠用化的态势。本书基于城市这一空间尺度，将研究对象从技术创新主体抽象至城市，建立城市技术转移研究的结构体系（基本与非基本划分）、维度体系（规模、深度、范围、速度）和效应体系（速度效应、开放效应、集聚效应），尝试性地架构了城市技术转移研究的理论框架。另外，本书从技术转移的视角解析中国城市技术创新体系的等级层次性，并建构从专利技术类别至产业的识别体系，以及中国城市技术转移的市场划分体系，有助于丰富当前创新空间研究的视角，扩充当前创新空间研究的数据基础，建构当前创新空间研究的新方法和开拓当前创新空间研究的新领域。

（二）实践意义：为中国建设符合科技创新规律的城市技术转移体系提供理论指导

中国走国家自主创新道路，实施创新驱动发展战略的历程实质就是摆脱对国外技术依赖，实现技术独立和领先的过程。面对增速下行的压力和转型升级的挑战，中央和地方各级政府正努力加快创新技术转移，而这其中的关键就在于建构完善的中国技术转移体系，从而实现创新技术及时有效的转化。《国家技术转移体系建设方案》中提出，首先要强化重点区域技术转移，发挥北京、上海科技创新中心及其他创新资源集聚区域的引领辐射与源头供给作用，促进科技成果在京津冀、长江经济带等地区转移转化；其次要完善梯度技术转移格局，探索科技成果东中西梯度有序转移的利益分享机制和

合作共赢模式。但是在实践过程中,中国技术转移是否形成了与中国城市技术创新体系相匹配的技术转移体系?中国技术转移实践是否依照梯度转移实现技术扩散?回答这些问题就必须全面剖析中国技术转移的空间问题。本书从城市技术转移出发,在厘清中国技术创新体系的基础上,多维度多层次地剖析了中国技术转移的时空格局及其生长演化机制,有助于为国家建设符合科技创新规律的城市技术转移体系提供理论指导。

第三节　研究目标、研究思路与研究方法

一　研究目标

本书从城市技术转移实践出发,总体研究目标是在建构城市技术转移研究理论框架的基础上,回答中国各城市在中国技术创新体系的位置以及中国技术转移体系"现状如何—如何演化—作用如何"等问题。具体研究目标包括:(1) 总体梳理中国城市技术创新体系的等级层次性;(2) 多维度剖析中国城市技术转移的时空格局;(3) 运用复杂网络理论综合解析中国城市技术转移网络的演化格局;(4) 基于非对称相互依赖理论整体识别和划分中国城市技术转移的市场体系;(5) 运用系列空间计量模型分析中国城市技术转移的影响因素与空间效应。

二　研究思路

以科技全球化为背景,本书紧扣"十三五"规划关于建设高效协同的国家创新体系的要求,《国家技术转移体系建设方案》关于加快建设国家技术转移体系的要求,着眼于技术转移空间研究较为薄弱即创新空间研究亟待突破等理论现实问题,立足于当前我国实施创新驱动发展战略,加快建设全球科技创新中心以及国家技术转移体系等重大关键需求,从适应科技创新规律、技术转移规律和产业

发展规律出发，围绕"什么是""如何研究""现状如何""有何作用"等一系列关键问题展开系统性的研究，一方面以期建构城市技术转移研究理论框架，另一方面试图为国家推进技术转移体系建设提供科学依据。总体技术路线见图 1-1。

三　研究方法

本书遵循从定性分析到定量建模，再从定量结果到定性反思的研究思路，采用的研究方法主要如下：

（一）文献阅读与文献计量分析相结合

以中国知网（CNKI）、*Web of Science*、*Science Direct*、*ResearchGate*、*Google Scholar* 等学术期刊资源网站，以及华东师范大学图书馆、美国路易斯安那州立大学图书馆、上海交通大学图书馆馆藏书籍期刊为本书的文献来源地，在传统文献统计、阅读国内外技术转移相关研究文献的基础上，应用 Citespace 和 Vosviewer 等文献计量学软件，对国内外技术转移相关研究的知识前沿、知识基础、研究热点、研究团队进行了详细的研究。

（二）大数据挖掘分析与网络查询相结合

一方面利用国内丰富的网络资源进行数据及相关信息的查询，即通过访问中国国家统计局、中国科技部、国家知识产权局、知识产权出版社专利信息服务平台、Innojoy 专利检索平台等国内政府和相关统计网站对中国城市经济发展、社会发展相关数据进行收集、归纳与整理；另一方面充分利用数据科学分析方法，采用开源数据挖掘软件（如八爪鱼、火车头采集器）对中国城市专利申请的详情数据进行采集和分析，或通过 Python 数据爬虫、R 语言编程挖掘中国专利转让的详情数据。

（三）空间分析与计量分析相结合

一方面，利用 ArcGIS 10.2 软件，建构 2000—2015 年中国城市技术创新空间数据库和 2001—2015 年中国城市技术转移空间数据

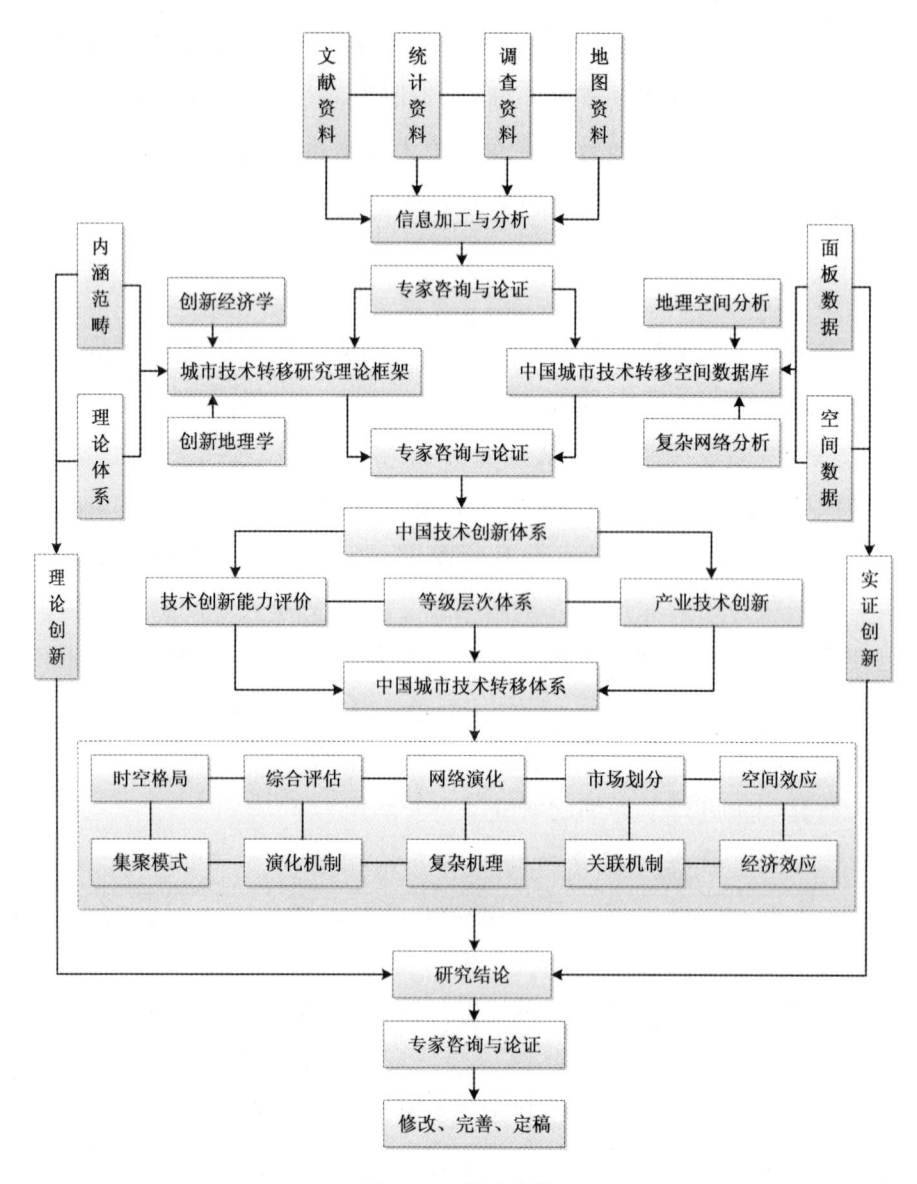

图 1-1 技术路线

库，另外基于 ArcGIS 空间分析工具中的探索性数据分析、空间相关性分析、网络分析、栅格数据分析等工具对中国城市技术创新体系、中国城市技术转移体系的时空格局和集聚模式进行研究。另一方面，基于 Stata 12.0 空间计量分析软件，构建系列回归模型，如多元线性回归模型、负二项回归模型、面板固定效应模型、面板随机效应模型等对中国城市技术创新的影响因素、中国城市技术转移的生长机制、中国城市技术转移的空间效应进行研究。

第四节 研究框架与研究内容

一 研究框架

遵循从理论框架建构到实证分析检验的研究路径，本书建构了维度分解（城市技术转移的系统认识）—网络关联（城市技术转移的网络建构）—机制效应（城市技术转移的机制与经济效应）的研究框架，尝试性地架构了城市技术转移研究的理论框架，并在深入剖析中国技术创新体系的基础上，对中国城市技术转移体系的过程、格局与机制效应进行了详细探讨。全书主要从八个方面展开（图1-2）。

二 主要研究内容

本书的研究内容主要分为绪论、国内外相关研究进展、城市技术转移研究理论框架架构、中国技术创新体系演化、中国城市技术转移的时空格局、中国城市技术转移网络及市场，以及中国城市技术转移的空间效应，具体分为4个部分共8章：

第一部分为绪论，即第一章。基于问题域，指出本书的选题背景和依据，研究目标、理论与实践意义、研究思路与方法、研究框架与主要研究内容。

第二部分为文献综述与理论框架建构，包括第二章和第三章。

第二章基于文献计量分析手段系统梳理了国内外技术转移研究进展，并指出当前研究的不足和本书研究的出发点。

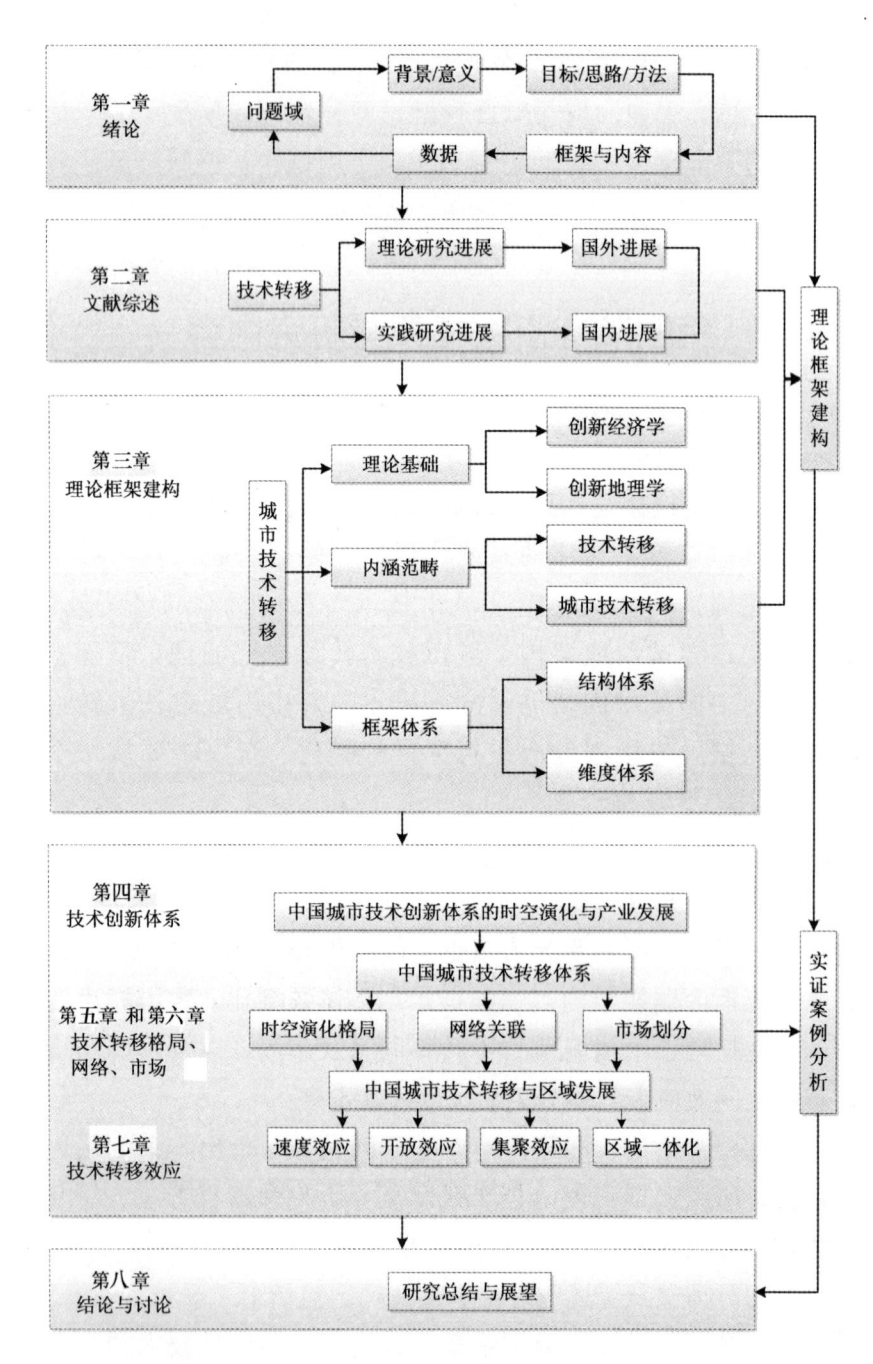

图 1-2 研究框架

第三章在对技术转移内涵详细解析的基础上，从创新经济学和创新地理学两个方面系统梳理了技术转移研究的相关理论基础，并提出其对城市技术转移研究的适用性和局限性，最后从结构体系、维度体系和效应体系三个方面建构了城市技术转移的研究框架。

第三部分为中国城市技术转移实证分析，包括第四章、第五章、第六章和第七章。

第四章为背景分析，在对中国城市技术创新能力评估的基础上，应用"中心地"思想系统阐释了中国城市技术创新体系的等级层次性，同时构建了从专利分类至产业分类的识别系统，并以ICT、电气设备、机械和医疗设备产业为例，对中国城市产业技术创新能力的时空变迁格局进行了探讨。

第五章基于城市技术转移研究理论框架，以国家知识产权局专利检索及分析平台2001—2015年专利转让记录为数据源，采用大数据挖掘与分析技术、地理信息编码技术获取中国347个城市的专利转移信息，在对2001—2015年中国城市技术转移的时空格局进行规模、深度、范围和速度四维解析的基础上，对城市技术转移综合能力进行了综合评估。

第六章基于城市技术转移研究理论框架和复杂网络理论，对中国城市技术转移网络的时空复杂性进行了研究，并基于多维邻近性理论对网络的生长机制进行了探讨，同时基于非对称相互依赖理论建构了中国城市技术转移市场的划分体系，对中国城市技术转移市场进行了识别与划分。

第七章一方面通过构建多种回归计量模型，对中国城市技术转移的速度效应、集聚效应和开放效应进行了详细的探讨，另一方面以长三角城市群、珠三角城市群和京津冀城市群为例，探讨了技术转移体系一体化视角下的区域一体化发展情况。

第四部分为结论与展望，即第八章。本部分总结了本书的主要研究结论、提出了本书可能存在的创新点，指出了本书在研究过程中存在的不足之处和未来的研究方向，并提出了相应的政策建议。

第五节　数据来源

本书的数据主要涉及城市尺度层面的数据（具体数据及其来源见表1-1）。基于这些数据，本书利用 ArcGIS 10.2 软件建构了 2000—2015 年中国城市技术创新空间数据库和 2001—2015 年中国城市技术转移空间数据库两大数据库。

表1-1　　　　　　　　　主要数据来源及处理

数据	数据来源	数据处理
中国城市发明与实用新型专利申请详情数据	1. 国家知识产权局专利检索及分析平台，具体网址为：http://www. http://pss-system.cnipa.gov.cn/sipopublicsearch/portal/uiIndex.shtml 2. 知识产权出版局的专利信息查询平台，具体网址为：http://search.cnipr.com/pages! advSearch.action 3. Innojoy 专利检索平台，具体网址为：http://www.innojoy.com/search/home.html 4. 万方中外专利数据库（Wanfang Patent Database），具体网址为：http://c.g.wanfangdata.com.cn/PatentIndex.aspx	基于开源软件八爪鱼和火车头采集器的数据获取
中国专利转让的详情数据	1. 国家知识产权局专利检索及分析平台，具体网址为：http://www.pss-system.gov.cn/sipopublicsearch/portal/uiIndex.shtml 2. 知识产权出版局的专利信息查询平台，具体网址为：http://search.cnipr.com/pages! advSearch.action	基于 Python 数据爬虫的大数据挖掘
中国城市经济、社会、科技统计数据	中国知网中国经济社会大数据研究平台，具体网址为：http://data.cnki.net/Home/Index	网络查询
中国城市行政界线矢量图层	国家基础地理信息中心，具体网址为：http://www.ngcc.cn/ngcc/	网络查询
中国城市邮编信息	邮编库网站，具体网址为：https://www.youbianku.com/	网络查询

第 二 章
技术转移相关研究进展

技术转移是管理学、经济学、科技政策领域的核心研究课题之一。国外技术转移理论研究源于实践，较为集中于关键词"Technology Transfer"。国内技术转移研究始于20世纪80年代，起源于对国外技术转移实践和理论的介绍。由于国内对"Technology Transfer"翻译的多面性，以及在中国特色技术转移理论体系的发展下，国内技术转移研究的关键词呈现出多样化特征，因而文献检索关键词为"产学研""科技成果转化""技术转让""技术转移"四个。本章在传统文献阅读和统计方法的基础上，应用文献计量学软件Citespace对国内外相关研究的知识基础、研究热点、研究前沿等进行文献计量分析[①]。

[①] Chen Chaomei, Hu Zhigang, Liu Shengbo, et al., "Emerging trends in Regenerative Medicine: A Scientometric a Nalysis in Cite Space", *Expert Opinion on Biological Therapy*, Vol. 12, No. 5, March 2012, pp. 593 – 608; Liu Chengliang and Gui Qinchang, "Mapping Intellectual Structures and Dynamics of Transport Geography Research: A Scientometric Overview From 1982 to 2014", *Scientometrics*, Vol. 109, No. 1, October 2016, pp. 159 – 184; 段德忠、刘承良、桂钦昌等：《西方城市公共交通空间研究进展：一个地理学的视角》，《地理与地理信息科学》2016年第5期；桂钦昌、刘承良、董璐瑶等：《国外交通地理学研究的知识图谱与进展》，《人文地理》2016年第6期。

第一节　国外技术转移研究进展

以汤森路透旗下的 Web of Science（WOS）数据库核心数据集中的 Social Sciences Citation Index（SSCI）引文索引为数据来源，通过检索主题词（TS = Technology Transfer），获得技术转移相关文献7843篇[①]。

一　国外技术转移研究的基本概况

（一）发文量及被引频次

文献出版的时序分布能够反映该研究领域的过去、现状和趋势，引文频次的时序分布可以反映该研究领域影响力的时序变化。1982年以来，国外技术转移相关研究呈现出三个阶段的发展态势：第一阶段为1982—1992年，技术转移领域的发文量和被引频次都相对较低，属于技术转移研究的起步阶段，这一阶段从事技术转移研究的学者较少，相关成果影响力不足；第二阶段为1992—2004年，技术转移领域的发文量和被引频次都呈现出缓慢上升的态势，属于技术转移研究的成长阶段，这一阶段为技术转移研究思潮的初期扩散阶段；第三阶段为2004年至今，技术转移领域的发文量和被引频次皆呈现出快速爆发性的增长态势，属于技术转移研究的爆发阶段，这一阶段技术转移成为管理学和经济学的热门话题，大批量的学者开始对这一主题进行多视角的研究，也产生了大量具有高影响力的成果（图2-1）。

---

① 由于本书撰写时间较长，为持续跟进国际技术转移最新进展，本书在文献综述部分的检索基本做到每隔2个月更新一次，相应的文献计量分析也同时作出调整，本书最终的文献检索时间定格为2018年2月4日，最终的文献检索期限是1982—2017年，中文部分的文献检索和文献计量分析也同时跟进。

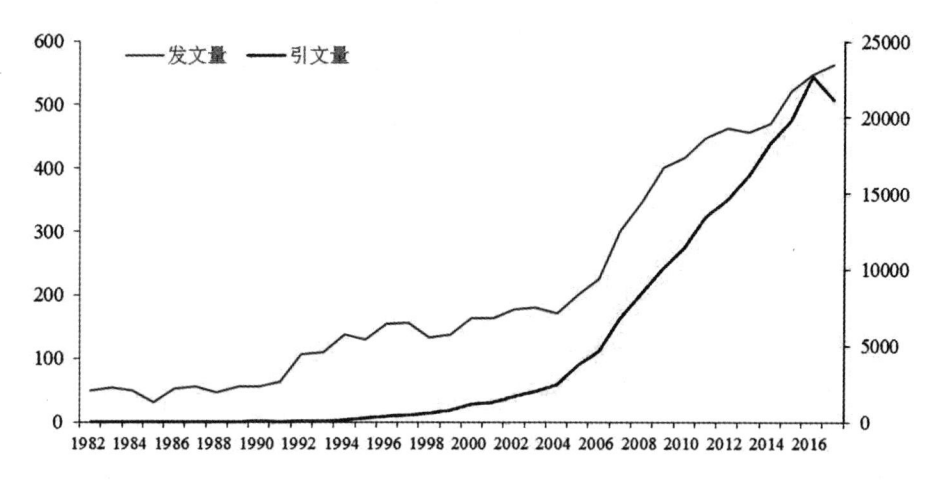

图 2-1　国外技术转移研究发文量和引文量

数据来源：基于 WOS 数据库 1982—2017 年检索得出。

（二）主要学术期刊及其影响力

学术期刊是展现学术成果的重要方式，也是学术探讨和争鸣的主战场。通过分析技术转移相关学术论文发表的期刊分布情况，可以有效把握各个学科对该领域的研究情况。从期刊发文量来看，国外技术转移相关论文的期刊来源数量多达 927 个，而载文量排名前 15 位的期刊，仅占论文发表的 19.68%，说明国外技术转移研究的载文期刊较为不稳定，相对较为分散。但综合来看，*Research Policy*、*Journal of Technology Transfer*、*International Journal of Technology Management*、*Technovation*、*Technological Forecasting and Social Change*、*Energy Policy* 和 *R&D Management* 七个期刊刊发的技术转移文章占总体比重在 1% 以上，是技术转移研究比较重要的七个来源期刊（表 2-1）。从技术转移论文的载文期刊以及 WOS 数据库的类别分析结果（共涉及 127 个类别）来看，管理学（Management）和经济学（Economics）是技术转移研究最为重要的学科，来自这两个学科的发文量分别占到总体发文量的 27.72% 和 20.18%。

表2-1　　　　　　　国外技术转移研究的主要发表刊物

期刊名称	发文量	占比	2016年影响因子
Research Policy	238	3.04%	4.495
Journal of Technology Transfer	225	2.87%	2.631
International Journal of Technology Management	201	2.56%	1.036
Technovation	120	1.53%	3.265
Technological Forecasting and Social Change	112	1.43%	2.625
Energy Policy	104	1.33%	4.140
R&D Management	80	1.02%	2.444
Ieee Transactionson Engineering Management	71	0.91%	1.188
Scientometrics	68	0.87%	2.147
World Development	65	0.83%	2.848
Technology Analysis & Strategic Management	63	0.80%	1.273
Journal of International Business Studies	57	0.73%	5.869
Research-Technology Management	53	0.68%	2.429
Climate Policy	44	0.56%	2.735
Regional Studies	42	0.54%	2.780

数据来源：基于WOS数据库1982—2017年检索得出；期刊影响因子则是来源于WOS数据库的InCites Journal Citation Reports。

研究论文的来源期刊并不能综合反映该期刊在技术转移研究中的地位，而Citespace软件基于被引频次的重要度评价则很好地从学术影响力的视角对期刊的重要性进行了评估。期刊共被引结果显示，Research Policy依然是排名第1位的期刊，以2314次的被引量成为技术转移研究的核心阵地。但在第2位至第15位的期刊中，仅Technovation和R&D Management这两个同处于来源期刊第2—15位的期刊出现在榜单中，且排名相对于来源期刊较后，分别以999次的被引量和815次的被引量居第10位和第14位。而American Economic Review、Management Science、Strategic Management Journal、Administrative Science Quarterly、Organization Science、Academy of Management Review、Academy of Management Journal、Quarterly Journal of Economics 这8个期刊的被引量都在1000次以上，成为技术转移研究领域另外8个重要的学术阵地。从影响因子来看，技术转移研究载文量前15位的期刊平均影响因子为2.793，而被引频次前15位的期刊平均影响因子则为4.124，技术转移研究来源期刊地位与影响力极不相符的现象也印证了当前学术研究的"量—质"分割现象（表2-2）。

表2-2 基于Citespace的国外技术转移研究的期刊共被引分析结果

期刊名称	被引频次	2016年影响因子
Research Policy	2314	4.495
American Economic Review	1663	4.026
Management Science	1654	2.822
Strategic Management Journal	1426	4.461
Administrative Science Quarterly	1353	4.929
Organization Science	1310	2.691
Academy of Management Review	1269	9.408
Academy of Management Journal	1095	7.417
Quarterly Journal of Economics	1024	6.662
Technovation	999	3.265
Review of Economics and Statistics	923	2.926
Journal of Economics	913	1.304
Industrial and Corporate Change	884	1.777
R&D Management	815	2.444
Harvard Business Review	806	3.227

数据来源：基于Citespace期刊共被引分析得出；期刊影响因子则是来源于WOS数据库的InCites Journal Citation Reports。

(三) 主要学术机构及其合作网络

对研究领域主要研究机构进行揭示能够很好地发掘该领域研究的主要阵营。从机构刊文量上来看,排名前五的研究机构分别为哈佛大学(Harvard University)、诺丁汉大学(University of Nottingham)、加州大学伯克利分校(University of California, Berkeley)、曼彻斯特大学(University of Manchester)和斯坦福大学(Stanford University)。从研究机构的国家分布来看,技术转移研究主要集中于美国和英国(表2-3)。

表2-3　　　　国外从事技术转移研究的主要机构

机构名称	发文量	占比
Harvard University	83	1.06%
University of Nottingham	81	1.03%
University of California, Berkeley	79	1.01%
University of Manchester	72	0.92%
Stanford University	69	0.88%
University of Toronto	67	0.85%
Massachusetts Institute of Technology	66	0.84%
Georgia Institute of Technology	65	0.83%
University of North Carolina	61	0.78%
Columbia University	54	0.69%
University of Pennsylvania	54	0.69%
University of Illinois	53	0.68%
University of Sussex	52	0.66%
University of Cambridge	50	0.64%
University of Maryland	50	0.64%

数据来源:基于WOS数据库1982—2017年检索得出。

另外,Citespace软件基于合作频次的机构合作网络识别为揭示技术转移研究的合作关系提供了很好的视角。按照机构之间的合作强度,诺丁汉大学超越哈佛大学位居技术转移研究机构合作网络的核心，哈佛大学次之；曼彻斯特大学超越加州大学伯克利分校位居第三，加州大学伯克利分校位居第四；多伦多大学超越斯坦福大学位居第五，斯坦福大学位居第六。因而可以看出，这六个研究机构是国际技术转移研究的主要阵地。

（四）核心作者及学术共同体

作者分析是研究力量分析的最基本单位，对作者发文量以及作者共被引网络进行分析，不仅能够识别出一个学科领域的核心作者，还能识别其相互形成的学术共同体[1]。

基于 WOS 数据库的统计分析显示，来自诺丁汉大学的 Wright 发表技术转移相关研究的文章数量最多，达到 36 篇。另外，来自德国顶级商学院 WHU-Otto Beisheim School of Management 的 Lichtenthaler 和来自荷兰埃因霍芬理工大学（Eindhoven University of Technology）的 Mukherjee 的发文量也超过 20 篇，分别以 27 篇和 26 篇的发文量位居第二和第三。从排名前 15 的作者所属机构来看，有三位作者（分别是 Wright、Claryss 和 Lockett）来自诺丁汉大学，这也印证了诺丁汉大学作为技术转移研究的核心学术机构地位（表 2-4）。

表 2-4　　　　国外技术转移研究的主要作者及其发文量

作者	发文量	占比	所属机构
Wright M.	36	0.46%	University of Nottingham
Lichtenthaler U.	27	0.34%	WHU-Otto Beisheim School of Management
Mukherjee A.	26	0.33%	Eindhoven University of Technology
Roper S.	19	0.24%	Queens University Belfast
Siegel D S.	19	0.24%	Rensselaer Polytechnic Institute
Link A N.	15	0.19%	University of North Carolina
Marjit S.	15	0.19%	Pennsylvania State University

---

[1] 李杰、郭晓宏、姜亢等：《安全科学知识图谱的初步研究——以〈Safety Science〉期刊数据为例》，《中国安全科学学报》2013 年第 4 期；桂钦昌、刘承良、董璐瑶等：《国外交通地理学研究的知识图谱与进展》，《人文地理》2016 年第 6 期。

续表

作者	发文量	占比	所属机构
Bozeman B.	14	0.18%	Georgia Institute of Technology
Claryss B.	14	0.18%	University of Nottingham
Knockaert M.	14	0.18%	Ghent University
Saggi K.	14	0.18%	Southern Methodist University
Carayannis E. G.	12	0.15%	George Washington University
Grimaldi R.	12	0.15%	University of Bologna
Lockett A.	12	0.15%	University of Nottingham
Rasmussen E	12	0.15%	Nord University

数据来源：基于 WOS 数据库 1982—2017 年检索得出。

基于 Citespace 的作者共被引分析且通过关键词聚类后发现，技术转移研究初步形成了三个较大的学术共同体和若干个小的学术团体。

第一个为以 Bozeman、Siegel、Etzkowitz、Rothaermel、Audretsch、Shane 和 Link 等为核心的大学技术转移研究团体，其研究的关键词聚类包括 Intellectual Capital（智力资本）、University-Industry Technology Transfer（大学—产业技术转移）和 Etreoreneurship University（创业型大学）。其中 Siegel 和 Link 是长期的合作伙伴关系，比较注重从社会网络和关系的视角，对大学技术的商业化（Commercialization of University Technologies）过程进行研究，其落脚点是研究型大学（Research Universities）[1]；Bozeman 是公共管理和政策领域的知名学者，其主要从公共政策的视角研究大学或科研机构技术转移的有效性（Effectiveness），即影响（公共价值、市场影响、经济发展、政府决策），但其主要落脚点是政府资助的美国国家实验室

---

[1] Link N. Albert, Scott T. John, Siegel S. Donald, "The Economics of Intellectual Property at Universities: An Overview of the Special Issue", *International Journal of Industrial Organization*, Vol. 21, No. 9, November 2003, pp. 1217 – 1225.; Siegel S. Donald, Waldman A. David, Atwater E. Leanne, et al., "Commercial Knowledge Transfers from Universities to Firms: Improving the Effectiveness of University Industry Collaboration", *Journal of High Technology Management Research*, Vol. 14, No. 1, Spring 2003, pp. 111 – 133.

(U. S. National Laboratories)①；作为三螺旋理论（Triple Helix of university-industry-government relations）的创始人，Etzkowitz 主要从大学—产业—政府的关系着手，研究大学与产业的联系，其落脚点是创业型大学（Entrepreneurial University）②；Rothaermel、Audretsch 和 Shane 三人皆是美国知名的经济学家，研究方向也皆为创新与创业政策，这三人对于大学技术转移的研究也都在大学技术转移到初创企业的过程上，其落脚点是大学创业（University Entrepreneurship）③。

第二个为以 Nelson、Mowery、Kogut、Zahra、Szulanski 和 Powell 为核心的技术转移绩效研究团体，其研究的关键词聚类为吸收能力（Absorptive Capacity），如市场的吸收能力、企业的吸收能力、组织的吸收能力等。其中，Nelson 和 Mowery 是美国制度创新经济学（极力推崇资本主义对于技术进步重要性）的代表人物，两人也是长期的合作伙伴关系，研究领域也都为技术变革与经济增长，以及国家

---

① Crow Michael and Bozeman Barry, "R&D Laboratory Classification and Public Policy: The Effects of Environmental Context on Laboratory Behavior", *Research Policy*, Vol. 16, No. 5, October 1987, pp. 229 – 258; Bozeman Barry and Crow Michael, "Technology Transfer From U. S. Government and University R&D Laboratories", *Technovation*, Vol. 11, No. 4, May 1991, pp. 231 – 246; Bozeman Barry, Rimes Heather, Youtie Jan, "The Evolving State-of-the-art in Technology Transfer Research: Revisiting the Contingent Effectiveness Mode", *Research Policy*, Vol. 44, No. 1, February 2015, pp. 34 – 49.

② Etzkowitz Henry, Leydesdorff, "The Dynamics of Innovation: From National Systems and 'Mode 2' to a Triple Helix of University Industry Government Relations", *Research Policy*, Vol. 29, No. 2, February 2000, pp. 109 – 123; Etzkowitz Henry, "Innovation Lodestar: The Entrepreneurial University in a Stellar Knowledge Firmament", *Technological Forecasting & Social Change*, Vol. 123, October 2017, pp. 122 – 129.

③ Shane Scott, "Encouraging University Entrepreneurship? The Effect of the Bayh-Dole Act on University Patenting in the United States", *Journal of Business Venturing*, Vol. 19, No. 1, January 2004, pp. 127 – 151; Audretsch B. David, Lehmann E. Erik, Warning Susanne, "University Spillovers and New Firm Location", *Research Policy*, Vol. 34, No. 7, September 2005, pp. 1113 – 1122; Aldridge T. Taylor and Audretsch B. David, "The Bayh-Dole Act and Scientist Entrepreneurship", *Research Policy*, Vol. 40, No. 8, October 2011, pp. 1058 – 1067.

创新体系。而关于技术转移,这二人的关注点在大学技术转移对经济增长的影响上,认为在技术变革、进步和溢出过程中,对技术的学习和吸收能力对经济增长的影响较大[①],其落脚点在经济增长上。Kogut、Szulanski 和 Powell 是组织行为学（Organizational Behavior）、新制度主义（New Institutionalism）理论的代表人物,Kogut 是战略学的开创性人物之一,也是基于知识的公司治理理论（Corporate Governance）的创始人之一,其关注的是公司间的技术流动与技术复制（Replication of Technology）,落脚点多在跨国公司上（Multinational-Corporation）[②]。Szulanski 是知识黏性,尤其是内部黏性（Stickiness）理论的建设者之一,其通过实证研究,认为导致知识转移产生黏性的最重要的三个因素分别为知识接收方的吸收能力、因果关系模糊以及知识转移前后方的交流困难[③]。与 Kogut 不同的是,Szulanski 较为关注企业内部的知识转移。Powell 的研究主要集中在知识如何跨组织（across organizations）转移,以及网络在促进或阻碍创新方面的作用,其落脚点主要为组织在知识合作网络中的学习

[①] Mowery C. David, Nelson R. Richard, Sampat N. Bhaven, et al., "The Growth of Patenting and Licensing by U. S. Universities: An assessment of the Effects of the Bayh Dole act of 1980", *Research Policy*, Vol. 30, No. 1, January 2001, pp. 99 – 119; Nelson R. Richard, "The Market Economy, and the Scientific Commons", *Research Policy*, Vol. 33, No. 3, April 2004, pp. 455 – 471; Mowery C. David, Nelson R. Richard, Martin R. Ben, "Technology Policy and Global Warming: Why New Policy Models are Meeded, or Why Putting New wine in Old Bottles Won't Work", *Research Policy*, Vol. 39, No. 8, October 2010, pp. 1011 – 1023.

[②] Kogut Bruce, Zander Udo, "Knowledge of the Firm and the Evolutionary Theory of the Multinational Corporation", *Journal of International Business Studies*, Vol. 24, No. 4, December 1993, pp. 625 – 645.

[③] Szulanski Gabriel, "Exploring Internal Stickiness: Impediments to the Transfer of Best Practice Within the Firm", *Strategic Management Journal*, Vol. 17, No. S2, Winter 1996, pp. 27 – 43; Szulanski Gabriel, "The Process of Knowledge Transfer: A Diachronic Analysis of Stickiness", *Organizational Behavior & Human Decision Processes*, Vol. 82, No. 1, May 2000, pp. 9 – 27.

协作能力（Learning From Collaboration）。Zahra 的研究主要集中于企业家精神以及企业创业在知识创造、吸收和转化中的作用，认为组织的吸收能力影响组织创新、业务绩效以及知识转移，其落脚点主要在国际企业家以及国际创业上[①]。

第三个为以 Cohen、Eisenhardt、Porter、Teece、Mansfield、Grant、Rogers 和 Nonaka 为代表的开放创新（Open Innovation）与知识管理（Knownledge Management）研究团体。在经济全球化下，创新资源的流动性越发凸显。高素质人才就业价值观念的改变以及大学、科研机构研发能力的提升，使得原本由企业"秘密部门"掌控的技术越发分散于全球价值链中的各个环节与部门，企业不得不由原先的"孤岛思维"（Silo Mentality）转变为开始寻求外部合作，企业间的研发合作、企业—大学间的产学合作促进了开放式创新理论的发展。在知识经济时代，在开放式创新模式下，在合作中通过学习、实践或探索获得技术和知识的知识管理研究成为热点。在这些作者中，Cohen 是技术变革经济学的代表人物，其认为影响企业创新绩效的主要因素有企业规模、企业学习、知识流动以及企业对专利的保护[②]；Porter 是商业管理界公认的"竞争战略之父"（Competitive Strategy），其竞争战略从企业层面到国家层面；Teece 是动态能力理论（Dynamic Capabilities）的创始人，认为企业要保持其竞争优

[①] Flatten C. Tessa, Engelen Andreas, Zahra A. Shaker, "A Measure of Absorptive Capacity: Scale Development and Validation", *European Management Journal*, Vol. 29, No. 2, April 2011, pp. 98 – 116; Zahra A. Shaker and George Gerard, "Absorptive Capacity: A Review, Reconceptualization, and Extension", *Academy of Management Review*, Vol. 27, No. 2, April 2002, pp. 185 – 203.

[②] Cohen M. Wesley, Goto Akira, Nagata Akiya, et al., "R&D Spillovers, Patents and the Incentives to Innovate in Japan and the United States", *Research Policy*, Vol. 31, No. 8 – 9, December 2002, pp. 1349 – 1367; Walsh P. John, Cohen M. Wesley, Cho Charlene, "Where Excludability Matters: Material Versus Intellectual Property in Academic Biomedical Research", *Research Policy*, Vol. 36, No. 8, October 2007, pp. 1184 – 1203.

势，就必须不断地对技术和知识进行组合、管理[1]；Rogers 是创新扩散理论的创始人，提出了著名的创新扩散"S"形曲线；Nonaka 是知识创造理论（Knowledge Creation）的创始人，提出了著名的知识转化 SECI 模型（Socialization-Externalization-Combination-Internalization）[2]。综合来看，这些学者关于技术转移的研究皆落脚于企业竞争层面，不仅注重企业对外部知识的学习吸收能力，而且注重企业对知识的管理和转化能力。

在这三大学术共同体外，还形成了以 Caves、Dunning 等为核心的基于跨国公司对外投资、跨国公司研发国际化的跨国技术转移研究团体[3]，其研究的关键词聚类包括外国投资（Foreign Investment）、分支机构（Subsidiaries）等。

二 国外技术转移研究的研究前沿与知识基础

（一）研究前沿

研究前沿由科学家积极引用的文章所体现，用以描述研究领域的动态本质，是指"一组突现的动态概念和潜在的研究问题"[4]。突

---

[1] Teece J. David, "Business Models and Dynamic Capabilities", *Long Range Planning*, Vol. 51, No. 1, February 2018, pp. 40 – 49; Teece J. David, "Dynamic Capabilities and Entrepreneurial Management in Large Organizations: Toward a Theory of the (Entrepreneurial) Firm", *European Economic Review*, Vol. 86, July 2016, pp. 202 – 216.

[2] Nonaka Ikujiro and Krogh von Georg, "Tacit Knowledge and Knowledge Conversion: Controversy and Advancement in Organizational Knowledge Creation Theory", *Organization Science*, Vol. 20, No. 3, 2009, pp. 635 – 652.

[3] Drake A. Tracey and Caves E. Richard, "Changing Determinants of Japanese Foreign Investment in the United States", *Journal of the Japanese & International Economies*, Vol. 6, No. 3, September 1992, pp. 228 – 246; Dunning H. John and Lundan M. Sarianna, "Institutions and the OLI Paradigm of the Multinational Enterprise", *Asia Pacific Journal of Management*, Vol. 24, No. 4, December 2008, pp. 573 – 593.

[4] Chen Chaomei, "CiteSpace II: Detecting and Visualizing Emerging Trends and Transient Patterns in Scientific Literature", *Journal of the Association for Information Science and Technology*, Vol. 57, No. 3, February 2006, pp. 359 – 377.

现词（Burst Terms）在分析研究前沿、预测研究趋势和挖掘热点方面均有重要的价值。将样本数据导入Citespace软件，利用其词频探测技术进行研究前沿术语分析，得到突现词147个，取对应年份频次前两位的突现词后共得47个（表2-5）。

表2-5　　　　　　　　国外技术转移研究的主要突现词

年份	频次	突现度	突现词	年份	频次	突现度	突现词
1982	23	13.27	international technology-transfer	2001	67	11.25	clean development mechanism
1982	31	12.42	transferring technology	2001	24	7.95	kyoto protocol
1986	9	4.80	western technology	2002	89	10.25	climate change
1988	440	6.77	knowledge transfer	2002	74	5.92	human capital
1988	8	4.29	medical technology	2003	8	4.23	special attention
1990	8	4.18	appropriate technology	2004	30	12.32	social network
1991	255	5.38	new technology	2004	23	8.25	in-depth interviews
1992	37	10.01	joint ventures	2005	130	17.51	practical implications
1992	15	6.75	technology policy	2005	69	9.99	reproductive technology
1993	39	6.21	international trade	2006	21	6.29	cdm projects
1993	12	5.60	taking place	2006	13	5.29	positive relationship
1994	20	7.54	research universities	2007	28	7.79	technology transfer offices
1994	33	6.62	technology development	2007	30	6.77	survey data
1995	34	6.59	host countries	2008	70	12.08	positive effect
1995	58	6.52	new knowledge	2008	44	10.46	open innovation
1996	49	10.18	tacit knowledge	2010	41	11.94	semi-structured interviews
1996	69	8.37	policy makers	2010	36	11.14	positive impact
1997	40	7.12	public policy	2012	21	7.56	previous research
1997	29	5.78	multinational enterprises	2012	8	4.69	qualitative analysis
1998	140	7.45	absorptive capacity	2014	19	8.90	sub-saharan africa
1998	57	6.79	host country	2014	18	8.43	total factor productivity
1999	7	4.00	european union	2016	13	7.41	university technology transfer
2000	33	7.82	health care	2016	11	6.32	education institutions
2000	16	7.14	productivity growth				

数据来源：基于Citespace突现词分析得出。

20世纪80年代以来，技术转移研究前沿随着时间推移不断演进。源于六七十年代的南北技术转移实践，国外技术转移研究在80年代初仍然以国际技术转移（International Technology Transfer）为研究主题，但关注点主要在国家尺度。随着美国《拜杜法案》（Bayh - Dole Act）的通过以及大学、科研机构在知识创造和研发上的能力不断凸显，围绕大学的知识转移研究（Knowledge Transfer）在80年代后期开始成为研究热点。进入90年代，伴随着新技术（New Technology）和新知识（New Knowledge）的不断发展，在跨国公司主导的生产网络推动下，以国际贸易（International Trade）为介质的技术转移持续推进，学者们一方面以跨国企业为研究对象，对跨国公司（Multinational Enterprises）的技术转移进行企业层面的研究，另一方面也围绕东道国（Host Countries）的技术政策（Technology Policy）对技术转移的影响，以及合资企业（Joint Ventures）在技术转移中的作用等方面进行了大量的研究。另外，随着研究型大学（Research Universities）在技术转移、知识转移方面的作用越发凸显，以及技术转移对于经济增长（Productivity Growth）的贡献度也越发凸显，学者们纷纷从公共政策（Public Policy）的视角，一方面服务于决策者（Policy Makers）制定促进技术转移的政策，另一方面也从组织的视角，对企业间、企业内部和大学—企业间的技术转移的影响因素进行研究，普遍认为技术接受方的吸收能力（Absorptive Capacity）是主要因素。

全球气候变暖已经成为全世界人类面临的重大问题。21世纪初，在《京都议定书》（Kyoto Protocol）签订的背景下，学者们围绕清洁发展机制（Clean Development Mechanism，CDM）对清洁技术的全球技术转移进行了大量的研究。同时，随着复杂性科学的兴起以及复杂网络理论的发展，应用社会网络（Social Network）分析方法研究技术转移网络、技术合作网络和知识合作网络的发展和演化一度成为技术转移研究的前沿。另外，在质性研究方法的发展下，学者们普遍采用深度访谈（In-depth Interviews）、半结构访谈（Semi-structured Interviews) 获得一手调查数据（Survey Data) 从而研究微观层面的技术转移过程，尤其是通过访谈对大学技术转移办公室（Technology Transfer Offices) 的技术转移实践进行了深度的揭示，而在这一过程中，学者们普遍挖掘到技术转移的积极效应（Positive Impact)。2010 年以来，学术界围绕技术转移的研究，一方面是通过回顾历史，对技术转移研究的发展过程进行总结（Previous Research)，另一方面则是通过定性和定量相结合的手段，着重于大学技术转移研究。

（二）知识基础

研究前沿的知识基础是"被前沿术语所在的文献引用的科学文献所形成的演化网络和共引轨迹"[1]。Citespace 软件的文献共被引分析是通过描述文献间存在的共被引关系，对现有研究的知识基础进行研究。

从时间序列看，虽然技术转移研究源于 20 世纪六七十年代的国际技术转移实践，且在 80 年代《拜杜法案》通过之后促进了关于大学技术转移的研究，但推进技术转移研究知识网络演进的关键文献却都在 2000 年以后，这也印证了技术转移研究是在 21 世纪初才开始引起学者们的广泛关注。2001 年，Mowery 和 Nelson 等人在 Research Policy 上发表了"The growth of patenting and licensing by US universities: an assessment of the effects of the Bayh-Dole act of 1980"一文，以加州大学、斯坦福大学和哥伦比亚大学这三所大学的技术转移办公室为例，系统评估了《拜杜法案》对美国大学技术转移的影响，其认为对于加州大学和斯坦福大学这种在《拜杜法案》之前就已经积极申请专利并转移其技术的大学而言，《拜杜法案》的影响较弱，但对于哥伦比亚大学这些后发型大学作用较为明显。总体来看，

---

[1] Chen Chaomei, "CiteSpace II: Detecting and Visualizing Emerging Trends and Transient Patterns in Scientific Literature", *Journal of the Association for Information Science and Technology*, Vol. 57, No. 3, February 2006, pp. 359 – 377.

《拜杜法案》虽然对大学技术转移有促进作用，但不是决定性的因素[1]。该文章对于之前将美国大学技术转移归功于《拜杜法案》的观点进行了很好的驳斥，也使得更多的学者开始思考影响大学技术转移的因素有哪些。同年，Jensen 和 Thursby 在 American Economic Review 发表的 "Proofs and prototypes for sale: The licensing of university inventions" 一文也引起了广泛关注，其认为大学科研成果大部分陷入"死亡之谷"（Death of Valley）是剥离了发明者或教师的参与，这篇文章也使学者开始关注在技术转移过程中，不同身份和不同角色的行为个体对技术转移的影响[2]。而这两篇文章之后的几篇起关键性作用的文章也都是围绕这两个话题展开的研究，如引用量和突现度最高的 "Assessing the impact of organizational practices on the relative productivity of university technology transfer offices: An exploratory study" 一文，就是通过对五所研究型大学的 98 名企业家、科学家和管理人员的 55 次访谈，发现影响大学技术转移最重要的组织因素是教师奖励制度[3]。

在创业型经济发展下，大学技术转移的方式在悄然发生改变，由原先的以技术许可、技术出售为主发展到以技术创业为主，因而围绕大学学术创业的研究吸引了大批学者的关注。2005 年，Lockett 和 Siegel 等人在 Research Policy 发表的 "The creation of spin-off firms at public research institutions: Managerial and policy implications" 一文

---

[1] Mowery C. David, Nelson R. Richard, Sampat N. Bhaven, et al., "The Growth of Patenting and Licensing by U. S. Universities: An Assessment of the Effects of the Bayh Dole act of 1980", Research Policy, Vol. 30, No. 1, January 2001, pp. 99–119.

[2] Jensen Richard and Thursby Marie, "Proofs and Prototypes for Sale: The Licensing of University Inventions", The American Economic Review, Vol. 91, No. 1, March 2001, pp. 240–259.

[3] Siegel S. Donald, Waldman A. David, Atwater E. Leanne, et al., "Commercial Knowledge Transfers from Universities to Firms: Lmproving the Effectiveness of University industry Collaboration", Journal of High Technology Management Research, Vol. 14, No. 1, Spring 2003, pp. 111–133.

与 Clarysse 和 Lockett 在 *Journal of Business Venturing* 上发表的 "Spinning out new ventures: a typology of incubation strategies from European research institutions" 一文，都是从学术机构创业的角度，对影响技术转移的因素进行的研究①。这两篇文章也使大部分学者开始对学术创业进行研究，如 2008 年，Bercovitz 和 Feldman 在 *Organization Science* 上发表的 "Academic Entrepreneurs: Organizational Change at the Individual Level" 一文，就是通过跟踪 1780 名教职人员，考察他们的背景和工作环境，并跟踪他们的学术创业活动，来研究其参与大学技术转移这个新的组织举措②。同时，一些学者也开始对大学盲目追求专利增长，从而争取 "技术转让" 的做法进行反思，Geuna A. 等人于 2006 年在 *Research Policy* 发表的 "University patenting and its effects on academic research: The emerging European evidence" 一文中基于欧洲大学发明专利增长的数据发现，尽管专利能够让大学的财政收入提高，但过大的专利申请投入会影响基础研究成果的产出③。

三 国外技术转移研究的热点领域

很多证据表明，"技术转移" 这个话题已经引起了学术研究人员和政策制定者的极大兴趣，如自 1980 年以来，美国国会通过了不少于 8 项有关技术转移的重大政策举措及其推广手段，其他国家也出

---

① Clarysse Bart, Wright Mike, Lockett Andy, et al., "Spinning Out New Ventures: A Typology of Incubation Strategies From European Research Institutions", *Journal of Business Venturing*, Vol. 20, No. 2, March 2005, pp. 183 – 216; Lockett Andy, Siegel S. Donald, Wright Mike, et al., "The Creation of Spin-off firms at Public Research Institutions: Managerial and Policy Implications", *Research Policy*, Vol. 34, No. 7, September 2005, pp. 981 – 993.

② Bercovitz Janet and Feldman Maryann, "Academic Entrepreneurs: Organizational Change at the Individual Level", *Organization Science*, Vol. 19, No. 1, Jan. – Feb. 2008, pp. 69 – 89.

③ Geuna Aldo and Nesta J. J. Lionel, "University Patenting and Its Effects on Academic Research: The Emerging European Evidence", *Research Policy*, Vol. 35, No. 6, July 2006, pp. 790 – 807.

现了类似的趋势；一个专门的杂志 Journal of Technology Transfer 在 1977 年正式创刊并集中发表"技术转移"类文章；技术转移经纪人（Technology Transfer Agent）现已列入世界各地许多政府雇员和公务员手册中[①]。

在对国外相关文献进行统计、阅读和计量分析的基础上，发现国外技术转移研究对象集中于两个方面，一个是技术转移，另一个是知识转移。而在这两大研究对象下，研究内容又集中在两个方面：一是跨国公司技术转移研究；二是大学—企业技术转移研究。

（一）跨国公司技术转移研究

从全球生产网络到全球研发网络再到全球创新网络，跨国公司正是通过技术转移不断推动全球体系演化，也不断促进科技全球化和知识国际化的发展，即国际技术转移的方式正由全球生产网络时代的终端产品组合、包装技术转移向全球创新网络时代的高端技术转移、核心技术合作转变。追溯技术转移研究的发展历史，不难发现技术转移研究正是源于第二次世界大战结束后的军事技术向民用转移和以跨国公司为主导的发达国家向发展中国家技术转移。因而以跨国公司为媒介的国际技术转移研究一直是国外学术界颇为关注的一个话题，相关研究的切入点主要有以下几个：

第一为发达国家跨国公司内部技术转移研究。跨国公司内部技术转移研究主要集中于发达国家跨国公司母公司向其海外子公司的技术转移视角，研究视角主要分为两个层面：一是跨国公司的技术转移对自己以及东道国经济增长的作用。跨国公司对外投资或者技术扩散对东道国的经济增长具有促进作用已是不争的事实，学术界对其进行了广泛的研究，但在研究结果上却存在"不是所有国家都能从中受益"的争论。Borensztein 等（1998）使用经合组织国家对 69 个发展中国家的外国直接投资流量数据，发现外国直接投资对东

[①] Bozeman Barry, "Technology Transfer and Public Policy: A Review of Research and Theory", *Research Policy*, Vol. 29, No. 4-5, April 2000, pp. 627-655.

道国人均收入增长的作用只有在受援国达到最低人力资本门槛时才显著①,这与 Xu(2000)对美国跨国公司进行研究的结论一致,其认为美国跨国公司提供的技术转让有助于发展中国家的生产率增长,但不会对最不发达国家的发展产生影响,一个国家需要达到最低的人力资本门槛水平,才能从美国跨国公司的技术转让中受益②。跨国公司通过内部的国际知识转让以及通过本地研发活动对这些技术进行适应和增强,对于提升其外国子公司的竞争力至关重要。Belderbos 等(2008)对 1996—1997 年和 1999—2000 年间全球大量日本跨国公司的研究发现,分支机构的研发和公司内部的技术转让都有助于提高跨国公司自身的生产率③。二是东道国的政策变革对跨国公司技术转移的影响。Branstetter 等(2006)考察了美国跨国公司内部的技术转让如何在 1982—1999 年期间对 16 个国家进行的一系列知识产权改革作出反应,研究发现:在这 16 个国家政策变革时转让给分支机构的技术使用费支出增加,分支机构研发支出和外国专利申请总量也增加,因为东道国的政策变革的目的是减少技术进口以刺激当地研发④。

第二为新兴经济体跨国公司内部技术转移研究。近年来,随着

---

① Borensztein E., De Gregorio J., Lee J-W., "How Does Foreign Direct Investment Affect Economic Growth?", *Journal of International Economics*, Vol. 45, No. 1, June 1998, pp. 115 – 135.

② Xu Bin, "Multinational Enterprises, Technology Diffusion, and Host Country Productivity Growth", *Journal of Development Economics*, Vol. 62, No. 2, August 2000, pp. 477 – 493.

③ Belderbos Rene, Ito Banri, Wakasugi Ryuhe, "Intra-firm Technology Transfer and R&D in Foreign Affiliates: Substitutes or Complements? Evidence from Japanese Multinational Firms", *Journal of the Japanese and International Economies*, Vol. 22, No. 3, September 2008, pp. 310 – 319.

④ Branstetter G. Lee, Fisman Raymond, Foley C. Fritz, "Do Stronger Intellectual Property Rights Increase International Technology Transfer? Empirical Evidence From U. S. Firm-Level Panel Data", *Quarterly Journal of Economics*, Vol. 121, No. 1, Feb. 2006, pp. 321 – 349.

中国、印度、巴西等新兴经济体跨国公司的不断发展，围绕新兴经济体跨国公司的逆向技术转移研究（Reverse Technology Transfer）也引起了大批学者的关注[1]。在发达国家建立子公司（通常为研发部门），将技术转移到总部（从子公司到母公司的技术流动）是新兴经济体跨国企业的一个主要目标，也是其快速追赶和获得全球市场的重要竞争优势的手段[2]，这一点也从中国、印度等国家跨国企业逐年增多的跨国并购案例中得到印证。Sethi（2009）通过研究发现，印度跨国企业一直是在发达市场占据主导地位的活跃收购者之一[3]。Kale（2009）通过调查发现，78%的印度收购者称"从被收购公司获得新技术或先进技术"是海外收购的三大理由之一[4]。关于新兴经济体跨国公司的逆向技术转移研究，学术界目前主要关注两个层面：一是对子公司的能力进行研究，即一方面对子公司获取东道国技术的能力进行评估，另一方面对其收集获取的信息、知识、技术进行评估[5]；二是对母公司的技术吸收能力及其影响因素进行

---

[1] Elia Stefan and Grazia D. Santangelo, "The Evolution of Strategic Asset-seeking Acquisitions by Emerging Market Multinationals", *International Business Review*, Vol. 26, No. 5, October 2017, pp. 855 – 866; John A. Mathews, "Dragon Multinationals: New Players in 21st Century Globalization", *Asia Pacific Journal of Management*, Vol. 23, No. 1, March 2006, pp. 5 – 27.

[2] Luo Yadong and Rosalie L. Tung, "International Expansion of Emerging Market Enterprises: A Springboard Perspective", *Journal of International Business Studies*, Vol. 38, No. 4, July 2007, pp. 481 – 498.

[3] Sethi Deepak, "Are Multinational Enterprises From the Emerging Economies Global or Regional?", *European Management Journal*, Vol. 27, No. 5, October 2009, pp. 356 – 365.

[4] Kale Prashant, "The Global Indian Firm: Growth & Value Creation through Overseas Acquisitions", *Indian Journal of Industrial Relations*, Vol. 45, No. 1, Jul. 2009, pp. 41 – 53.

[5] Schulz Martin, "The Uncertain Relevance of Newness: Organizational Learning and Knowledge Flows", *The Academy of Management Journal*, Vol. 44, No. 4, Aug. 2001, pp. 661 – 681.; Yang Qin, Mudambi Ram, Meyer E. Klaus, "Conventional and Reverse Knowledge Flows in Multinational Corporations", *Journal of Management*, Vol. 34, No. 5, May 2008, pp. 882 – 902.

研究①。Nair（2016）等在对329个印度跨国公司的逆向技术转移研究中发现，海外子公司向印度母公司的技术转移效率与母公司的吸收能力、子公司的能力、母公司的学习环境等因素正相关②。

第三为跨国公司的本地技术溢出效应研究。东道国通过吸引外商直接投资，争取实现国外先进技术的本地化转移或本地化溢出，从而实现本国技术发展和经济增长是其实现技术追赶的一大手段。而技术本地化转移的方式，主要有三种：一是通过企业合资的形式或者模仿跨国公司生产的产品或管理模式实现技术溢出；二是通过劳动力流动的方式（雇用前跨国公司员工）进行技术溢出；三是通过与跨国公司的前后产业链联系实现技术溢出③。Javorcik（2004）根据立陶宛企业层面的数据进行分析发现，当地企业正是通过与跨国公司子公司的上游产业链联系而产生正面的生产率溢出效应，但这种效应多存在合资企业中，跨国公司独资企业的技术溢出效应不太明显④。Görg等（2005）研究发现，如果当地公司的所有者曾具有在跨国公司工作的经验，则其所创办的企业比其他企业更具有竞争力⑤。Juan等（2017）在对1167家哥斯达黎加当地公司进行调查后，发现当地公司聘用跨国公司的前雇员对所有生产部门公司的吸

---

① Tina C. Ambos, Björn Ambos, Bodo B. Schlegelmilch, "Learning From Foreign Subsidiaries: An Empirical Investigation of Headquarters' benefits From Reverse Knowledge Transfers", *International Business Review*, Vol. 15, No. 3, June 2006, pp. 294–312.

② Smitha R. Nair, Mehmet Demirbag, Kamel Mellahi, "Reverse Knowledge Transfer in Emerging Market Multinationals: The Indian Context", *International Business Review*, Vol. 25, No. 1, February 2016, pp. 152–164.

③ Saggi Kamal, "Trade, Foreign Direct Investment, and International Technology Transfe: A survey", *The World Bank Research Observer*, Vol. 17, No. 2, Autumn 2002, pp. 191–235.

④ Javorcik Smarzynska Beata, "Does Foreign Direct Investment Increase the Productivity of Domestic Firms? In search of Spillovers Through Backward Linkages", *The American Economic Review*, Vol. 94, No. 3, Jun. 2004, pp. 605–627.

⑤ Görg Holger and Strobl Eric, "Spillovers From Foreign Firms Through Worker Mobility: An Empirical Investigation", *The Scandinavian Journal of Economics*, Vol. 107, No. 4, December 2005, pp. 693–709.

收能力指数都有积极影响①。同样，与新兴经济体跨国公司的逆向技术转移研究类似，东道国企业的技术吸收能力也是跨国公司本地技术溢出效应研究的关注焦点②。

  第四为以跨国公司为媒介的国际技术转移案例的比较研究。长期以来，南北技术转移一直占据国际技术转移的主导地位，并塑造国际技术转移体系，因而围绕发达国家向发展中国家技术转移实践展开的南北技术转移研究占据着当前国际技术转移案例研究的"半壁江山"③。但在全球气候变化的背景下，以及中国、印度等发展中国家在清洁能源技术领域的卓越发展，以中国清洁能源技术国际技术转移实践为对象的南南技术转移逐渐成为热点④。Urban（2008）认为中国技术转移，正推动着国际技术转移以南北技术转移为主的格局向南北技术转移、南南技术转移共存格局演变，且中国主导的南南技术转移正逐渐打破南北技术转移的合作范式⑤。Rai 等

---

① Juan Carlos Leiva, Juan Antonio Rodríguez Alvarez, Ricardo Monge González, "Effects of Hiring Former Employees of Multinationals in the Absorptive Capacity of Local firms", *Contaduría Y Administración*, Vol. 62, No. 2, April-June 2017, pp. 670 – 682.

② Park Il Byung, "Knowledge Transfer Capacity of Multinational Enterprises and Technology Acquisition in International Joint Ventures", *International Business Review*, Vol. 20, No. 1, February 2011, pp. 75 – 87; Patrick van der Heiden, Christine Pohl, Shuhaimi Mansor, et al., "Necessitated Absorptive Capacity and Metaroutines in International Technology Transfer", *Journal of Engineering and Technology Management*, Vol. 41, July-September 2016, pp. 65 – 78.

③ Lommerud Erik Kjell, Meland Frode, Straume Odd Rune, "North-South Technology Transfer in Unionised Multinationals", *Journal of Development Economics*, Vol. 99, No. 2, November 2012, pp. 385 – 395.

④ Hensengerth Oliver, "South-South Technology Transfer: Who Benefits? A Case Study of the Chinese-built Bui Dam in Ghana", *Energy Policy*, Vol. 114, March 2018, pp. 499 – 507; Tour la Arnaudde, Glachant Matthieu, Ménière Yann, "Innovation and International Technology Transfer: The Case of the Chinese Photovoltaic Industry", *Energy Policy*, Vol. 39, No. 2, February 2011, pp. 761 – 770.

⑤ Urban Frauke, "China's rise: Challenging the North-South Technology Transfer Paradigm for Climate Change Mitigation and Low Carbon Energy", *Energy Policy*, Vol. 113, February 2018, pp. 320 – 330.

（2014）对中国和印度的三个关键低碳技术（太阳能光伏电池，电动汽车技术和整体气化联合循环技术）的国际技术转移研究发现，中国在引进技术转让方面比印度更具战略性和有效性[1]。Chen（2018）将中海油参与埃塞俄比亚的 Adama 风电场作为南南技术转让案例与 Vergnet（一家参与 Ashegoda 风电场建设和融资的法国公司）进行比较发现，中国水电的技术转移方式是选择将更高层次的知识传授给当地的工程师和学者，而 Vergnet 形成了更强大的长期技能转移与当地大学生建立联系，并雇用比中海油更大的本地工人份额[2]。

（二）大学—企业技术转移研究

近年来，在跨国公司推动全球研发网络的同时，全球知名大学推动的全球知识合作网络也在悄然形成，两者相辅相成共同促进全球创新网络的形成。在开放创新时代，大学在知识创造、知识转移和协同创新方面的作用逐渐凸显，围绕大学—企业的产学联系、协同创新和技术转移等方面的研究引起了学者们的广泛关注，相关研究主要从以下几个方面开展：

第一为大学—企业技术转移的动机研究。作为构建组织知识库的一种手段[3]，大学与企业的技术合作（Universities‐Industry Collaboration，UIC）指的是高等教育系统和产业部门之间的互动，主要目的是鼓励知识和技术交流[4]。学术界普遍认为，只有抓住大学—企

---

[1] Rai Varun, Schultz Kaye, Funkhouser Erik, "International Low Carbon Technology Transfer: Do Intellectual Property Regimes Matter?", *Global Environmental Change*, Vol. 24, January 2014, pp. 60 – 74.

[2] Chen Yanning, "Comparing North-South Technology Transfer and South-South Technology Transfer: The Technology Transfer Impact of Ethiopian Wind Farms", *Energy Policy*, Vol. 116, May 2018, pp. 1 – 9.

[3] Cricelli Livio and Grimaldi Michele, "Knowledge-based Inter-organizational Collaborations", *Journal of Knowledge Management*, Vol. 14, No. 3, 2010, pp. 348 – 358.

[4] Siegel S. Donald, Waldman A David, Atwater ELeanne, et al., "Commercial Knowledge Transfers from Universities to Firms: Improving the Effectiveness of University Industry Collaboration", *Journal of High Technology Management Research*, Vol. 14, No. 1, Spring 2003, pp. 111 – 133.

业知识合作的动机才能综合评价其绩效,简单来讲,大学—企业的技术转移联系无非是追求收益和减少成本[①],细致来看,大学—企业进行知识合作和技术转移的动机又可分解为以下两个维度:一是大学层面的动机需求;二是企业层面的动机需求。首先,关于大学层面的动机研究发现,获取资金支持、响应政府政策、在应用环境中学习来提高研究和教学的质量、提高机构和研究人员的声誉和认可度、提高个人收入等方面是大学(研究人员)从事技术转移的主要动机。Yong(2000)研究发现,与企业合作的最重要的驱动因素之一是获得与其研究活动相关的资金,同时其还发现研究者希望通过与企业合作从而对其研究成果进行现场测试,并以这种方式获得新的见解[②]。Ankrah等(2013)对英国的学者进行调查发现,学生和教师面临实际问题并确保学术研究水平达到最新水平是其进行大学—企业知识转移的决定性因素,另外,大学开展向企业转移技术的活动也是响应政府的政策[③]。同时,大量的研究已经表明,对收入增加的渴望也是大学和研究者从事技术合作和转移的动力之一[④],但也有学者发现对个人收入提高的渴望是众多动机中最不重要的[⑤]。其次,关于企业层面的动机研究发现,获得经济利益、提高生产率、

[①] Franco Mário and Haase Heiko, "University Industry Cooperation: Researchers' Motivations and Interaction Channels", *Journal of Engineering and Technology Management*, Vol. 36, April-June 2015, pp. 41 – 51.

[②] Yong S. Lee, "The Sustainability of University-industry Research Collaboration: An Empirical Assessment", *Journal of Technology Transfer*, Vol. 25, June 2000, pp. 111 – 133.

[③] Ankrah S. N., Burgess T. F., Grimshaw P., et al., "Asking Both University and Industry Actors About their Engagement in Knowledge Transfer: What Single-group Studies of Motives Omit", *Technovation*, Vol. 33, No. 2 – 3, February-March 2013, pp. 50 – 65.

[④] Perkmann Markus and Walsh Kathryn, "Engaging the Scholar: Three Types of Academic Consulting and their Impact on Universities and Industry", *Research Policy*, Vol. 37, No. 10, December 2008, pp. 1884 – 1891.

[⑤] D'Este Pablo and Perkmann Markus, "Why do Academics Engage with Industry? The Entrepreneurial University and Individual Motivations", *Journal of Technology Transfer*, Vol. 36, February 2010, pp. 316 – 339.

降低成本、响应政府政策、弥补组织缺陷、提高声誉等是企业积极寻求与大学进行知识合作或技术转移的主要动机。将大学技术商业化以获得经济利益是企业寻求大学技术转移的关键性动机。为了做到这一点，许多公司都希望获得大学所生成技术的专有权利。获得学生暑期实习或招聘的机会，以及聘请大学教授或研究人员进行咨询也是企业寻求大学技术转移的动机之一[1]。Siegel 等（2003）的研究还指出，企业往往可以通过与一个知名机构联系来提升自己的形象和声誉[2]。

第二为大学—企业技术转移的渠道和组织形式研究。毋庸置疑，大学与企业间的技术转移渠道和方式极为复杂多样，从微观的个人非正式关系到机构层面的联盟、合资等，无不进行着知识扩散行为。学术界对大学—企业技术转移渠道和组织形式研究集中在三个方面：一是个人的非正式关系（Personal Informal Relationships），如个人咨询、学术交流、讲座等；二是个人的正式关系（Personal Formal Relationships），如学生实习与就业、项目资助、联合开发、共用或共建实验室等；三是第三方机构的中介关系（Third Party），如大学公司、大学技术转移办公室、政府机构、行业协会等[3]。Freitas 等（2013）基于意大利皮埃蒙特地区企业调查发现，小公司更加倾向于通过个人正式关系（合同）来与大学开展技术转移联系，而大公司通常选择机构间联合（通常由大学技术转移办公室代理）来与大学

---

[1] Perkmann Markus, King Zella, Pavelin Stephen, "Engaging Excellence? Effects of Faculty Quality on University Engagement with Industry", *Research Policy*, Vol. 40, No. 4, May 2011, pp. 539–552.

[2] Siegel S. Donald, Waldman A. David, Atwater E. Leanne, et al., "Commercial Knowledge Transfers from Universities to Firms: Improving the Effectiveness of University Industry Collaboration", *Journal of High Technology Management Research*, Vol. 14, No. 1, Spring 2003, pp. 111–133.

[3] Ankrah Samuel and AL-Tabbaa Omar, "Universities Industry Collaboration: A Aystematic Review", *Scandinavian Journal of Management*, Vol. 31, No. 3, September 2015, pp. 387–408.

开展技术转移联系[①]。Santoro 和 Gopalakrishnan（2000）将大学—企业技术转移联系方式划分为四种：研究支持（即捐赠/信托基金）、合作研究（即机构协议、团体安排、机构设施、非正式意向）、知识（即招聘近期毕业生、个人互动、机构计划、合作教育）和技术转让（即通过大学研究中心进行的产品开发和商业化活动）[②]。Fernández Esquinas 等（2016）通过对 737 家创新型公司的调查实证研究发现，大学与产业之间的联系可以分为五个潜在维度（知识生成与适应、参或创建新组织、人力资源培训与交流、共同申请和维护知识产权以及共用设施和设备）[③]。另外，在大学—企业技术转移渠道研究方面，学术界普遍认为大学—企业的技术转移方式是随时间变化而变化的。如 Chen（1994）认为大学与产业间的技术转让方式既是相互区别，又是随时间不断演进的，其根据香港大学与企业之间的技术转移方式，将大学—产业的技术转移方式划分为三个阶段（随机—短期—长期）[④]。Faulkner 和 Senker（1994）也承认，正式渠道和非正式渠道存在时间上的连续性，非正式联系往往是正式联系的先驱和后继者[⑤]。D'Este 和 Patel（2007）的研究也发现，具有一个知识转移渠道的经验的研究人员更有可能参与未来通过其他类型的渠

[①] Freitas Isabel Maria Bodas, Geuna Aldo, Rossi Federica, "Finding the Right Partners: Institutional and Personal Modes of Governance of University-industry Interactions", *Research Policy*, Vol. 42, No. 1, February 2013, pp. 50–62.

[②] Santoro D. Michael and Gopalakrishnan Shanthi, "The Institutionalization of Knowledge Transfer Activities Within Industry-university Collaborative Ventures", *Journal of Engineering and Technology Management*, Vol. 17, No. 3–4, September 2000, pp. 299–319.

[③] Fernández-Esquinas Manuel, Pinto Hugo, Yruela Pérez Manuel, et al., "Tracing the Flows of Knowledge transfer: Latent Dimensions and Determinants of University Industry Interactions in Peripheral Innovation Systems", *Technological Forecasting and Social Change*, Vol. 113, No. B, December 2016, pp. 266–279.

[④] Chen E. Yegin, "The Evolution of University-industry Technology Transfer in Hong Kong", *Technovation*, Vol. 14, No. 7, September 1994, pp. 449–459.

[⑤] Faulkner Wendy and Senker Jacqueline, "Making Sense of Diversity: Public-private Sector Research Linkage in Three Technologies", *Research Policy*, Vol. 23, No. 6, November 1994, pp. 673–695.

道转让知识①。

第三为大学—企业技术转移的影响因素研究。大学—企业技术转移的影响因素研究主要从三个方面开展，一是大学层面的影响因素；二是中间过程的影响因素；三是企业层面的影响因素。首先，大学层面的技术转移影响因素主要包括大学科研人员（个人属性）、大学的知识产权保护制度、大学技术转移办公室的组织制度、大学所创造的知识的特征等方面。大量的研究表明，科研人员的性别、资历、个人声望对大学知识转移的影响较大，如男性科研人员更有可能参与到技术转移过程中，而技术转移办公室服务人员则多为女性②；一个之前从事过技术转移的，或者阅历丰富的科研人员更有可能参与到技术转移中③；通常最好和最成功的科学家也是那些与企业密切合作的人④。Siegel 等（2003）研究发现大学技术转移办公室影响大学技术转移的最重要的组织因素是教师奖励制度⑤。Villani 等（2017）比较了三种不同组织形式（大学技术转移办公室、大学孵

---

① D'Este P. and Patel P. , "University-industry Linkages in the UK: What are the Factors Underlying the Variety of Interactions With Industry?", *Research Policy*, Vol. 36, No. 9, November 2007, pp. 1295 – 1313.

② Azagra-Caro M. Joaquín M. , "What Type of Faculty Member Interacts with What Type of Firm? Some Reasons for the Delocalisation of University-industry Interaction", *Technovation*, Vol. 27, No. 11, November 2007, pp. 704 – 715.

③ Boardman P. Craig, "Beyond the Stars: The Impact of Affiliation with University Biotechnology Centers on the Industrial Involvement of University Scientists", *Technovation*, Vol. 28, No. 5, May 2008, pp. 291 – 297; Giuliani Elisa, Morrison Andrea, Pietrobelli Carlo, et al. , "Who are the Researchers that are Collaborating with Industry? An Analysis of the Wine Sectors in Chile, South Africa and Italy", *Research Policy*, Vol. 39, No. 6, July 2010, pp. 748 – 761.

④ Bekkers Rudi and Freitas Isabel MariaBodas, "Analysing Knowledge Transfer Channels Between Universities and Industry: To what Degree do Sectors Also Matter?", *Research Policy*, Vol. 37, No. 10, December 2008, pp. 1837 – 1853.

⑤ Siegel S. Donald, Waldman A. David, Atwater E. Leanne, et al. , "Commercial Knowledge Transfers from Universities to Firms: Improving the Effectiveness of University Industry Collaboration", *Journal of High Technology Management Research*, Vol. 14, No. 1, Spring 2003, pp. 111 – 133.

化器和协同研究中心）的大学技术转移中介机构在促进大学技术转移方面的不同之处，其认为大学技术转移办公室更倾向于采取雇用具有混合背景的人来直接减少大学和企业之间的认知距离和组织距离[1]；大学孵化器和协同研究中心则更倾向于采取旨在缩小大学与企业之间地理距离和社会距离的措施来促进技术转移。其次，中间过程的技术转移影响因素主要包括社会资本的参与[2]、国家或当地政策的影响等方面。Decter 等（2007）在对英国和美国大学技术转移官员进行调查后发现，两国大学转让技术的动机、大学技术转让政策的一致性以及大学技术对企业的可及性存在显著差异[3]。最后，企业层面的技术转移影响因素主要包括企业的吸收能力[4]、企业将知识获取过程制度化的能力（institutionalize the knowledge acquisition process）、企业自身知识结构的特点等方面。Santoro 和 Gopalakrishnan（2000）研究了 189 家与美国 21 家大学研究中心合作的公司，发现当企业具有更多的组织结构，更稳定的文化，以及企业更加信任其大学研究中心合作伙伴时，技术转移活动将得到促进[5]。

第四为大学—企业技术转移的绩效研究。与大学—企业技术转移的动机相呼应，无论是大学还是企业，寻求产学联系的初衷皆

---

[1] Villani Elisa, Rasmussen Einar, Grimaldi Rosa, "How Intermediary Organizations Facilitate University Industry Technology Transfer: A Proximity Approach", *Technological Forecasting and Social Change*, Vol. 114, January 2017, pp. 86 – 102.

[2] Al-Tabbaa Omar and Ankrah Samuel, "Social Capital to Facilitate 'Engineered' University-industry Collaboration for Technology Transfer: A Dynamic Perspective", *Technological Forecasting and Social Change*, Vol. 104, March 2016, pp. 1 – 15.

[3] Decter Moira, Bennett David, Leseure Michel, "University to Business Technology Transfer-UK and USA Comparisons", *Technovation*, Vol. 27, No. 3, March 2007, pp. 145 – 155.

[4] Cohen M. Wesley, Levinthal A. Daniel, "Absorptive Capacity: A new Perspective on Learning and Innovation", *Administrative Science Quarterly*, Vol. 35, No. 1, March 1990, pp. 128 – 152.

[5] Santoro D. Michael and Gopalakrishnan Shanthi, "The Institutionalization of Knowledge Transfer Activities Within Industry-university Collaborative Ventures", *Journal of Engineering and Technology Management*, Vol. 17, No. 3 – 4, September 2000, pp. 299 – 319.

是服务于自身诉求，产生良好的积极效应。对于大学而言，大学—企业技术转移的积极效应主要体现在个人、机构、区域层面的经济增长（如知识产权的许可收入、创造商机、知识溢出服务于当地经济发展等方面），以及对于机构、研究人员在科研学术、就业、声望上的提升。对于企业而言，大学—企业技术转移的积极效应主要体现在通过获得新知识、新技术、新工艺来促进经济增长，以及在提高企业竞争力、抵消企业间竞争带来的损失、招聘人才方面得到快速成长。但也有一些研究认为，虽然大学—企业技术转移的好处显然超过了任何危险，但对于大学和企业界，特别是对于大学来说，认识到可能的缺点仍然是很重要的[1]。其中对于大学而言，主要威胁在于：对于原本开放态的科学文化知识呈现出负面影响；保密协议束缚知识传播；可能导致过多追求短期效益而影响长期的基础研究；研究人员的短期逐利性；有可能源于企业资助从而产生片面的研究成果；研究人员与机构间的利益分配不均。对于企业而言，主要威胁在于：缓慢的学术型官僚机构可能会扼杀技术商业化，压低公司的业绩并推迟实现公司目标；管理和协作费用增加；理论与实际偏差太大；研发过程的不和谐；知识产权的纠纷；减少对专有信息的控制或泄露；合作失败率高；以及技术过时等[2]。另外，大学—企业技术转移绩效的测度方法研究也是学术界较为关注的一个方面[3]。

---

[1] Harman Grant and Sherwell Val, "Risks in University-industry Research Links and the Implications for University Management", *Journal of Higher Education Policy and Management*, Vol. 24, No. 1, Aug. 2010, pp. 37 – 51.

[2] Al-Tabbaa Omar, Leach Desmond, March John, "Collaboration Between Nonprofit and Business Sectors: A Framework to Guide Strategy Development for Nonprofit Organizations", *Voluntas International Journal of Voluntary and Nonprofit Organizations*, Vol. 25, March 2013, pp. 657 – 678.

[3] Anderson R. Timothy, Daim U. Tugrul, Lavoie F. Francois, "Measuring the Efficiency of University Technology Transfer", *Technovation*, Vol. 27, No. 5, May 2007, pp. 306 – 318.

第二节 中国技术转移研究进展

以中文社会科学引文索引（Chinese Social Sciences Citation Index，CSSCI）为数据来源，以"产学研""科技成果转化""技术转让"和"技术转移"四个关键词检索篇名，分别获得技术转移相关文献1171篇、485篇、72篇和524篇，去除重复，合计1736篇（检索时间为2018年2月4日，检索期限是1998—2018年）①。

一 中国技术转移研究的基本概况

（一）发文量及被引频次

1998年以来，中国技术转移相关研究也呈现出三个阶段的发展态势：第一阶段为1998—2002年，技术转移领域的发文量呈现出先上升后下降的趋势，而引文量呈现出快速上升的态势；第二阶段为2002—2008年，技术转移领域的发文量呈现出稳步上升的态势，而引文量在这一阶段呈现出间歇性的波动上升态势，以3年为一个周期，这一阶段为技术转移研究的快速成长阶段；第三阶段为2008年至今，技术转移领域的发文量也开始呈现出波动演化态势，分别在2009年和2014年达到顶峰，但在2010年和2016年又出现"低谷"现象，这一阶段，技术转移研究相关文献的引文量与发文量的态势基本共轨（图2-2）。

（二）主要学术期刊及其影响力

从期刊发文量来看，载文量排名前15位的期刊，占论文发表的64.35%，说明国内技术转移研究的载文期刊相对稳定，较为集中。综合来看，《科技进步与对策》《科技管理研究》《中国科技论坛》

---

① 由于CSSCI数据库是从1998年开始进行文献收录和检索的，因而本书的中文期刊检索起始年份是1998年。

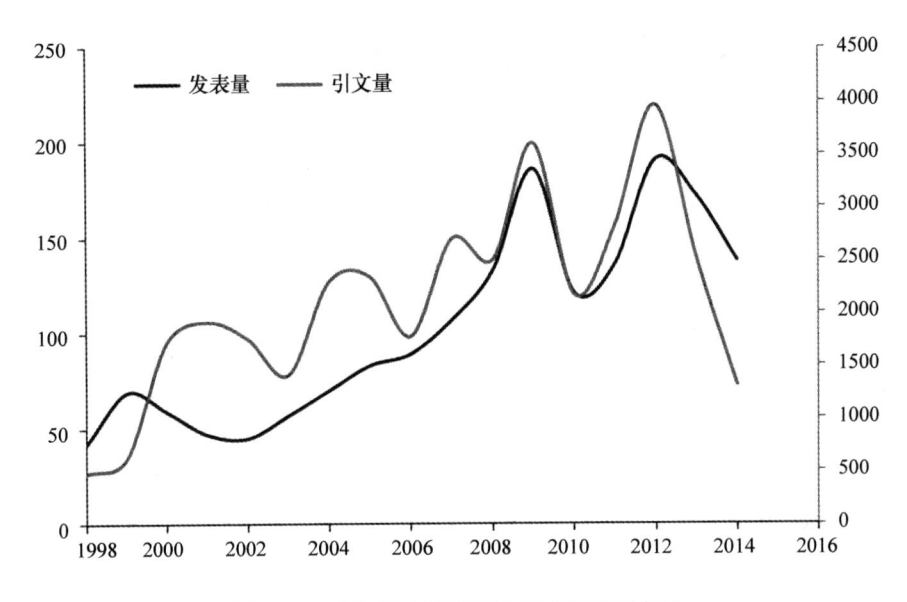

图 2-2　中国技术转移研究发文量和引文量

数据来源：基于 CSSCI 数据库 1998—2017 年检索得出。

《科学学与科学技术管理》这四个期刊的刊文量比重超过 5%，尤其是《科技进步与对策》与《科技管理研究》这两个期刊，刊发的技术转移研究类文章占总体的 10% 以上。从学科类别上看，管理学（867 篇）和经济学（610 篇）依然是技术转移研究最为重要的学科，来自这两个学科的发文量分别占到总体的 49.94% 和 35.14%（表 2-6）。

表 2-6　　　　　　中国技术转移研究的主要发表刊物

期刊名称	发文量	占比	2017 年影响因子
科技进步与对策	217	12.50%	0.949
科技管理研究	177	10.20%	0.566
中国科技论坛	105	6.05%	0.824
科学学与科学技术管理	93	5.36%	1.668
中国高等教育	85	4.90%	1.102
科学学研究	69	3.97%	2.293

续表

期刊名称	发文量	占比	2017年影响因子
研究与发展管理	63	3.63%	1.497
科学管理研究	62	3.57%	0.840
中国高教研究	59	3.40%	1.856
高等工程教育研究	48	2.76%	2.029
科研管理	33	1.90%	2.063
软科学	31	1.79%	1.096
中国软科学	27	1.56%	2.445
教育发展研究	25	1.44%	0.917
情报杂志	23	1.32%	1.335

数据来源：基于CSSCI数据库1998—2017年检索得出；期刊影响因子则是来源于CNKI数据库的2017年综合影响因子。

期刊共被引结果显示，《科学学研究》是排名第1位的期刊，以420次的被引量成为技术转移研究的核心阵地。与国外期刊不同的是，中国技术转移被引量前15名的期刊，其发文量也皆位于前15名，但被引量前15名的期刊基本属于科学学和科技管理类杂志，而发文量前15名的期刊中，有4个为教育类杂志，还有1个为情报类杂志。另外，在中国技术转移研究高被引期刊中，也出现了5本英文杂志，这5本英文杂志也都是国外技术转移研究刊文量和引文量较高的期刊，说明国内学者在研究技术转移时，也充分借鉴和吸收国外优秀研究成果。从影响因子来看，技术转移研究载文量前15位的期刊平均影响因子为1.432，而被引频次前15位的期刊平均影响因子则为2.128，也印证了当前学术研究的"量—质"分割现象（表2-7）。

表2-7　基于Citespace的中国技术转移研究的期刊共被引分析结果

期刊名称	被引频次	2017/2016年影响因子
科学学研究	420	2.293
科学学与科学技术管理	410	1.668

续表

期刊名称	被引频次	2017/2016 年影响因子
科技进步与对策	400	0.949
科研管理	364	2.063
Research Policy	360	4.495
科技管理研究	336	0.566
研究与发展管理	321	1.497
中国科技论坛	309	0.824
中国软科学	268	2.445
科学管理研究	200	0.840
Technovation	162	3.265
Strategic Management Journal	132	4.461
Journal of Technology Transfer	123	2.631
软科学	122	1.096
Management Science	111	2.822

数据来源：基于 Citespace 期刊共被引分析得出；中文期刊影响因子来源于 CNKI 数据库的 2017 年综合影响因子；英文期刊影响因子来源于 WOS 数据库的 InCites Journal Citation Reports。

（三）主要学术机构及其合作网络

从机构刊文量上来看，排名前五的研究机构分别为哈尔滨工程大学、华南理工大学、清华大学、华中科技大学和浙江大学。不难发现，从事技术转移研究的机构多为理工类或综合类高校，文科类较少（表2-8）。

表2-8　　　　　中国从事技术转移研究的主要机构

机构名称	发文量	占比
哈尔滨工程大学	101	5.82%
华南理工大学	84	4.84%
清华大学	81	4.67%
华中科技大学	57	3.28%
浙江大学	52	3.00%

续表

机构名称	发文量	占比
上海交通大学	49	2.82%
南京大学	48	2.76%
西安交通大学	46	2.65%
大连理工大学	44	2.53%
南京航空航天大学	42	2.42%
武汉大学	40	2.30%
中国科学技术大学	39	2.25%
天津大学	39	2.25%
吉林大学	35	2.02%
四川大学	33	1.90%

数据来源：基于 CSSCI 数据库 1998—2017 年检索得出。

基于 Citespace 软件的机构之间的合作强度发现，中国技术转移研究机构合作网络发育不明显，多为机构内部不同作者之间的合作，跨机构的合作相对较少。但在跨机构合作网络中，中国科学技术发展战略研究院和华中科技大学并列第二，哈尔滨工程大学和中国科学技术信息研究所并列第三。

（四）核心作者及学术共同体

基于 CSSCI 数据库的统计分析显示，来自哈尔滨工程大学经济管理学院的曹霞发表技术转移相关研究的文章数量最多，达到 27 篇。另外，与曹霞来自同一机构的刘希宋和来自华南理工大学的朱桂龙的发文量也超过 20 篇，分别以 26 篇和 23 篇的发文量位居第二和第三。从排名前 15 的作者所属机构来看，有三位作者（分别是曹霞、刘希宋和喻登科）来自哈尔滨工程大学，这也印证了哈尔滨工程大学作为技术转移研究的核心学术机构地位（表 2-9）。

表2-9　　　　　中国技术转移研究的主要作者及其发文量

作者	发文量	占比	所属机构
曹霞	27	1.56%	哈尔滨工程大学
刘希宋	26	1.50%	哈尔滨工程大学
朱桂龙	23	1.32%	华南理工大学
顾新	17	0.98%	四川大学
吴洁	15	0.86%	江苏科技大学
樊霞	15	0.86%	华南理工大学
喻登科	15	0.86%	哈尔滨工程大学
冯锋	14	0.81%	中国科学技术大学
菅利荣	14	0.81%	南京航空航天大学
盛永祥	12	0.69%	西安交通大学
原长弘	12	0.69%	江苏科技大学
李燕萍	11	0.63%	武汉大学
张明国	11	0.63%	中国科学院科技政策与管理科学研究所
杨国梁	11	0.63%	北京化工大学
刘和东	10	0.58%	南京工业大学

数据来源：基于CSSCI数据库1998—2017年检索得出。

基于Citespace的作者共被引分析且通过关键词聚类后发现，中国技术转移研究初步形成了三个较大的学术共同体：

第一个是以胡恩华、刘和东、鲁若愚、朱桂龙、冯锋、刘凤朝、樊霞、肖丁丁、曹霞、苏敬勤、陈劲、何郁冰为核心的产学研合作研究团体。虽然这些学者都从事产学研合作方面的研究，但在产学研合作的一些研究方向上形成了若干个特色小群体，如以朱桂龙、冯锋、刘凤朝等为核心的跨区域产学研合作研究：2004年，朱桂龙等率先对国际技术在中国转移的影响因素进行了研究[①]，随后中国科

---

① 朱桂龙、李卫民：《国际技术在中国技术转移影响因素分析》，《科学学与科学技术管理》2004年第6期。

学技术大学管理学院的冯锋和司尚奇团队分别于 2009 年和 2010 年以我国省区技术交易数据对中国技术转移的差异性和网络结构进行了研究①，而大连理工大学的刘凤朝研究团队在对中国区域创新能力、创新效率进行研究的基础上，近两年围绕区域科研合作网络、区域技术转移网络和区域技术交易网络进行了长足的研究②；以刘芳、曹霞等为核心的产学研联盟的稳定性研究：近年来，哈尔滨工程大学经管学院的曹霞研究团队对产学研合作联盟的稳定性进行了大量研究，研究内容涉及联盟稳定性的影响因素、动力机制以及提升路径③；以陈劲、何郁冰为核心的产学研协同创新理论模式研究：2010 年，浙江大学公共管理学院的陈劲发展了设计驱动式创新这一前沿的创新模式④，随后 2012 年，何郁冰提出了针对"战略—知识—组织"三重互动的产学研协同创新模式⑤。

第二个是以章琰、傅正华、原长弘、何建坤等为核心的大学技术转移研究团体。其中北京航空航天大学的章琰主要从事大学技术转移的影响因素、产权、网络以及过程研究⑥；西安交通大学管理学院的原长弘和清华大学的何建坤主要从事高校科技企业、大学科技

---

① 冯锋、司尚奇、李徐伟：《我国跨省区技术转移差异性分析——基于 1996—2007 年各省技术转移数据》，《中国科技论坛》2009 年第 11 期；司尚奇、冯锋：《我国跨区域技术转移联盟研究——基于 38 个城市合作网络分析》，《科学学研究》2010 年第 8 期。

② 刘凤朝、刘靓、马荣康：《区域间技术交易网络、吸收能力与区域创新产出——基于电子信息和生物医药领域的实证分析》，《科学学研究》2015 年第 5 期。

③ 曹霞、于娟、张路蓬：《不同联盟规模下产学研联盟稳定性影响因素及演化研究》，《管理评论》2016 年第 2 期。

④ 陈劲、陈雪颂：《设计驱动式创新——一种开放社会下的创新模式》，《技术经济》2010 年第 8 期。

⑤ 何郁冰：《产学研协同创新的理论模式》，《科学学研究》2012 年第 2 期。

⑥ 章琰：《大学技术转移影响因素模型研究》，《科学学与科学技术管理》2007 年第 11 期。

园区、高教科技成果转化研究①；北京信息科技大学的傅正华主要从事区域技术创新体系和区域技术转移体系，以及地方高校技术转移研究②。

第三个是以李平、江小娟、吴晓波等为核心的跨国公司技术溢出效应以及外商直接投资的技术转移研究团体。其中，山东理工大学的李平主要从事外商直接投资的溢出效应，以及国际贸易与技术扩散研究③；国务院政策研究室的江小娟主要从事外资对中国技术进步的影响研究④；浙江大学管理学院的吴晓波主要从事跨国公司技术转移、FDI 的溢出效应，及对中国技术进步的影响研究⑤。

二 中国技术转移研究的研究前沿与知识基础

（一）研究前沿

将样本数据导入 Citespace 软件，利用其词频探测技术进行研究前沿术语分析，得到突现词 16 个（表 2 – 10）。

表 2 – 10　　　　　　　中国技术转移研究的主要突现词

年份	频次	突现度	突现词	年份	频次	突现度	突现词
2002	5	3.33	中国	2012	8	3.56	产学研

---

① 原长弘、李阳、田元强等：《大学衍生企业公司治理对自主创新能力影响的实证分析——来自中国高校上市公司的证据》，《科学学与科学技术管理》2013 年第 12 期；何建坤、吴玉鸣、周立：《大学技术转移对首都区域经济增长的贡献分析》，《科学学研究》2007 年第 5 期。

② 傅正华、林耕、李明亮：《建立和完善国家技术转移体系的建议》，《中国科技论坛》2006 年第 2 期。

③ 李平、钱利：《进口贸易与外国直接投资的技术溢出效应——对中国各地区技术进步的实证研究》，《财贸研究》2015 年第 6 期。

④ 江小娟：《吸引外资对推进中国产业技术进步的影响》，《中国煤炭工业》2004 年第 5 期。

⑤ 吴晓波、窦伟、李璟琰：《跨国公司内部技术转移研究评述》，《科技管理研究》2010 年第 18 期。

续表

年份	频次	突现度	突现词	年份	频次	突现度	突现词
2006	9	5.73	科学技术	2012	7	3.36	演化博弈
2006	5	3.16	经济增长	2014	13	6.3	产学研合作
2008	9	4.98	国防工业	2014	12	5.8	产学研合作
2008	9	4.98	科学研究	2014	12	5.8	产学研协同
2008	7	3.86	转移绩效	2014	11	5.31	产学研协同创新
2008	7	3.86	技术转移绩效	2014	7	3.36	广东省
2008	6	3.3	发展中国家	2014	7	3.11	供应链

数据来源：基于 Citespace 突现词分析得出。

中国的技术转移研究起源于对西方发达国家技术转移实践经验的介绍，始于20世纪70年代末80年代初。90年代初，国家经贸委、教育部、中国科学院共同组织实施了"产学研联合开发工程"，由此拉开了国内技术转移研究的序幕。通过 Citespace 软件突现词分析的中国技术转移研究前沿关键词皆出现在2000年以后，尤其是2005年以后，表明2005年以前虽有大量关于技术转移研究成果的出现，但研究主题较为零散。

2005年以来，以高端科学技术为媒介的技术转移、产学研合作以及其对经济增长的作用等引起了国内学术界的广泛关注，另外以国防工业为代表的军民技术转移也是国内学术界较为关注的一个方面。随着中国科学技术的日益发展，以中国为技术输出方的南南技术转移（发展中国家间技术转移）逐渐打破以往的南北技术转移体系，正不断重新塑造全球技术转移格局。

2010年以来，企业、大学和科研机构的产学研合作逐渐成为国内学术界研究技术转移的主要切入点，关注的焦点多在于产学研的协同创新机制、协同创新效率、产学研合作的演化博弈分析以及基于供应链模型的利益分配等方面。而作为中国产学研合作的代表区域，广东省的产学研合作模式、合作绩效等也是学者们较为关注的话题，因而广东省也成为国内技术转移研究的典型区域。

(二) 知识基础

表2-11列出了推进中国技术转移研究知识图谱演化的12篇关键文献。其中，共被引频率最高和突现度最高的文献皆为何郁冰于2012年在《科学学研究》上发表的《产学研协同创新的理论模式》一文。

表2-11　　　　中国技术转移研究的12篇关键文献

年份	被引频次	突现度	第一作者	文章题目	期刊
1998	6	3.73	李廉水	论产学研合作创新的组织方式	科研管理
2001	10	4.31	王毅	产学研合作中黏滞知识的成因与转移机制研究	科研管理
2001	9	4.24	连燕华	我国产学研合作发展态势评价	中国软科学
2002	9	3.73	王娟茹	产学研合作模式探讨	科学管理研究
2003	8	3.92	朱桂龙	产学研合作创新网络组织模式及其运作机制研究	软科学
2004	8	3.77	游文明	产学研合作动力机制优化研究	科学学与科学技术管理
2011	10	4.09	黄波	基于双边激励的产学研合作最优利益分配方式	管理科学学报
2012	30	10.94	何郁冰	产学研协同创新的理论模式	科学学研究
2012	15	4.75	吴悦	产学研协同创新的知识协同过程研究	中国科技论坛
2012	10	4.06	鲁若愚	产学研合作创新模式研究——基于广东省部合作创新实践的研究	科学学研究
2012	11	3.78	刘芳	社会资本对产学研合作知识转移绩效影响的实证研究	研究与发展管理
2012	11	3.72	樊霞	企业产学研合作的创新效率及其影响因素研究	科研管理

数据来源：基于Citespace的文献共被引分析得出。

从时间序列看，虽然中国技术转移研究起源于20世纪70年代末80年代初，但推进技术转移研究知识网络演进的关键文献却基本都在2000年以后，这也印证了国内技术转移研究也是在21世纪初才开始引起学者们的广泛关注。1998年，清华大学经济管理学院的李廉水在《科研管理》上发表了《论产学研合作创新的组织方式》一文，将我国产学研合作创新的组织方式归纳为政府推动、自愿组合、合同连接和共建实体四种[1]，引发了学术界对产学研合作模式、组织方式的广泛探讨，并持续至今。2002年，西北工业大学管理学院的王娟茹、潘杰义在《科学管理研究》上合作发表了《产学研合作模式探讨》一文，将产学研合作模式归为三类：技术协作型、契约型和一体化型[2]。2003年，华南理工大学工商管理学院的朱桂龙和彭有福在《软科学》上合作发表了《产学研合作创新网络组织模式及其运作机制研究》一文，该文将产学研合作、创新与网络组织整合，提出了产学研合作创新网络组织的概念，并总结其组织模式和运作机制[3]。2012年，中国科学院研究生院管理学院的何郁冰在《科学学研究》上发表了《产学研协同创新的理论模式》一文，在系统总结产学研合作模式的基础上，提出了针对"战略—知识—组织"三重互动的产学研协同创新模式[4]。同年，电子科技大学经济与管理学院的鲁若愚团队在《科学学研究》上发表了《产学研合作创新模式研究——基于广东省部合作创新实践的研究》一文，该文以广东省为例，通过对中山、深圳、佛山、东莞、珠海等城市进行调研，对广东省的产学研合作模式进行了深度解剖[5]。

---

[1] 李廉水：《论产学研合作创新的组织方式》，《科研管理》1998年第1期。
[2] 王娟茹、潘杰义：《产学研合作模式探讨》，《科学管理研究》2002年第1期。
[3] 朱桂龙、李卫民：《国际技术在中国技术转移影响因素分析》，《科学学与科学技术管理》2004年第6期。
[4] 何郁冰：《产学研协同创新的理论模式》，《科学学研究》2012年第2期。
[5] 鲁若愚、张鹏、张红琪：《产学研合作创新模式研究——基于广东省部合作创新实践的研究》，《科学学研究》2012年第2期。

技术转移绩效（包括产学研合作绩效、创新效率、知识转移效率等）也一直是国内学术界较为关注的话题。2001 年，中国科学院评估研究中心的连燕华和马晓光在《中国软科学》上合作发表了《我国产学研合作发展态势评价》一文，该文在分析我国产学研合作发展过程的基础上，从合著论文、科技奖励、企业委托研究和企业购买国内技术等角度对产学研合作的发展态势进行了评价[1]，由此掀起了国内技术转移的绩效评价研究热潮。2012 年，中南大学商学院的刘芳在《研究与发展管理》上发表了《社会资本对产学研合作知识转移绩效影响的实证研究》一文，该文构建了产学研合作中社会资本、界面协调与知识转移绩效的结构方程，分析了社会资本三个维度（结构、关系和认知）对知识转移绩效的影响[2]。同年，华南理工大学工商管理学院的樊霞团队在《科研管理》上发表了《企业产学研合作的创新效率及其影响因素研究》一文，该文以广东省部产学研合作为背景，运用 DEATobit 两步法，对广东省企业产学研合作创新效率及其影响因素进行了研究[3]。

三 中国技术转移研究的热点领域

国内技术转移研究始于 20 世纪 80 年代初期，且伴随着改革开放的不断深入和拓展，呈现出明显的阶段特性[4]，从早期的概念辨析和理论体系建构，经以大学和跨国公司为技术转移主体的发达国家技术转移模式和发展经验介绍，到目前中国技术转移实践问题探讨。综合来看，中国技术转移研究主要集中在以下几个方面：

---

[1] 连燕华、马晓光：《我国产学研合作发展态势评价》，《中国软科学》2001 年第 1 期。

[2] 刘芳：《社会资本对产学研合作知识转移绩效影响的实证研究》，《研究与发展管理》2012 年第 1 期。

[3] 樊霞、赵丹萍、何悦：《企业产学研合作的创新效率及其影响因素研究》，《科研管理》2012 年第 2 期。

[4] 肖国芳、李建强：《改革开放以来中国技术转移政策演变趋势、问题与启示》，《科技进步与对策》2015 年第 6 期。

（一）技术转移的理论体系研究

研究内容涵盖从早期的理论引进与介绍到当前的中国特色技术市场理论体系的建构。始于改革开放，大量国外技术开始转移到中国，因而在 20 世纪 70 年代末就有学者提出要研究技术引进中的"经济问题"和"理论问题"[1]。随后在 80 年代初，就有部分学者开始对科学技术的转移规律、知识流动的方向等理论问题进行研究[2]。1983 年，《科研管理研究》杂志第 8 期刊登的《新技术革命与经济不发达地区基本对策》一文，在国内理论界引起强烈反响，一场围绕技术转移理论（梯度转移理论）的大讨论在国内学术界爆发[3]，争论的焦点在于我国经济不发达地区经济发展的对策是否遵循技术梯度转移规律，这一大讨论也激发了大批学者一方面开始深入研究国外技术转移理论，另一方面也开始尝试建构中国特色的技术转移理论体系[4]。这一时期，具有中国特色的"科技成果转化"的相关理论研究开始引起学者们的关注[5]。由于"科技成果转化"概念的"模糊"与"不确定"，学术界对于其相关概念的辨析持续至今[6]。进入 21 世纪，在跨国公司在中国布局研发机构进行技术转移的实践过程中，围绕跨国公司技术转移以及国际技术转移理论研究引起了

---

[1] 唐允斌：《应当研究技术引进中的经济问题》，《世界经济》1978 年第 1 期。

[2] 杨沛霆：《试论科学技术波动与转移的规律——科研管理学术思想杂谈之一》，《科研管理》1980 年第 2 期。

[3] 郭凡生：《评国内技术的梯度推移规律——与何钟秀、夏禹龙老师商榷》，《科学学与科学技术管理》1984 年第 12 期；康荣平、谢燮正、张毛弟：《论技术的梯度转移——兼与"新技术革命与经济不发达地区的基本对策"一文商榷》，《科学学与科学技术管理》1984 年第 12 期；科学管理研究编委：《国内技术转移理论讨论综述——一场意义深远的讨论》，《科学管理研究》1985 年第 4 期。

[4] 盛亚：《中国技术转移的理论与实际问题》，《科学管理研究》1994 年第 6 期。

[5] 蔡汝魁：《科技成果转化为生产力的过程及其机理探讨》，《科学学研究》1989 年第 2 期；孙淑玲、武永清：《科技成果转化机制探讨》，《科研管理》1990 年第 3 期。

[6] 蔡跃洲：《科技成果转化的内涵边界与统计测度》，《科学学研究》2015 年第 1 期。

学者们的关注①。同时,在"三螺旋"理论的推动下,围绕大学技术转移的理论研究,尤其是产学研合作理论也引起了学者们的普遍关注②。

(二) 发达国家技术转移模式与发展经验介绍研究

中国的技术转移研究正是起源于对发达国家技术转移实践经验的介绍,研究对象涉及北美(美国[③])、西欧(丹麦[④]、德国[⑤]、爱尔兰[⑥]、英国[⑦])、东亚(日本[⑧])地区多个发达国家,研究方案也多从发达国家的大学和科研机构的技术转移体系探讨入手,并研究其对中国的借鉴。还有一些学者基于国外技术转移经验,从事国内外技术转移的比较研究,如饶凯等(2011)从专利申请数量、专利授权数量、有效专利数量、专利许可合同数量和合同金额五个指标对中国和四个欧盟国家的大学专利技术转移活动进行比较分析⑨。叶

---

① 丁响:《南北贸易、技术转移与技术创新的路径选择》,《国际经贸探索》2001年第4期;郑雨:《八十年代后跨国公司技术转移特征——基于技术范式理论视角的分析》,《科学管理研究》2007年第4期。

② 覃川、金兼斌:《中国大学技术转移的基本模式与关键因素分析》,《技术与创新管理》2005年第5期;杨慧玉、王会斌、张平平:《高校技术转移的机制研究》,《研究与发展管理》2005年第5期;孙鹏、曾刚:《西方国家大学技术转移研究的进展和启示》,《人文地理》2011年第2期。

③ John P. Walsh、洪伟:《美国大学技术转移体系概述》,《科学学研究》2011年第5期。

④ 饶凯、孟宪飞、Andrea Piccaluga等:《丹麦公共研发机构专利技术转移研究》,《科技进步与对策》2011年第8期。

⑤ 张士运、刘彦蕊:《德国史太白技术转移网络的发展经验与政策启示》,《中国科技论坛》2013年第3期。

⑥ 李律成、程国平:《爱尔兰大学技术转移的经验及启示》,《中国科技论坛》2017年第3期。

⑦ 饶凯、孟宪飞、Andrea Piccaluga等:《英国大学专利技术转移研究及其借鉴意义》,《中国科技论坛》2011年第2期。

⑧ 苏竣、陈俊、陈晓红:《透析日本东北技术转移联合会衍生企业的运作模式》,《科学学与科学技术管理》2013年第11期。

⑨ 饶凯、孟宪飞、陈绮等:《中欧大学专利技术转移比较研究》,《软科学》2011年第10期。

静怡等（2015）从专利申请和授权、转让率、转让收入和成本收益四个角度，对中美两国高校专利技术转移的效率进行比较，发现中国高校的专利申请和授权量远远高于美国高校，但转让率和转让收入则远远低于美国高校，而美国高校的转让收入与研发支出之比低于中国高校水平[1]。同时，也有一些学者对发达国家之间、发达国家不同技术转移主体之间的技术转移模式进行了比较研究，如美国与日本[2]、大学与实验室[3]。

（三）技术创新主体的技术转移能力、途径、模式与绩效研究

研究视角主要有以下几个方面：一是以中科院为代表的科研机构的技术转移模式、技术转移绩效及其影响因素研究[4]。如邵邦等（2017）总结了中科院国家技术转移示范机构的交易转移、合作转移和衍生企业三种模式，发现技术的市场价值评估、技术转移人员的知识和能力、科研机构和人员的价值取向会直接影响技术转移模式的选择和实施[5]。王永梅等（2014）通过问卷调查发现，人员因素、管理因素和平台因素对于科研院所技术转移绩效具有显著影响[6]。二是大学技术转移研究。相关研究内容包括大学技术转移的制度体

---

[1] 叶静怡、杨洋、韩佳伟等：《中美高校技术转移效率比较——基于专利的视角》，《中国科技论坛》2015 年第 1 期。

[2] 邵景波、张立新：《美日政府在高校技术转移中的作用比较》，《哈尔滨工业大学学报》（社会科学版）2003 年第 4 期；翁君奕：《美日中高校技术转移激励政策比较》，《高等教育研究》2000 年第 4 期。

[3] 骆严、朱雪忠、焦洪涛：《论美国大学与联邦实验室技术转移政策的差异》，《科学学研究》2016 年第 3 期。

[4] 李文波：《国立科研机构技术转移的知识产权问题》，《中国科技论坛》2003 年第 4 期。

[5] 邵邦：《中科院国家技术转移机构技术转移模式研究》，《科技和产业》2017 年第 3 期。

[6] 王永梅：《科研院所技术转移绩效影响因素的实证研究——基于技术供给方的视角》，《科学学与科学技术管理》2014 年第 11 期。

系①、大学技术转移的渠道与途径②、大学技术转移的影响因素③、大学技术转移的绩效与影响因素④、大学技术转移的区域经济效应⑤等。三是大学—企业间的技术转移与技术合作研究，即产学研合作研究。相关研究内容包括产学研合作途径与模式⑥、产学研合作动力与运行机制⑦、产学研合作网络及区域差异⑧、产学研合作创新绩效及其影响因素⑨、产学研合作中不同主体（政府、大学、企业）的角色功能研究⑩、产学研合作环境（法律、文化、制度）⑪等。

---

① 郭东妮：《中国高校技术转移制度体系研究》，《科研管理》2013年第6期。

② 安同良、刘伟伟、田莉娜：《中国长江三角洲地区技术转移的渠道分析》，《南京大学学报》（哲学·人文科学·社会科学）2011年第4期。

③ 周凤华：《资源因素与大学技术转移绩效研究》，《研究与发展管理》2017年第5期。

④ 张玉利、杨永峰、秦剑：《大学技术转移绩效驱动因素研究与展望》，《科学学与科学技术管理》2013年第10期；范柏乃、余钧：《高校技术转移效率区域差异及影响因素研究》，《科学学研究》2015年第12期。

⑤ 杨向辉、陈通：《基于VAR模型的天津市技术转移与区域经济发展动态关系研究》，《软科学》2010年第9期；冯秀珍、聂巧：《技术转移投入要素对区域经济发展的贡献滞后性分析——以北京市高技术产业为例》，《经济问题探索》2014年第9期。

⑥ 高霞、陈凯华：《基于SIPO专利的产学研合作模式及其合作网络结构演化研究——以ICT产业为例》，《科学学与科学技术管理》2016年第11期。

⑦ 徐静、冯锋、张雷勇等：《我国产学研合作动力机制研究》，《中国科技论坛》2012年第7期；周正、尹玲娜、蔡兵：《我国产学研协同创新动力机制研究》，《软科学》2013年第7期。

⑧ 吕国庆、曾刚、郭金龙：《长三角装备制造业产学研创新网络体系的演化分析》，《地理科学》2014年第9期；刘芳芳、冯锋：《产学研跨区域合作现状及特征研究——基于社会网络视角》，《科学学与科学技术管理》2015年第8期；袁剑锋、许治：《中国产学研合作网络结构特性及演化研究》，《管理学报》2017年第7期。

⑨ 黄菁菁：《产学研协同创新效率及其影响因素研究》，《软科学》2017年第5期；李成龙、刘智跃：《产学研耦合互动对创新绩效影响的实证研究》，《科研管理》2013年第3期。

⑩ 白俊红、卞元超：《政府支持是否促进了产学研协同创新》，《统计研究》2015年第11期；李梅芳、刘国新、刘璐：《企业与高校对产学研合作模式选择的比较研究》，《科研管理》2012年第9期。

⑪ 白庆华、赵豪迈、申剑等：《产学研合作法律与政策瓶颈问题分析》，《科学学研究》2007年第1期；胡冬雪、陈强：《促进我国产学研合作的法律对策研究》，《中国软科学》2013年第2期。

（四）跨国公司技术转移及对中国的影响研究

中国对跨国公司技术转移的研究始于20世纪90年代，主要论及发达国家跨国公司向发展中国家技术转移的实践，以及发展中国家的应对。90年代末21世纪初，尤其是中国加入世贸组织后，随着大量跨国公司资本和技术涌向国内，国内学者开始关注跨国公司技术转移理论，以及其在中国的技术转移方面的研究[1]，研究内容主要包括跨国公司的技术转移路径和形式研究[2]、跨国公司对其在华合资公司的技术转移研究[3]、跨国公司的技术溢出效应研究[4]。如谢建国（2007）研究了东道国引资政策对跨国公司技术转移的影响，发现跨国公司对东道国的技术转移取决于东道国市场竞争程度、本地企业的模仿能力与跨国公司的技术转移成本[5]；王文治（2009）认为跨国公司进入东道国通过两种重要途径影响东道国产业发展：一是技术转移，二是产生后向关联效应[6]；周勤等（2004）研究发现，跨国公司技术转移的程度与跨国公司和东道国厂商之间的技术差距相关，而技术外溢的程度、东道国接受技术转移的能力以及运用技术

---

[1] 唐志新、万淑芬：《跨国公司先进制造技术对我国的转移方式和效应研究》，《技术经济》1999年第10期；张莹：《跨国公司在中国的技术转移问题及对策分析》，《科技进步与对策》2001年第3期。

[2] 胡剑波：《跨国公司技术转移的方式、影响因素及对策分析》，《国际经济合作》2008年第2期。

[3] 范建亭、汪立：《出口导向、技术类型与跨国公司内部技术转移——基于在华日资企业的实证分析》，《财经研究》2015年第10期；姜黎辉、张朋柱：《跨国公司向其在华合资企业技术转移决策系统分析》，《科研管理》2004年第6期。

[4] 毕克新、杨朝均、隋俊：《跨国公司技术转移对绿色创新绩效影响效果评价——基于制造业绿色创新系统的实证研究》，《中国软科学》2015年第11期；隋俊、毕克新、杨朝均等：《跨国公司技术转移对我国制造业绿色创新系统绿色创新绩效的影响机理研究》，《中国软科学》2015年第1期。

[5] 谢建国：《市场竞争、东道国引资政策与跨国公司的技术转移》，《经济研究》2007年第6期。

[6] 王文治：《跨国公司垂直技术转移、后向关联与东道国产业的发展》，《世界经济研究》2009年第11期。

资源的相对成本都会对技术差距形成一定的影响①。

（五）跨区域技术转移网络结构及演化机制研究

跨区域技术转移网络研究是近年来在复杂网络理论兴起下的运用社会网络分析方法分析区际技术转移网络结构的一个新兴研究领域。研究方案多利用中国技术市场管理促进中心数据库的省际技术市场成交额或省际的专利许可量作为网络建构基础，普遍揭示出中国跨区域技术转移多发生在发达省区之间，而地理距离、经济发展水平、产业结构相似度、研发投入等因素被广泛证明是推动中国省际技术转移网络演化的主导力量②。2009 年，中国科学技术大学管理学院的司尚奇和冯锋研究团队率先运用共生网络理论，从特征距离长度、集聚度和共生能量等角度对我国环渤海、长三角、珠三角、东北、中部、西部等经济区域的技术转移服务联盟进行了分析③；同年，其又基于 12 年的技术转移数据，运用系列统计方法对我国跨省区技术转移差异性进行了分析，发现北京和上海跨省区技术转移以技术输出为主导，青海等省份跨省区技术转移最不活跃④。2012 年，同样就职于中国科学技术大学管理学院的曹威麟（2012）以我国 30 个省区关系数据为研究对象，证明网络位置和网络结构对跨区域技术转移绩效具有影响作用，并提出构建我国跨区域技术转移三大

---

① 周勤、陈柳：《技术差距和跨国公司技术转移战略》，《中国工业经济》2004 年 5 期。

② 刘凤朝、马荣康：《区域间技术转移的网络结构及空间分布特征研究——基于我国 2006—2010 省际技术市场成交合同的分析》，《科学学研究》2013 年第 4 期；马荣康、刘凤朝：《基于专利许可的新能源技术转移网络演变特征研究》，《科学学与科学技术管理》2017 年第 6 期；潘雄锋、张静、米谷：《中国区际技术转移的空间格局演变及内部差异研究》，《科学学研究》2017 年第 2 期；任龙、姜学民、傅晓晓：《基于专利权转移的中国区域技术流动网络研究》，《科学学研究》2016 年第 7 期。

③ 司尚奇、冯锋：《我国跨区域技术转移联盟研究——基于 38 个城市合作网络分析》，《科学学研究》2010 年第 8 期。

④ 冯锋、司尚奇、李徐伟：《我国跨省区技术转移差异性分析——基于 1996—2007 年各省技术转移数据》，《中国科技论坛》2009 年第 11 期。

"活跃圈"的设想[①]。2014年，杨龙志和刘霞通过研究发现中国省际技术转移存在显著的强强连接倾向，呈现"强者越强、弱者越弱"的马太效应特征[②]。

第三节 国内外研究述评

从国内外技术转移研究进展来看，技术转移已然成为经济学、管理学的核心研究课题，受到广大学者的"追捧"。在这近40年的研究期内，国内外学术界以"跨国公司技术转移""大学技术转移"为核心话题展开了大量的实证研究，也构建了相当成熟的技术转移研究理论体系。综合来看，国内外技术转移研究存在以下几个特点：

第一，研究对象上聚焦微观层面的以企业和大学（包括科研机构）为主的技术创新主体，甚至更为微观的个人层面（研究人员、经纪人、企业家等），而其中大学多扮演技术输出的角色，而企业则不仅扮演技术输出的角色（以跨国公司为主），也扮演技术输入的角色（以本地企业为主）。由此可见，企业是技术转移中的核心环节，既承载技术供给的任务，也承载技术转化的任务。

第二，研究尺度上多聚焦在微观层面的组织尺度，发掘组织层面的技术转移问题。虽有少量研究通过大样本数据"以少见多"的方式研究区域层面或国家层面的技术转移问题，或者通过技术转移对区域经济发展的影响研究实现尺度的"提升"，或者通过区域间的知识合作、技术合作等方式研究跨区域的技术转移问题，但其研究对象仍然集中于技术创新主体。

第三，研究方法上以质性研究方法为主，以定量研究方法为辅。

---

① 曹威麟、谭敏：《社会网络视角下跨区域技术转移绩效影响因素研究——基于我国30个省区关系数据的实证检验》，《中国科技论坛》2012年第1期。

② 杨龙志、刘霞：《区域间技术转移存在"马太效应"吗？——省际技术转移的驱动机制研究》，《科学学研究》2014年第12期。

因研究对象和研究尺度的微观性，国内外学者普遍采用深度访谈、半结构访谈、问卷调查、电话采访等质性研究方法获取第一手研究数据，从而基于这些数据构建多种计量经济学模型对技术转移进行研究。

第四，研究视角上多集中于技术转移的规模与速度，因而产生技术转移的规模经济理论和创新速度理论，虽有少量研究涉及特定技术领域的技术转移问题和区域间技术转移问题，从技术领域和转移范围层面揭示技术转移的规律，但仍然没有从理论和实践层面研究技术转移的多维度性。

当前，在知识化和全球化趋势下，城市已经成为全球科技竞争的核心空间载体，因而以城市为研究对象的城市与区域创新问题成为当前创新经济学和创新地理学的研究前沿。但遗憾的是，无论是创新经济学还是创新地理学，从空间视角研究技术转移问题，以及其背后凸显的城市与区域创新问题的几乎没有。而本书正是基于这样的一个研究背景，将微观主体层面的技术转移问题抽象至空间层面，开展了中国城市技术转移研究，一方面试图建构城市技术转移研究理论框架，另一方面试图为中国建设符合科技创新规律的城市技术转移体系提供理论指导。

第三章

理论基础与框架建构

第一节 技术转移的相关概念辨析

一 专利的定义、分类与性质

（一）专利的定义

"专利"（Patent）一词来源于拉丁语"Litterae patentes"，意为公开的信件或公共文献。在现代，专利一般是由主权国家授予发明者在有限的一段时间，产生法律效益且详细公开披露的文件，即指发明人获得专利权（Patent Right）。布莱克法律词典（Black's Law Dictionary）对专利的定义是：（1）政府授权的一项权利、特权或权力；（2）政府授予的官方文件，也可叫公开授权。《创新经济学手册》（Handbook of the Economics of Innovation）将专利定义为对某项发明授予的临时财产权。根据国家法律和国际协议，授予专利的程序，对专利权人的要求以及专有权的范围在各国之间差别很大。根据世界贸易组织（World Trade Organization，WTO）知识产权的贸易相关方面协定（Agreement on Trade-Related Aspects of Intellectual Property Rights，TRIPS），世贸组织成员国可以在所有技术领域获得专利，只要它们是新的，具有创造性的，并且具有工业应用的能力。美国专利商标局（United States Patent and Trademark Office，USPTO）

规定，专利是美国专利商标局颁发给发明人的产权，专利授予所赋予的权利是排除他人在美国制造、使用、出售或发明的权利。所授予的不是制造、使用、出售进口的权利，而是排除他人制造、使用、销售进口发明的权利。英国是第一个建立现代专利制度的国家，这不仅是其工业革命出现和兴旺的关键法律基础，也成为美国、新西兰和澳大利亚等国家建立现代专利法的基础。美国的第一部专利法于 1790 年颁布，名为《促进有用艺术进步的法案》(*An Act to promote the progress of useful Arts*)。中国首部专利法是在 1984 年 3 月 12 日第六届全国人民代表大会常务委员会第四次会议上通过并于 1985 年 4 月 1 日正式实施的，至今已经进行三次修正。

（二）专利的分类

专利的分类涉及两层含义，一种是专利的类型（Patent Type），另一种是专利的类别（Patent Class）。根据《中华人民共和国专利法》（第三次修订），我国的专利类型主要有三类：一是发明专利，是指对产品、方法或者其改进所提出的新的技术方案；二是实用新型专利，是指对产品的形状、构造或者其结合所提出的适于实用的新的技术方案；三是外观设计专利，是指对产品的形状、图案或者其结合以及色彩与形状、图案的结合所作出的富有美感并适于工业应用的新的技术方案。根据美国专利法，美国专利商标局核发下列三种专利证书：一是发明专利（Utility Patents）：方法、机器、制品或物之组合，或新而有用之改良者，皆得依本法所定之规定及条件下获得专利；二是外观设计（Design Patents）：为任何为制造品发明任何新的和非显而易见的装饰性设计的人授予外观设计专利；三是植物专利（Plant Patents）：为任何人发明或发现并无性繁殖了任何独特的新品种的植物授予植物专利。当前，国际通行的专利分类标准有 IPC、USPC 等。1971 年，巴黎公约成员国在法国斯特拉斯堡签订了著名的《国际专利分类斯特拉斯堡协定》(*Strasbourg Agreement*，SA)。这一《协定》的普遍价值一方面在于促进了世界知识产权组织这一专业联盟的建立，另一方面在于制定了国际通行的专利分类标准（International Patent Classification，IPC），为各工业体开展密切的技术合作，保护发明人的知识产权起到了重要的推进作用。IPC至今已经更新8个版本，且IPC委员会每年都会对其进行修订。IPC将发明专利和实用新型专利类型划分为8个部门、22个分部、120个大类、631个小类。美国专利分类（United States Patent Classification，USPC）是美国专利与商标局根据美国专利法制定的对美国发明和实用新型专利进行分类的一套标准，起源于1830年，是目前世界上历史最悠久，分类最为详细的专利分类系统之一。USPC将美国发明专利和实用新型专利类型划分为约450个大类，15万个小类。

（三）专利的性质

专利的性质。专利的性质也同样涉及两层含义：一是专利的性质；二是专利权的性质。专利从申请到被授权，必须同时具有新颖性、创造性和实用性，通常被称为专利的"三性"或"可专利性"，三者缺一不可，否则不能获得专利授权。我国专利法规定，发明专利和实用新型专利授权必须具备这三个特性，其中新颖性（Novelty And Non-Obviousness）是指该发明或者实用新型不属于现有技术；也没有任何单位或者个人就同样的发明或者实用新型在申请日以前向国务院专利行政部门提出过申请，并记载在申请日以后公布的专利申请文件或者公告的专利文件中；创造性是指与现有技术相比，该发明具有突出的实质性特点和显著的进步，该实用新型具有实质性特点和进步；实用性是指该发明或者实用新型能够制造或者使用，并且能够产生积极效果。专利权的性质也主要体现在三个方面：排他性、时间性和地域性。排他性，也称独占性或专有性。专利权人对其拥有的专利权享有独占或排他的权利，未经其许可或者出现法律规定的特殊情况，任何人不得使用，否则即构成侵权，这是专利权（知识产权）最重要的法律特点之一。时间性，指法律对专利权所有人的保护不是无期限的，而是有限制的，超过这一时间限制则不再予以保护，专利权随即成为人类共同财富，任何人都可以利用。地域性，指任何一项专利权，只有依一定地域内的法律才得以产生并在该地域内受到法律保护,这也是区别于有形财产的另一个重要法律特征。根据该特征,依一国法律取得的专利权只在该国领域内受到法律保护,而在其他国家则不受该国家的法律保护,除非两国之间有双边的专利保护协定,或共同参加了有关保护专利的国际公约。

二 技术、创新与技术创新

(一) 技术

技术(Technology)一词源于希腊语,由"Techne"和"Logia"组成,其中"Techne"意为艺术、技巧和手工(Art, Skill, Cunning of Hand),即与自然相区别的人类活动;而"Logia"有争论、解释与原理的意思。"技术"一词在20世纪之前,在英语环境中并不常见,通常被用来指对有用艺术的描述或研究,或者暗指技术教育。第二次工业革命时,技术开始被重视,逐渐引入英语环境体系。20世纪初,美国社会科学家从索尔斯·坦维布伦(Thorstein Veblen)将德国的"Technik"概念转化为"技术"。到了30年代,"技术"不仅指工业艺术的研究,还指工业艺术本身。从此之后,围绕"技术是什么?"的讨论从未停止过。美国社会学家里德·贝恩(Read Bain)认为,技术包括所有工具,机器、器具、武器、仪器、住房、服装、通信和运输设备以及我们生产和使用它们的技能。Merriam-Webster学习词典将技术定义为在工业、工程学等领域使用科学来创造有用的东西或解决问题,机器、设备、方法等是由技术创造的。世界知识产权组织在1977年版的《供发展中国家使用的许可证贸易手册》(Licensing Guide For Developing Countries)中,将技术定义为:"技术是制造一种产品的系统知识,所采用的一种工艺或提供的一项服务,不论这种知识是否反映在一项发明、一项外形设计、一项实用新型或者一种植物新品种,或者反映在技术情报或技能中,或者反映在专家为设计、安装、开办或维修一个工厂或为管理一个工商业企业或其活动而提供的服务或协助等方面。"不难发现，世界知识产权组织把世界上所有能带来经济效益的科学知识都定义为技术。

（二）创新

Merriam-Webster 学习词典将创新（Innovation）简单定义为新思想、新设备或新方法。然而，创新通常也被看作是更好的解决方案的应用，以满足新的需求、不明确的需求或现有的市场需求，是通过更加有效的产品、流程、服务、技术或商业模式来实现的，更加明确地讲，创新是"打入"市场或社会的东西。创新经济学的开山大师，经济学家熊彼特（Joseph A. Schumpeter）在其 1912 年出版的《经济发展概论》中提出：创新是指把一种新的生产要素和生产条件的"新结合"引入生产体系。它包括五种情况：引入一种新产品，引入一种新的生产方法，开辟一个新的市场，获得原材料或半成品的一种新的供应来源，新的组织形式，并将企业家视为创新的主体，即创造性地破坏市场均衡。现代管理学的创始人德鲁克（Peter F. Drucker）更是认为创新是企业家的标志，是企业家特有的工具。德鲁克也认为创新是创业的具体功能，无论是在现有企业、公共服务机构，还是由家庭厨房中的独立个体创办的新企业。企业家要么创造新的财富生产资源，要么赋予现有资源，增加创造财富的潜力。"科学研究是把钱变成知识，创新就是将知识变成钱的过程。"这是美国华裔物理学家、斯坦福大学教授张首晟在中美创业新贵硅谷峰会暨 2014 创业邦年会上提出的观点，那么创新应该是面向市场，企业就是创新的主导行为主体。

（三）技术创新

熊彼特之后，创新经济学的发展遵循两条分支展开：一是以技术变革和技术推广为研究对象的技术创新经济学；二是以制度变革为研究对象的制度创新经济学。1962 年，伊诺思（Enos J. L.）在其《石油加工业中的发明与创新》（*Invention and Innovation in the Petroleum Refining Industry*）一文中将技术创新定义为几种行为综合的结果，这些行为包括发明的选择、资本投入保证、组织建立、制订计划、招用工人和开辟市场等。美国国家科学基金会（National Science Foundation of U. S. A.）从 20 世纪 60 年代开始组织对技术的变革和技术创新的研究，迈尔斯（Myers S.）和马奎斯（Marquis D. G.）在其 1969 年的研究报告《成功的工业创新》（Successful industrial innovation: a study of factors underlying innovation in selected firms）中将创新定义为一个复杂的活动过程，从新思想、新概念开始，通过不断地解决各种问题，最终使一个有经济价值和社会价值的新项目得到实际的成功应用。美国国家基金会在其 1976 年的《科学指标》（Science Indicator）中，认为技术创新是将新的或改进的产品、过程或服务引入市场。在"科学技术是第一生产力"的指导下，我国的技术创新脚步在 20 世纪 80 年代开始加速，国内的一些学者也对技术创新的定义进行了广泛的探讨。但综合来看，学者们普遍认可的有两点：一是技术创新是一种经济行为、市场行为，结果是产品的市场化；二是技术创新的行为主体是企业，而伟大的企业家则是关键。

综述之，技术是一切能带来经济效益的知识和工具的总和，创新是企业家将知识变为产品面向市场的行为，那么技术创新就是企业家将一切能带来经济效益的知识变为产品，投入市场，是产品的社会化和市场化过程。

三 专利转让、技术转移与科技成果转化

（一）专利转让

专利转让是指专利权人作为转让方，将其发明创造专利的所有权或将持有权移转受让方，受让方支付约定价款所订立的合同。狭义的专利转让包括专利申请权的转让、专利使用权的转让和专利所有权的转让。其中，专利申请权的转让是指在专利申请阶段，就将专利申请人通过专利转让合同进行变更，由于专利申请权不一定能够转为专利权，所以专利申请权的转让对于受让人通常具有一定的

风险；专利使用权的转让是指专利权人在拥有该专利不变的前提下，通过专利转让合同授权或许可他人在一定期限、一定地区，以一定方式实施其所拥有的专利，也称为专利许可；专利所有权转让是指专利权人通过专利转让合同将专利的所有权完全授权或许可给他人，而原专利权人对于该项专利仅剩发明权，也称为独占性专利转让或独占性专利许可。由此可见，专利转让的类型也可分为三种：第一种是普通专利转让，即专利权人通过专利转让合同将专利授权给他人在一定范围内使用，专利权人还可以通过专利转让合同授权给第三方或更多方使用；第二种是排他性专利转让，即专利权人通过专利转让合同将专利使用权授予给他人，只允许专利权人和受让方使用该项专利；第三种就是独占性专利转让，即只允许受让方使用该项专利，原专利权人和任何其他地区如第三方都无权使用。

（二）技术转移

技术转移（Technology Transfer）是技术从一个地方或一个组织，传播到其他地方或其他组织，从而被更多的地方和人使用这一过程。它的转移路径可以是从大学到大学、从大学到企业、从大企业到小企业、从政府到企业，从一个国家到另一个国家；转移的技术可以是正式的也可以是非正式的，可以是公开的也可以是非公开的。技术转移源于第二次世界大战结束后的军事技术向民用转移和以跨国公司为主导的发达国家向发展中国家技术转移。1964年的第一届联合国贸易发展会将国家间的技术输入与输出称为技术转移，尤指技术从发达国家输出并应用于发展中国家，或者是技术从一个国家的发达地区输出到不发达地区的这一过程，作为解决南北问题的一个重要战略。联合国《国际技术转移行动守则草案》（*Draft Internationalal Code of Conduct on the Transfer of Technology*）中把"技术转移"定义为关于制造产品、应用生产方法或提供服务的系统知识的转移，但不包括货物的单纯买卖或租赁。

技术转移的方式主要有两种，一是水平技术转移，指的是地区间的技术转移；二是垂直技术转移，指的是技术从应用研究中心转移到研发和生产部门。在美国、英国等发达国家技术转移实践过程中，企业和大学的技术转移办公室（Office of Technology Transfer，TTO）在其中起到了非常关键的作用。自 2007 年国家科技部、教育部及中国科学院共同实施"国家技术转移促进行动"以来，《国家技术转移示范机构管理办法》《促进科技成果转化法》（修订版）等一系列政策法规的出台有力地促进了我国技术转移的发展。2015 年，国家技术转移示范机构有 453 家，技术（产权）交易机构有 30 家，技术交易总额达到 9835 亿元。

根据国际技术转移理论，技术转移的途径主要有五种：第一是对外直接投资（FDI），这也是跨国公司主导的国际技术转移的主导形式；第二是技术出售，即转让技术所有权，而通常出售的技术一是不属于企业的核心知识产权，二是会在短时间内过时且没有太大商业化价值；第三是技术许可，即转让技术使用权，这也是当前国际技术转移的主要方式，通常发生在大型跨国公司之间，以实现技术互补；第四是合作生产开发，多为一个高精尖技术，通常需要多个国家、多个企业共同完成；第五是援助性的技术转移，包括人员培训，技术咨询，如 20 世纪的苏联援助中国，以及当前中国推动"一带一路"建设下的技术转移。

（三）科技成果转化

科技成果转化（Transformation of Scientific and Technological Achievements）是一个颇具中国特色的概念，国外没有这个概念，使用较多的是"技术转移"。科技成果转化可以从三个方面对其进行分解阐释：首先是科技成果，什么样的才能算成果？什么样的才能算科技成果？国内学术界对此进行了广泛的探讨。原国家科学技术委员会 1994 年出台的《科学技术成果鉴定办法》指出，科技成果鉴定是指有关科技行政管理机关聘请同行专家，按照规定的形式和程序，对科技成果进行审查和评价，并作出相应的结论。贺德方认为，科技成果主要有以下三个方面的特征[①]：第一，科技成果是科学技术活动的产物；第二，科技成果应具有一定的价值，即学术价值和实用价值；第三，科技成果必须是经过认定的。《中华人民共和国促进科技成果转化法》（2015年修订）将科技成果定义为通过科学研究与技术开发所产生的具有实用价值的成果。其次是"转"，是科技成果所有权和使用权的转移过程。最后是"化"，是科技成果的产业化和商业化过程。《中华人民共和国促进科技成果转化法》（2015年修订）将科技成果转化定义为提高生产力水平而对科技成果所进行的后续试验、开发、应用、推广直至形成新技术、新工艺、新材料、新产品，发展新产业等活动。中国科学院在《中国科学院科学技术研究成果管理办法》中把科技成果的含义界定为：对某一科学技术研究课题，通过观察实验、研究试制或辩证思维活动取得的具有一定学术意义或实用意义的结果。国内学术界对科技成果转化和技术转移的区别也进行了广泛的探讨。本书认为，"技术转移"并不代表着"科技成果转化"，"科技成果转化"也不一定源于"技术转移"。

第二节 技术转移研究相关理论基础

一 创新经济学理论

（一）创新经济学的发展

学术界一致认可创新经济学的发展起源于奥地利经济学家熊彼特在1912年出版的《经济发展理论》一书中提出的"创新"思想。1939年和1942年熊彼特又分别出版了《经济周期》（Business Cycles）、《资本主义、社会主义和民主主义》（Capitalism, Socialism & Democracy）两部专著，对其创新理论予以完善，形成了

[①] 贺德方：《对科技成果及科技成果转化若干基本概念的辨析与思考》，《中国软科学》2011年第11期。

在当时堪称"非主流"的创新经济学理论体系[1]。但由于当时熊彼特的书一开始是德文出版,且有社会主义倾向,另外也与当时的主流经济学观点不一致,因此在其创新经济学理论形成后的十多年时间里基本是无人问津,创新经济学成为其一人的"独角戏"。20世纪50年代以后,随着科学技术的迅猛发展,尤其是以微电子技术为核心的新一轮科技革命的兴起,许多国家的经济出现了长达20年高速增长的黄金期,技术创新对人类社会和经济发展的影响越来越大。西方经济学家开始重新审视熊彼特的创新理论,并将技术创新与经济增长相联系,从而出现了技术创新理论,也推动了技术创新经济学的诞生(Economics of Technological Innovation)。技术创新经济学最早关注经济增长中技术进步的贡献,即构建生产函数,以技术进步为变量,探讨其对经济增长的贡献,如1957年,索洛(Solow R. N.)在 *Review of Economics and Statistics* 上发表"Technical Change and the Aggregate Production Function"一文,从柯布—道格拉斯生产函数出发,推导出经济增长速度方程,并分析了技术进步在其中的作用,而这篇文章也被认为是技术创新经济学的开端[2]。伴随着南北技术扩散和技术转移的推进,技术扩散对经济增长的作用成为技术创新经济学的主要研究内容,如何实现在部门间的技术扩散,是该研究的重点[3]。60年代以后,创新经济学家在对美国、日本等地区的创新活动进行实证分析后发现,技术创新不仅仅是企业家的功劳,而是由国家创新系统推动的,在这个系统中,企业和其他组织等创新主体,通过国家制度的安排及其相互作用,推动知识的创新、引进、扩散和应用,

---

[1] 王亚齐:《创新经济学的发展演化及其现实意义》,《创新与创业管理》2013年第1期。

[2] 柳卸林:《技术创新经济学的发展》,《数量经济技术经济研究》1993年第4期。

[3] Mansfield Edwin, "Intrafirm Rates of Diffusion of an Innovation", *The Review of Economics & Statistics*, Vol. 45, No. 4, Nov. 1963, pp. 348–359.

由此开创了国家创新体系（National Innovation System, NIS）理论和制度创新理论（Institutional Innovation），如美国经济学家戴维斯（Davis L.）、诺斯（North D. C.）1971 年出版的《制度变革与美国经济增长》（Institutional change and American economic growth）和 1987 年弗里曼（Freeman C.）出版的《技术政策与经济绩效：日本的证据》（Technology Policy and Economic performance: Lessons from Japan）[①]。在整个创新经济学的发展过程中，技术和制度作为企业生产和组织结构的两个核心因素，一直都是创新经济学领域研究的焦点。

（二）创新经济学中关于技术转移研究的理论基础

创新扩散与技术转移理论。前文已经提到，技术转移源于 20 世纪的南北技术转移和发达国家的军民技术转移。然而技术转移的理论渊源却是 20 世纪初社会学领域的传播理论。19 世纪后期，法国社会学家塔尔德（Tarde J. G.）提出了传播学著名的"S 形传播曲线"理论，认为模拟是重要的传播手段。1943 年，美国爱荷华州杂交玉米种推广调查确认了农业技术在大众中的扩散也呈现出"S"形曲线。1958 年，March 和 Simon 在关于组织（Organizations）运作的开创性贡献中认为，大量的创新是借鉴知识的结果，也就是从其他公司或其他行业首先发展起来的知识，高度肯定了创新扩散在技术创新中的作用。1962 年，美国新墨西哥大学罗杰斯（Rogers E. M.）教授基于创新扩散案例，出版了《创新扩散》（Diffusion of Innovations）一书，提出了著名的创新扩散"S"曲线理论。Rogers 根据扩散时间把创新扩散群体划分为革新者（Innovators）、早期采纳者（Early Adopters）、早期追随者（Early Majority）、晚期追随者（Late Majority）和滞后者（Laggards）五个类别，把创新扩散过程也划分为 5 个阶段：获知

[①] Freeman Chris, "The 'National System of Innovation' in Historical Perspective", Cambridge Journal of Economics, Vol. 19, No. 1, February 1995, pp. 5 – 24.

(Knowledge)、说服（Persuasion）、决策（Decision）、实施（Implementation）、确认（Confirmation）。而 20 世纪 60 年代正为发达国家内部技术转移和国际技术转移的起始阶段，因此，创新扩散理论逐渐被引入创新经济学中研究技术扩散对经济增长的作用[①]，然而经济学中的技术扩散与社会学的扩散不同，社会学的创新（新事物）扩散似乎遵循着等级扩散和节点扩散规律，而创新经济学中的技术扩散和技术转移却源于技术差距（Technological Gap），尤其是当时发达国家和发展中国家、欠发达国家之间的技术差距。持续到今天，技术差距仍然是当前技术转移的核心动力之一。然而，近来一些文献研究表明，技术转移也发生在以技术相似为特征的集群之内和之间，或者技术特征呈现互补的区域之间[②]。综合来看，技术转移无论是给技术转让方还是给技术接受方，无论是给区域还是给创新主体，都带来了经济增长的收益[③]。那么对于城市技术转移，其网络连接机制是等级转移还是技术差距上的跳跃转移？其对城市经济增长是否产生作用？这些问题就需要我们借用创新经济学的相关理论进行深入的研究。

创新速度理论。创新速度（Innovation Speed）理论源于管理学中的产品生命周期理论（Product Life Cycle，PLC）。产品生产周期理论是美国哈佛大学教授雷蒙德·弗农（Raymond Vernon）在其《产品周期中的国际贸易与国际投资》（*International Investment and*

[①] Santacreu Ana Maria, "Innovation, Diffusion, and Trade: Theory and Measurement", *Journal of Monetary Economics*, Vol. 75, October 2015, pp. 1 – 20.

[②] Andergassen Rainer, Nardini Franco, Ricottilli Massimo, "Innovation Diffusion, General Purpose Technologies and Economic Growth", *Structural Change & Economic Dynamics*, Vol. 40, March 2017, pp. 72 – 80; Costantini Valeria and Liberati Paolo, "Technology Transfer, Institutions and Development", *Technological Forecasting and Social Change*, Vol. 88, October 2014, pp. 26 – 48.

[③] Audretsch B. David, Lehmann E. Erik, Wright Mike, "Technology Transfer in a Global Economy", *Journal of Technology Transfer*, Vol. 39, December 2012, pp. 301 – 312.

International Trade in the Product Cycle)一文中首次提出。产品生命周期描述的是产品从开始进入市场到最后被市场淘汰的整个过程,而其中产品的销售速度将决定产品的市场份额和企业利润。随着越来越多的企业认识到加快运营速度以建立竞争优势的重要性,尤其是在短产品生命周期的行业中[1],时间竞争成为企业提高利润和市场份额同时控制成本和市场风险的一种有效方式。源于技术扩散和技术转移,创新也同样受到时间的限制,会快速贬值,因而时间在创新过程中被认为是一种稀缺资源[2]。创新速度研究起源于20世纪80年代末和90年代初,Mansfield(1988)将创新速度定义为从初始发展到最终商业化(产品即将进入市场)的时间[3],Kessler 和 Chakrabarti(1996)将创新速度定义为从初始发现到发现市场可能(潜在的商业化)的过程[4],这一概念也被之后的学者广为接受[5]。快速的创新速度能够有效增加技术创新主体的收入已经被广泛证实,如 Markman 等(2005)的研究就证实美国大学技术转移办公室的技术商业化时间越快,收入就越多,新创办的企业

---

[1] Warren B. Brown and Necmi Karagozoglu Brown, "Leading the Way to Faster new Product Development", *The Academy of Management Journal*, Vol. 7, No. 1, 1993, pp. 36 – 47; Page L. Albert, "Assessing new Product Development Practices and Performance: Establishing Crucial Norms", *Journal of Product Innovation Management*, Vol. 10, No. 4, September 1993, pp. 273 – 290.

[2] Lawless M. W. and Anderson P. C., "Generational Technological Change: Effects of Innovation and Local Rivalry on Performance", *The Academy of Management Journal*, Vol. 39, No. 5, Oct. 1996, pp. 1185 – 1217.

[3] Mansfield Edwin, "The Speed and Cost of Industrial Innovation in Japan and the United States: External vs. Internal Technology", *Management Science*, Vol. 4, No. 10, Octorber 1988, pp. 1157 – 1168.

[4] Kessler H. Eric and Chakrabarti K. Alok, "Innovation Speed: A Conceptual Model of Context, Antecedents, and Outcomes", *Academy of Management Review*, Vol. 21, No. 4, Octorber 1996, pp. 1143 – 1191.

[5] 孙卫、徐昂、尚磊:《创新速度理论研究评述与展望》,《科技进步与对策》2010年第7期。

数量也就越多①，学术界也对影响创新速度的因素进行了广泛的探讨。近年来，由于产品创新速度的界定模糊不清，而专利从申请、授权到转让或许可有明确的时间记录，以专利转让和专利许可为媒介的创新速度研究逐渐兴起。然而关于创新速度多快算快、多快算好这两个问题，学术界也一直存在争论，即"创新速度不是越快越好"的反对声音也在兴起。那么对于城市技术转移，多快算快？是否转移速度越快对城市经济增长的效应越强？回答这些问题，我们就要借鉴创新速度理论进行深度研究。

二 创新地理学理论

（一）创新地理学的兴起

虽然熊彼特在20世纪初就认识到"创新"在经济增长中的作用，但并未引起当时经济学家群体性的共鸣，直到50年代，伴随着技术及技术创新在经济发展中的作用被认识，熊彼特的创新理论才被重视②。兴起于70年代的人文社会科学空间转向［以列斐伏尔1974年的《空间的生产》（The Production of Space）和福柯1976年发表的《空间、知识与权力》（Space, Knowledge and Power）访谈为标志］，到80年代，以克鲁格曼等为代表的主流派经济学家重新审视了空间因素，并以边际收益递增、不完全竞争与路径依赖为基础，注重分析经济活动的空间集聚机制与全球化等经济现象，开创了新经济地理学。同样是80年代，知识经济和创新逐渐成为区域发展的核心动力，知识合作、创新扩散、知识溢出等成为新经济地理学家解释地方产业集群、全球—地方创新网络的形成机制的主要手段，也相继促发了新经济地理学的多维转向，如"文化转向"（Culture

---

① Markman D. Gideon, Gianiodis T. Peter, Phan H. Phillip, et al., "Innovation Speed: Transferring University Technology to Market", *Research Policy*, Vol. 34, No. 7, September 2005, pp. 1058 – 1075.

② 吕拉昌、黄茹、廖倩：《创新地理学研究的几个理论问题》，《地理科学》2016年第5期；吕拉昌等：《创新地理学》，科学出版社2017年版，第2—3页。

Turn)、"制度转向"(Institutional Turn)、"关系转向"(Relational Turn)、"演化转向"(Evolutionary Turn)等[1]。在这些转向下,大量的城市与区域创新问题被广泛揭示,学术界提出了诸如"制度厚度"(Institutional Thickness)、"文化嵌入"(Embeddedness)、"路径依赖"(Path Dependence)、"关系尺度"(Scale)等一系列概念,也形成了诸如创新环境学派、创新产业集群学派、创新网络学派等创新理论研究团体[2]。

  新经济地理学的多维转向为创新地理学的诞生奠定了扎实的理论基础。1994年,弗里德曼(Feldman M. P.)出版了《创新地理学》(The Geography of Innovation)一书,率先向学术界抛出"创新地理学"概念,该书集中阐释了为什么地理位置对创新活动至关重要这个核心问题(Why Location Matters for Innovative Activity?)。随后,弗里德曼及其合作者奥德斯(Audretsch D. B.)以"创新地理学"的名义发表了多篇研究[3],也引起了其他一大批学者的参与[4],弗里德曼在其参与编著的《创新经济学手册》第八章中提

---

[1] 李小建、罗庆:《经济地理学的关系转向评述》,《世界地理研究》2007年第4期;颜银根、安虎森:《演化经济地理:经济学与地理学之间的第二座桥梁》,《地理科学进展》2013年第5期;胡小娟、柯善咨:《关系型经济地理学研究评述》,《经济学动态》2011年第6期。

[2] Scott J. Allen, "A Perspective of Economic Geography", Journal of Economic Geography, Vol. 4, No. 5, November 2004, pp. 479 – 499; Bathelt Harald, Glückler Johannes, "Toward a Relational Economic Geography", Journal of Economic Geography, Vol. 3, No. 2, April 2003, pp. 117 – 144; Sunley Peter, "Relational Economic Geography: A Partial Understanding or a New Paradigm?", Economic Geography, Vol. 84, No. 1, Jan. 2008, pp. 1 – 26.

[3] Audretsch B. David, Feldman P. Maryann, "R&D Spillovers and the Geography of Innovation and Production", The American Economic Review, Vol. 86, No. 3, Jun. 1996, pp. 630 – 640.

[4] Breschi Stefano, "The Geography of Innovation: A Cross-sector Analysis", Regional Studies, Vol. 34, No. 3, Aug. 2010, pp. 213 – 229; Lissoni Francesco, "Knowledge Codification and the Geography of Innovation: The Case of Brescia Mechanical Cluster", Research Policy, Vol. 30, No. 9, December 2001, pp. 1479 – 1500.

到，创新地理学是研究空间距离和地理位置与科技创新活动相互关系的学科，创新地理学是新经济地理学的分支学科。但综合来看，这些研究皆是在创新地理学的名义下从事创新活动的空间集聚性和知识溢出性研究，并未对创新地理学的学科架构进行深度的探讨[①]。

中国的创新地理学研究始于 21 世纪初，源于经济地理学者对产业集群创新、区域创新系统和跨国公司 R&D 研发区位选择等问题的关注[②]。随着西方新经济地理学的关系思维、演化思维传入国内，大量基于关系经济地理和演化经济地理理论的创新活动空间分布研究[③]、创新网络研究[④]、知识溢出效应研究[⑤]、创新产业集群机制研究[⑥]成为时下创新地理学的研究热点。

（二）创新地理学中关于技术转移研究的理论基础

科技创新活动的空间集聚性。创新资源和科技创新活动的空

[①] 吕拉昌、黄茹、廖倩：《创新地理学研究的几个理论问题》，《地理科学》2016 年第 5 期。

[②] 王缉慈：《关于中国产业集群研究的若干概念辨析》，《地理学报》2004 年第 Z1 期；曾刚：《京沪区域创新系统比较研究》，《城市规划》2006 年第 3 期。

[③] 范斐、杜德斌、李恒等：《中国地级以上城市科技资源配置效率的时空格局》，《地理学报》2013 年第 10 期；程叶青、王哲野、马靖：《中国区域创新的时空动态分析》，《地理学报》2014 年第 12 期；何舜辉、杜德斌、焦美琪等：《中国地级以上城市创新能力的时空格局演变及影响因素分析》，《地理科学》2017 年第 7 期。

[④] 李丹丹、汪涛、魏也华等：《中国城市尺度科学知识网络与技术知识网络结构的时空复杂性》，《地理研究》2015 年第 3 期；王秋玉、曾刚、吕国庆：《中国装备制造业产学研合作创新网络初探》，《地理学报》2016 年第 2 期；刘承良、桂钦昌、段德忠等：《全球科研论文合作网络的结构异质性及其邻近性机理》，《地理学报》2017 年第 4 期。

[⑤] 王铮、马翠芳、王莹等：《区域间知识溢出的空间认识》，《地理学报》2003 年第 5 期；盛垒：《中国省区间的外资 R&D 知识溢出及其空间差异研究——基于随机前沿生产模型（SFA）的实证》，《人文地理》2013 年第 5 期。

[⑥] 刘炜、李郇、欧俏珊：《产业集群的非正式联系及其对技术创新的影响——以顺德家电产业集群为例》，《地理研究》2013 年第 3 期；史焱文、李二玲、李小建：《地理邻近、关系邻近对农业产业集群创新影响——基于山东省寿光蔬菜产业集群实证研究》，《地理科学》2016 年第 5 期。

间分布，无论是在全球尺度还是在地区尺度上，都极度不均衡，高度集聚在全球少数地区和城市。相关研究已经指出全球科技创新活动高度集聚在北美、西欧大城市群地区[1]，中国科技创新活动高度集聚在京津地区、长三角地区和珠三角地区，长三角地区的科技创新活动高度集聚在上海、杭州、苏州等城市[2]。2016 年 5 月 30 日，习近平主席在全球科技创新大会、两院院士大会和中国科协第九次全国代表大会上发表《为建设世界科技强国而奋斗》的重要讲话，习近平主席强调"要尊重科技创新的区域集聚规律，因地制宜探索差异化的创新发展路径，加快打造具有全球影响力的科技创新中心，建设若干具有强大带动力的创新型城市和区域创新中心"。由此可见，空间集聚性是科技创新活动的第一特征。那么内生于科技创新活动，中国城市技术转移活动是否也遵循空间集聚性这一规律？中国技术转移中心城市在空间分布上是否也呈现出集聚态势？这些问题的回答需要创新地理学者进行深入的研究。

知识溢出的地理邻近性。距离衰减是地理学的第一定律。虽然随着全球交通技术和信息通信技术的高度发展，全球的时空距离被大大缩减，但地理并没有"消亡"。在 2009 年世界银行发展报告《重塑世界经济地理》（Reshaping Economic Geography）中，用"密度（Density）、距离（Distance）和分割（Division）"三个词汇描述了当前世界经济发展态势，其中距离仍然是阻碍世界经济发展的一大因素之一，而这个距离就是指与经济活动高度集聚区的距离。在知识经济全球化的时代，距离在如今以面对面交流的隐性知识传播中显得更加重要。越来越多的研究表明，知识溢出的

---

[1] 杜德斌、段德忠：《全球科技创新中心的空间分布、发展类型及演化趋势》，《上海市城市规划》2015 年第 1 期。

[2] 王承云、孙飞翔：《长三角城市创新空间的集聚与溢出效应》，《地理研究》2017 年第 6 期。

空间尺度依赖性特征是科技创新活动空间集聚性分布的内在因素。新经济地理学者也正是关注到知识溢出的空间尺度依赖性（地理邻近性）特征，才加速了新经济地理学的"关系转向"和"演化转向"，如创新网络的地理邻近机制①，知识溢出的地理邻近性促成地方产业集群的出现等②。内生于科技创新活动，城市技术转移是否遵循地理邻近效应呈现出就近转移的趋势？城市技术转移网络的连接机制是否遵循地理邻近效应？这些都值得创新地理学者进行深入研究。

第三节　城市技术转移研究的理论框架建构

基于城市这一空间尺度，将研究对象从微观层面的技术创新主体抽象至城市（图3-1），将城市技术转移划分为基本技术转移和非基本技术转移两个层次，并从规模、深度、范围和速度四个维度建构城市技术转移的维度体系，从而尝试性地建构了城市技术转移研究的理论框架。

---

① Bathelt Harald, Malmberg Anders, Maskell Peter, "Clusters and Knowledge: Local Buzz, Global Pipelines and the Process of Knowledge Creation", *Progress in Human Geography*, Vol 28, No. 1, February 2004, pp. 31–56; Shaw Andr Torre and Gilly Jean-Pierre, "Debates and Survey: On the Analytical Dimension of Proximity Dynamics", *Regional Studies*, Vol. 34, No. 2, Aug. 2010, pp. 169–180; Ibert Oliver, Hautala Johanna, Jauhiainen S. Jussi, "From Cluster to Process: New Economic Geographic Perspectives on Practices of Knowledge Creation", *Geoforum*, Vol. 65, October 2015, pp. 323–327.

② Boschma A. Ron and Frenken Koen, "Why is Economic Geography not an Evolutionary Science？Towards an Evolutionary Economic Geography", *Journal of Economic Geography*, Vol. 6, No. 3, June 2006, pp. 273–302; Boschma A., "Ron and Frenken Koen, The Emerging Empirics of Evolutionary Economic Geography", *Journal of Economic Geography*, Vol. 11, No. 2, March 2011, pp. 295–307.

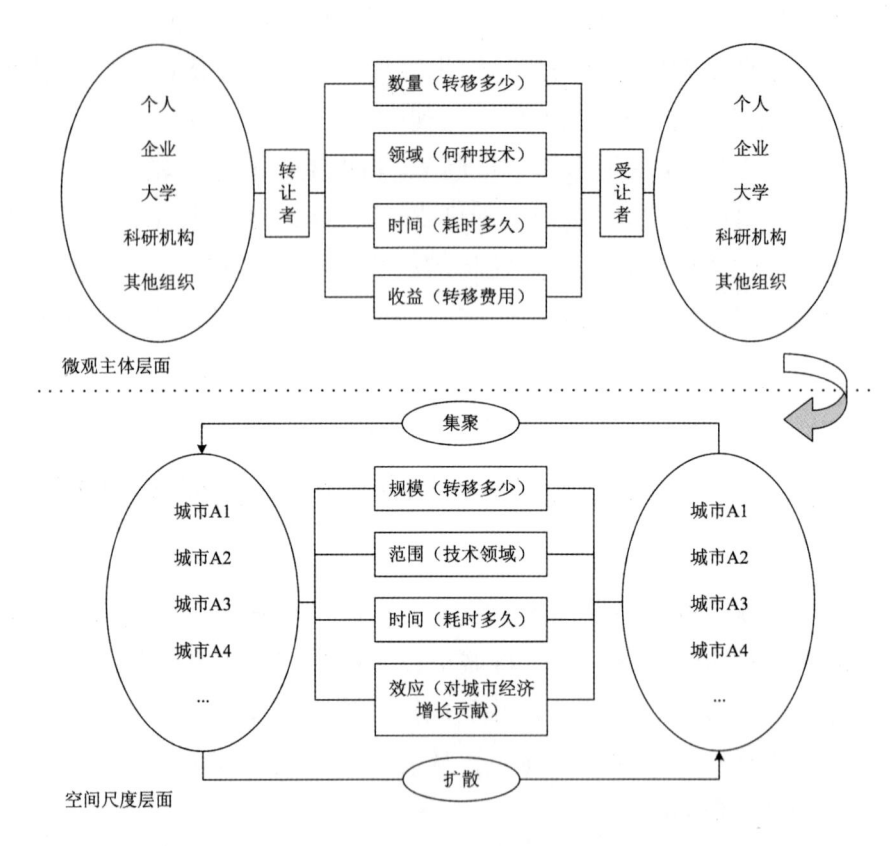

图3-1 微观主体技术转移至空间尺度技术转移的抽象过程

城市技术转移是一个高度综合而复杂的概念。从内涵范畴上看，包含三个关键词：城市（空间）、技术（对象）和转移（关联），它们确立了城市技术转移的空间、对象和关联三个基点。

从空间划分上看，城市技术转移是指以城市为基本空间单元，进行技术转移活动，综合反映了不同城市之间、同一城市不同主体之间的技术流动（即空间流）。

从对象识别上看，城市技术转移是以技术为商品，在城市间或城市内部进行交易的活动。从城市技术转移的供给来看，城市技术创新能力是城市技术转移活动得以开展的支撑，包括城市技术创新主体、城市技术转移中介、城市技术转移环境等。从城市技术转移的需求来看，城市产业技术消耗能力是城市技术转移得以开展的保障，包括城市创新产业的门类、城市创新产业的层级等，当然也包括城市的技术转移中介以及环境。

从网络关联上看，城市技术转移是以技术转移为媒介重新构造城市间的等级体系，与以往以商品贸易建构的城市等级体系，以及以知识合作构建的城市创新网络完全不一样。技术转移描述的是在知识经济时代城市间的非对称相互依赖关系，这种依赖是基于技术的依赖，是一种不平等关系，是一种权力关系。

一 城市技术转移的结构体系

（一）城市经济活动结构划分

城市是具有一定人口规模，并以非农业人口为主的居民集聚地，是聚落的一种特殊形态。城市是一个地区经济、政治、文化、社会等活动的中心，对一个区域的发展具有较强的辐射和带动作用。城市是人类经济活动的集聚地，按服务对象来划分，一个城市的全部经济活动可以划分为两个部分：第一个部分是本城市需要服务的，被称为城市非基本经济活动（Non-basic Economic Activities，NBE）；第二个部分就是为本城市以外的需要服务，被称为城市基本经济活动（Basic Economic Activities，BE）。基本经济活动是城市以外为城市创造收入的部分，它是城市得以存在和发展的经济基础，是导致城市发展的主要动力[①]。

城市经济活动的开放性又使得城市基本经济活动分为两个类型：一是离心型的基本活动，是指城市经济活动生产出的产品输送至城市以外，为其他城市和地区的居民服务；二是向心型的基本活动，是指其他城市的居民到这个城市后进行的消费活动。同样，随着城市基本经济活动的发展，城市非基本经济活动也可细分成两种：一

---

① 许学强、周一星、宁越敏等：《城市地理学》，高等教育出版社2008年版，第132—133页。

是为了满足本市基本经济活动生产而进行的经济活动；二是为了满足本市居民正常生活需求而进行的经济活动。

（二）城市技术转移的结构划分

城市技术转移固然是城市经济活动的一部分，因此也遵循城市经济活动的基本规律。根据城市经济活动的结构划分体系，城市技术转移活动也可划分为非基本技术转移（Non-basic Technology Transfer Activities，NB_TT）和基本技术转移（Basic Technology Transfer Activities，B_TT）两个层次，其中非基本技术转移活动指城市内部技术转移，即该城市进行技术内部消耗的过程，是城市技术创新活动服务于本城市产业发展而进行的技术转移活动。而基本技术转移指该城市与其他城市进行技术转移的活动，同样根据技术转移的方向性也可划分为两种类型，一是向心型城市技术转移活动，即该城市从其他城市获取技术的活动，我们称之为城市基本技术集聚（Basic Technology Agglomeration，B_T_A）；二是离心型城市技术转移活动，即该城市向其他城市扩散技术的活动，我们称之为城市基本技术扩散（Basic Technology Diffusion，B_T_D）。那么，一个城市的基本技术集聚和基本技术扩散之和，就是这个城市基本技术转移量（图3-2）。

二 城市技术转移的维度体系

技术是能够带来经济效益的一切科学和知识的总和，城市技术转移就是以企业为主体，把技术作为商品进行城市间和城市内的交易活动。因而，城市技术转移必将遵循一般经济活动理论。在一般经济活动理论中，市场营销理论是企业把市场营销活动作为研究对象的一门应用科学，它讲究把适当的产品（Product），以适当的价格（Price），在适当的时间和地点（Place），用适当的方法销售给尽可能多的顾客（Promotion）。那么对于城市技术转移，适当的产品就对应着技术的种类，即转移何种技术；适当的价格就

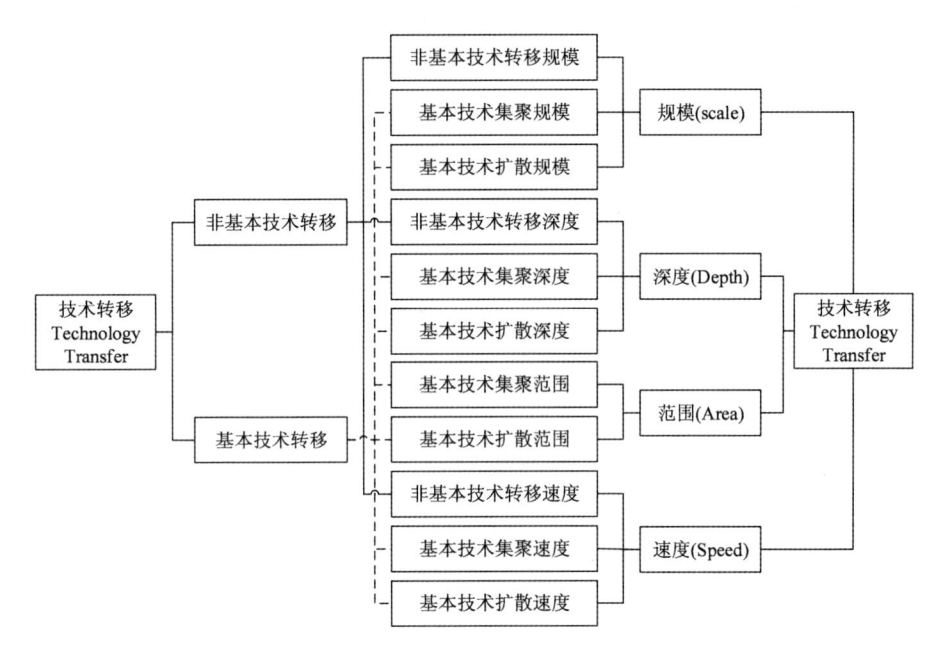

图3-2 城市技术转移的结构体系和维度体系

对应着技术转移的收益（技术转移的速度）[①]；适当的时间和地点就对应着技术转移的市场范围和腹地范围，即技术转移给哪个城市，或从哪个城市转移技术；销售给尽可能多的顾客就对应着技术转移的规模，越多的顾客购买代表转移的规模越大。基于此，本书从规模、深度、范围和速度四个方面建构了城市技术转移的维度体系。

（一）城市技术转移的规模

城市技术转移的规模（Scale）即城市转移的技术量。基于城市技术转移的结构划分体系，城市技术转移的规模可分为城市非基本技术转移规模（Non-basic Technology Transfer Scale，NB_TT_Sca）和城市基本技术转移规模（Basic Technology Transfer Scale，B_TT_

[①] 由于技术转移的合同价格数据无法获取，使得这部分的对应要进行变换，一般讲产品价格越合适，产品销售速度越快，因而就对应着技术转移速度。

Sca)（图 3-2）。其中城市基本技术转移规模又可分为城市基本技术集聚规模（Basic Technology Agglomeration Scale，B_T_A_Sca）和城市基本技术扩散规模（Basic Technology Diffusion Scale，B_T_D_Sca）。

（二）城市技术转移的深度

城市技术转移的深度（Depth）即城市转移的技术覆盖的专利技术类别数量。基于城市技术转移的结构划分体系，城市技术转移的深度也可分为城市非基本技术转移深度（Non-basic Technology Transfer Depth，NB_TT_Dep）和城市基本技术转移深度（Basic Technology Transfer Depth，B_TT_Dep）（图 3-2）。其中城市基本技术转移深度又可分为城市基本技术集聚深度（Basic Technology Agglomeration Depth，B_T_A_Dep）和城市基本技术扩散深度（Basic Technology Diffusion Depth，B_T_D_Dep）。

（三）城市技术转移的范围

城市技术转移的范围（Area）即城市技术转移的市场范围和腹地范围。基于城市技术转移的结构划分体系，城市非基本技术转移活动由于是城市内部技术消耗的过程，因此不存在市场范围和腹地范围，简而言之，城市非基本技术转移活动的范围就是该城市本身。而城市基本技术转移是城市间的技术转移活动，因此存在其市场范围和腹地范围的划分，即根据基本技术转移活动的细分结构划分体系，城市基本技术转移范围（Basic Technology Transfer Area，NB_TT_Are）可分为城市基本技术集聚范围（Basic Technology Agglomeration Area，B_T_A_Are）和城市基本技术扩散范围（Basic Technology Diffusion Area，B_T_D_Are），其中城市基本技术集聚范围即该城市技术转移腹地范围，城市基本技术扩散范围即指城市技术转移市场范围（图 3-2）。

（四）城市技术转移的速度

城市技术转移的速度（Speed）即城市技术转移所需要的时间，

通常以年为计量单位。基于城市技术转移的结构划分体系，城市技术转移的速度可分为城市非基本技术转移速度（Non-basic Technology Transfer Speed，NB_TT_Spe）和城市基本技术转移速度（Basic Technology Transfer Speed，B_TT_Spe）。其中城市基本技术转移速度又可分为城市基本技术集聚速度（Basic Technology Agglomeration Speed，B_T_A_Spe）和城市基本技术扩散速度（Basic Technology Diffusion Speed，B_T_D_Spe）（图3-2）。

第四章

中国技术创新体系与产业技术发展

城市技术转移体系源于城市技术创新体系,要弄清中国城市技术转移体系,必须首先了解中国城市技术创新体系。因此,本章试图在对中国城市技术创新能力评价的基础上,对中国城市技术创新体系及产业演化进行研究,从而发掘中国城市技术转移体系背后的机制。

第一节 研究方法

一 技术创新能力评价及数据获取

(一)城市技术创新能力评价指标选取

当前,关于技术创新能力的研究多选取专利申请/授权量、技术合同交易额、技术许可费用等作为评价指标,虽有少数研究从技术合作的角度研究不同国家、城市在不同层级创新网络中的地位,但不难发现这些评价指标皆是从技术创新规模出发研究不同尺度不同区域的技术创新强度。如论文(学科分类)一样,专利有明确的技术类别分类标准。对一个城市的专利技术类别覆盖度进行统计,不仅能够发掘该城市的技术创新特色,还能识别该城市的技术创新体系的完善程度，即技术创新深度。基于此，本书从技术创新强度和技术创新深度两个方面建构城市技术创新能力评价体系，其中技术创新强度为各城市发明和实用新型专利申请量；技术创新深度为各城市专利覆盖的技术类别数量。

（二）中国城市发明与实用新型专利数据挖掘

以万方中外专利数据库（Wanfang Patent Database，WFPD）为数据源，获取2000—2015年中国发明专利和实用新型专利的申请详情数据，并基于中国邮编数据库系统，将专利申请数据对应至城市（包括直辖市、地级市、自治州、盟、地区、省直管县级市），建构中国城市技术创新空间数据库（表4-1）。同时基于国际专利分类系统（IPC），识别中国城市专利申请覆盖的技术类别及其数量。

表4-1　2000—2015年中国城市发明与实用新型专利申请量

年份	2000	2005	2010	2015
专利申请量	65485	167093	567251	1654518
参与的城市数量	342	352	354	358

（三）城市技术创新能力求解

首先，采取直线型无量纲方法对数据进行标准化处理；其次，基于城市技术创新能力评价体系，采用尖点突变系统模型进行城市技术创新能力综合求解。由于本书所选取指标存在明显的互补特性，因此采用平均值法来确定各指标的评价值和综合评估值。

二　"中心地"思想下的技术创新体系等级层次性

"中心地"思想源于中心地理论。中心地理论是由德国城市地理学家克里斯塔勒（Christaller W.）和德国经济学家廖什（Losch A.）分别于1933年和1940年提出的，是城市地理学中关于阐释城镇居民点空间结构及城镇体系的经典理论。虽然中心地理论因建立在"理想地表"之上颇具局限性，但其关于中心地系统等级层次性的阐释为本书研究城市尺度下的技术创新体系提供了理论假设基础。（1）城市等级决定了城市所提供的商品数量和服务的范围；（2）小城市只提供大众性商品和服务，而大城市不仅能提供大众性商品和服务，还能提供稀有性商品和服务。基于此，本书将城市创新产出的专利类别数量作为其提供的商品种类，将每一个专利类别下的专利数量视为这个城市能够提供该种商品的数量，从而提出三个假设，一方面研究城市尺度技术创新体系的等级层次性及其演替；另一方面验证中心地理论在城市尺度技术创新活动空间分布不均现象的解释程度：

假设1：某一专利技术类别下的专利数量越多，则产出该种专利的城市数量就越多。抽象为数学表达式（为去量纲，所有变量皆取其自然对数，以下类同），即为：

$$LnCity_i = \alpha + \beta LnPat_i + \varepsilon_i \quad (4.1)$$

式中，α 为常数项；ε_i 为随机误差项；$City_i$ 为产出专利技术类别 i 的城市数量；Pat_i 为专利技术类别 i 下的专利总量。根据"中心地"思想，专利数量越多，说明该类专利越普遍，即属于大众性热门技术，因而能够提供这种技术的城市也就越多。

假设2：某一专利技术类别下的专利数量越多，则产出该种专利的城市规模多样性就越复杂，即在以城市人口规模（人口总数）和城市经济规模（GDP）分别测度的城市规模中，某一专利技术类别下的专利数量越多，则产出该种专利的城市中人口最少的一个城市的人口数量越少，或经济最不发达的一个城市的GDP就越低。

抽象为数学表达式，即为：

$$LnSmallest\_Citypop_i = \alpha - \beta LnPat_i + \varepsilon_i \quad (4.2)$$

$$LnLeast\_CityGDP_i = \alpha - \beta LnPat_i + \varepsilon_i \quad (4.3)$$

式4.2和式4.3中，$Smallest\_Citypop_i$ 为产出专利技术类别 i 的城市中人口最少的一个城市的人口数量；$Least\_CityGDP_i$ 为产出专利技术类别 i 的城市中经济发展水平最低的一个城市的GDP；各个城市的人口数量和GDP数据来源于中国城市统计年鉴。

假设3：一个城市的人口数量越多或经济规模越大，则其产出的专利技术类别数量或专利总量就越多，即其技术创新能力就越强，反之亦然。

抽象为数学表达式，即为：

$$POP_j = \alpha + \beta N\,\text{umb}IPC_j + \varepsilon_j, POP_j = \alpha + \beta N\,\text{umb}Pat_j + \varepsilon_j \quad (4.4a, 4.4b)$$

$$GDP_j = \alpha + \beta N\,\text{umb}IPC_j + \varepsilon_j, GDP_j = \alpha + \beta N\,\text{umb}Pat_j + \varepsilon_j \quad (4.5a, 4.5b)$$

式4.4和式4.5中，CTI_j为城市j的技术创新能力；POP_j和GDP_j分别为城市j的人口数量和GDP。

三　产业技术创新能力评价：IPC – USPC – NAICS

基于美国专利商标局制定的USPC – IPC反向一致性对应表（USPC – to – IPC Reverse Concordance），以及USPC – NAICS（North American Industry Classification System，北美产业分类系统）一致性对应表（USPC – NAICS Concordance），建构IPC – NAICS一致性对应表（表4 – 2），从而能够从中国技术创新格局的演化透析中国产业技术创新能力的变迁，建构方法如下：

第一步，由于美国专利商标局制定的USPC – NAICS一致性对应表并非一一对应（美国专利商标局在USPC – NAICS一致性对应表的数据说明中就提到，USPC – NAICS是不完美的，不能认为该表包括所有相关专利，也不排除所有无关紧要的专利），存在一个专利类别对应多个产业分类，且本书识别的美国专利分类为一级分类，每一个一级分类下有众多二级分类，USPC – NAICS一致性对应表也正是根据二级分类来识别。因而，本书首先统计每一个产业覆盖的二级专利类别数量，其次根据覆盖的二级专利类别比例（最大值）来确定该一级专利对应哪一个产业类别。

第二步，同样，美国专利商标局制定的USPC – IPC反向一致性对应表也不是一一对应，每一个 IPC 小类都对应多个 USPC 分类。同样是采用第一步的方法，首先统计每一个 IPC 小类覆盖的 USPC 类别数量，其次根据覆盖的 USPC 类别比例（最大值）来确定每一个 IPC 类别对应哪一个 USPC 类别。

第三步，根据第一步和第二步，共识别出 15 个产业以及每个产业下的专利申请量，我们将每个产业下的专利申请量作为该产业技术创新能力的评价指标，从而探讨城市尺度下产业技术创新能力的变迁格局。

表4-2　　　　　　　　　　基于专利分类的创新产业识别

IPC 分类号	USPC 分类号	NAICS	产业
C13C；C13D；A21D；A23D 等 19 个专利分类	127；426；131	311-312	食品、饮料与烟草
A41F；A41H；A42B；C14C；D06L；D06M；B68B 等 14 个专利分类	2；8；36；54；190；231；442；450	313-316	纺织、服装和皮革
B24D；B42F；B41F	229；281；402；462	322-323	纸张与印刷
A62D；C05B；C05C；C05D；C04B；C09F；C06B 等 51 个专利分类	23；71；106；149；252；504；507；508；510；512；516 等 25 个专利分类	325	化学品
A45B；A61J；B60C；B29D；B65C；D01D 等 20 个专利分类	135；138；150；152；156；215；224；264；383；428；503	326	塑料橡胶制品
C03C；B64B	51；65；277；501	327	非金属矿产品
C22B；C21D；C22F；C22C	75；148；238；420	331	初级金属
A47K；E03C；E03D；B26B；B41G；B43L 等 84 个专利分类	4；7；14；16；30；33；42；49；52；70；81；86；89；102 等 46 个专利分类	332	金属制品
A43D；D06G；D02H；B21G；B31D；B31F 等 206 个专利分类	12；15；19；26；28；29；34；37；38；48；53；55；56；57；59 等 134 个专利分类	333	机械
F15C；G06C；G06D；B41J；G10L；H01L；H02J 等 81 个专利分类	329；330；334；348；360；369；381；455；235；345 等 75 个专利分类	334	ICT 产业

续表

IPC 分类号	USPC 分类号	NAICS	产业
H01B；H02G；B23H；G05B；F25B；H01C；H01G 等 35 个专利分类	174；200；218；219；310；318；320；322；323；333；335 等 24 个专利分类	335	电气与电器设备
B61B；B61J；B61K；B61C；B63B；F02F；H01T 等 49 个专利分类	104；105；114；188；191；213；291；305；440 等 20 个专利分类	336	运输设备
A47C；A47D；A61G；A47B	5；297；312	337	家具及相关产品
A43C；A44B；F16G；G09D；G09F；A01M 等 46 个专利分类	24；27；40；43；44；47；63；84；116；124；1323 等 27 个专利分类	339（除3391）	杂项制造
A62B；G02C；A61C；A61M 等 8 个专利分类	128；351；433；602；604；606；623	3391	医疗设备和用品

注：USPC – IPC 反向一致性对应表和 USPC – NAICS 一致性对应表皆来自美国专利商标局（https：//www.uspto.gov/）。

四　单变量空间自相关模型

采用全局 Moran's *I* 统计量测度区域技术创新能力的空间关联及差异程度，该统计量可表达为：

$$Moran's\ I = \frac{\sum_{i=1}^{n}\sum_{j\neq i}^{n}W_{ij}Z_iZ_j}{\sigma^2\sum_{i=1}^{n}\sum_{j\neq i}^{n}W_{ij}}, \left(Z_i = \frac{X_i - \bar{X}}{\sigma}, \bar{X} = \frac{1}{n}\sum_{i=1}^{n}X_i, \sigma = \frac{1}{n}\sum_{i=1}^{n}(X_i - \bar{X})^2\right)$$

(4.6)

式中，n 为空间单元总数，W_{ij} 为空间权重矩阵（由于本章节是探讨中国技术创新体系的时空演化，因此这里采用距离权重矩阵），Z_i 是 X_i（空间单元 i 的属性值）的标准化变换，Moran's *I* 取值范围为 [-1, 1]，值趋向于 1，表明绝对的空间正相关；趋向于 0，表明空间随机分布；趋向于 -1，表明绝对的空间负相关。

局部空间自相关（LISA）认为每个空间单元彼此邻近，可有助于识别技术转移的"热点"，统计量可表达为：

$$LocalMoran's\ I = Z_i \sum_{j=1}^{n} w_{ij} Z_j \qquad (4.7)$$

该系数正值表示同样类型属性值的要素相邻近，负值表示不同类型属性值的要素相邻近，该指数值的绝对值越大邻近程度越大。本书通过叠加不同年份的"热点"得到一个时间稳定性"热点"图式，以探索性视角阐明不同空间尺度下技术创新的集聚态势。

第二节　中国城市技术创新体系演化

一　中国城市技术创新体系的时空演化格局

（一）时序统计：等级层次性逐渐凸显，空间集聚趋势逐渐加剧

2000—2015 年，融入中国城市技术创新体系的城市数量不断上升，从 2000 年的 342 个上升至 2015 年的 358 个。同时，在 IPC 专利分类体系 631 个技术小类中，中国城市技术创新涉及的技术类别从 2000 年的 591 个上升至 2015 年的 614 个。

2000—2015 年，中国城市技术创新能力的位序—规模分布曲线虽早期服从指数分布特征（R^2 在 0.90 左右），表现出强劲的随机特性和"趋中分布"性，但发展到后期，指数分布特征逐渐消失，拟合优度 R^2 从 2000 年的 0.9203 下降至 2015 年的 0.6251，说明中国城市技术创新体系的等级层次性开始凸显（图 4-1）。16 年间，中国技术创新能力的极差虽然维持不变，但皆等于 1，属于统计样本极差的最大值。另外，中国技术创新能力的标准差呈现出不断上升的趋势，由 2000 年的 0.107 上升至 2015 年的 0.147，一定程度上印证了随着融入全国技术创新体系的城市数量不断增加和城市技术创新实力不断上升，中国城市技术创新体系的等级层次性逐渐凸显（表 4-3）。

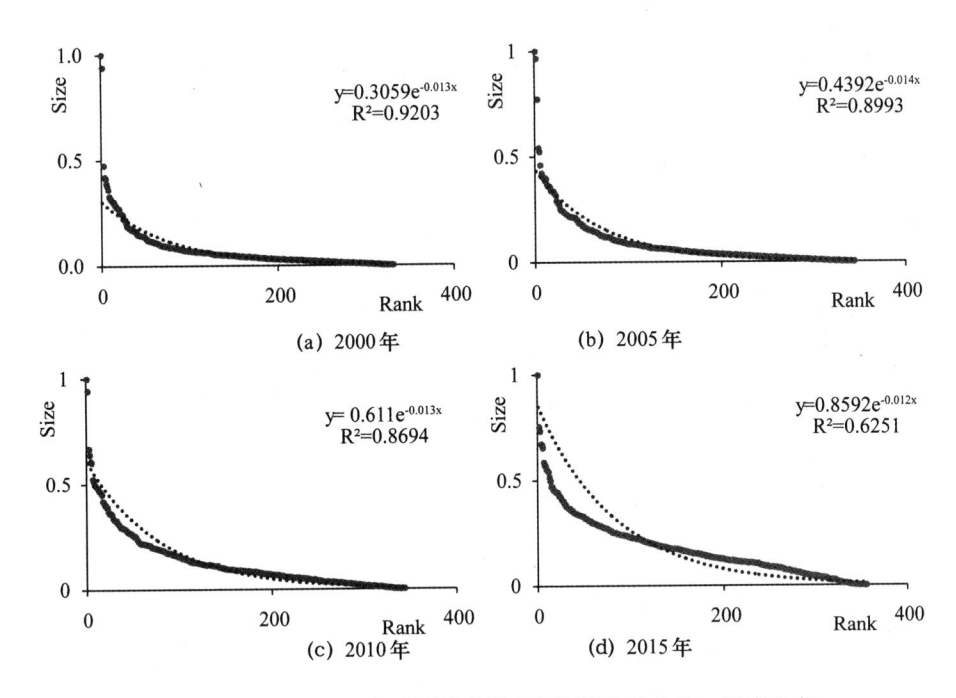

图 4-1　2000—2015 年中国城市技术创新能力的位序—规模分布

表 4-3　　　　　　　　中国城市技术创新能力的时序统计特征

统计指标	2000 年	2005 年	2010 年	2015 年
极差	1.000	1.000	1.000	1.000
标准差	0.107	0.125	0.142	0.147
基尼系数	0.591	0.606	0.534	0.437
Moran's I 指数	0.219	0.329	0.449	0.481

2000—2015 年，中国城市技术创新能力的基尼系数呈现出波动下降的趋势，由 2000 年的 0.591 先上升至 2005 年的 0.606 后连续下降至 2015 年的 0.437，但由于持续性地"久居高位"，超过警戒线 0.4，表明中国城市技术创新能力虽朝均衡化的趋势发展，但城际不均衡特征持续保持。另外，在这 16 年间，中国城市技术创新能力的 Moran's I 指数皆大于 0，且呈现出快速上升的趋势，由 2000 年的 0.219 上升至 2015 年的 0.481，呈现出显著的空间正相关，表明中

国城市技术创新的空间集聚趋势不断加强，地理邻近性特征越发明显。

(二) 空间格局：由两极格局向多极格局演变

尽管 2000—2015 年中国城市技术创新体系的空间集聚趋势不断加剧，但随着城市技术创新能力的普遍性增强，中国城市技术创新体系正从以北京和上海为主导的两极格局向以京津、长三角、珠三角、成渝地区、山东半岛等多地区控制的多极格局演变，北京作为中国技术创新的核心地位不断加强（表 4-4）。

2000 年，中国技术创新活动高度集聚以北京和天津为核心的京津地区、以广州和深圳为核心的珠三角地区和以上海和南京为核心的长三角地区，其中北京和上海的技术创新能力遥遥领先，是仅有两个技术创新能力超过 0.5 的城市。除这三个地区以外，中西部地区也形成多个以省会城市为代表的技术创新中心，其中沈阳以 0.476 的技术创新能力居全国城市第 3 位，武汉和成都分别以 0.378 和 0.363 的技术创新能力指数列全国城市第 7 位和第 8 位。2005 年，中国城市技术创新能力上升较快，尤其是长三角地区和珠三角地区城市，其中深圳的技术创新能力达到 0.772，仅次于北京和上海两个城市；杭州的技术创新能力也上升至 0.525，列全国第 5 位；佛山的技术创新能力也由 2000 年的 0.281（全国第 17 位）上升至 2005 年的 0.423（全国第 7 位）。2010 年，技术创新能力超过 0.5 的城市数量增长至 8 个。这一年，长三角地区城市的技术创新能力增长较快，苏州和无锡的技术创新能力分别由 2005 年的 0.361（全国第 14 位）和 0.320（全国第 22 位）上升至 2010 年的 0.640（全国第 4 位）和 0.515（全国第 8 位）。重庆是这一阶段唯一一个跻身于前十强的中西部地区城市，以 0.499 的技术创新能力指数居全国第 9 位。2015 年，由于北京的专利申请量急速增长，由 2010 年的 47044 件上升至 2015 年的 124916 件，迅速拉开与其他城市的差距，因而导致大部分城市在这一阶段的相对技术创新能力呈现出下降趋势，尤其是上海，其技术创新能力指数由 2010 年的 0.942 下降至 2015 年的

0.756，明显落后于北京。但仍有一些城市的技术创新能力呈现出上升态势，尤其是苏州和重庆这两个城市，分别以 0.734 和 0.674 的技术创新能力指数居全国第 3 位和第 4 位。

表 4-4　　2000—2015 年中国城市技术创新能力 Top 10

排名	2000 年	2005 年	2010 年	2015 年
1	北京市（1.000）	北京市（1.000）	北京市（1.000）	北京市（1.000）
2	上海市（0.940）	上海市（0.966）	上海市（0.942）	上海市（0.756）
3	沈阳市（0.476）	深圳市（0.772）	深圳市（0.669）	苏州市（0.734）
4	广州市（0.421）	天津市（0.542）	苏州市（0.640）	重庆市（0.674）
5	天津市（0.416）	杭州市（0.525）	东莞市（0.609）	深圳市（0.670）
6	深圳市（0.391）	广州市（0.461）	杭州市（0.604）	天津市（0.656）
7	武汉市（0.378）	佛山市（0.423）	天津市（0.525）	青岛市（0.586）
8	成都市（0.363）	南京市（0.407）	无锡市（0.515）	成都市（0.572）
9	南京市（0.330）	成都市（0.402）	重庆市（0.499）	杭州市（0.570）
10	杭州市（0.323）	沈阳市（0.401）	宁波市（0.496）	南京市（0.550）

（三）集聚模式：显著的空间关联效应

内生于中国技术创新活动分布的总体格局，中国城市技术创新体系的变迁也呈现出围绕技术创新较强城市的集聚分布态势。2000—2015 年，中国城市技术创新体系演化呈现出显著的空间关联与集聚效应，四种类型基本呈"抱团"分布。

高—高集聚区：2000—2015 年，中国城市技术创新的高—高集聚区虽有局部变动，但始终位居东部沿海地区，且锁定于由京津地区、长三角地区和珠三角地区控制的三极格局，尤其是长三角地区，已经成长为中国城市技术创新的集聚连片区。2000—2005 年，高—高集聚区主要分布在以辽阳为集聚核心的沈阳都市区；以北京、秦皇岛、廊坊、天津和沧州为集聚核心的京津冀城市群；以威海和烟台为集聚核心的山东半岛城市群；以上海、南通、苏州、常州、镇江、嘉兴、绍兴和台州为集聚核心的长三角地区；以及以广州、佛山、东莞、中山和珠海为集聚核心的珠三角地区。2010—2015 年，山东半岛地区和长三角地区的高—高集聚区范围扩张明显，表明这两个地区城市的技术创新能力皆较高，其中 2010 年山东半岛地区属于高—高集聚区的核心城市数量达到 8 个，而长三角地区 2015 年属于高—高集聚区的核心城市的数量更是达到 21 个。

低—低集聚区：2000—2015 年，中国城市技术创新的高—低集聚区生长也表现出了很高的空间依赖性，主要分布在西藏、青海、云南、甘肃、内蒙古和新疆地区。2000—2005 年，低—低集聚区除在西藏全境、云南西部、青海全境、新疆西部、甘肃大部和内蒙古中西部地区形成连片分布外，还分布在以延安为集聚核心的陕西中部地区，以黄山为集聚核心的安徽南部和江西北部地区，以百色和六盘水为集聚核心的贵州南部地区和广西西部地区；2010—2015 年，低—低集聚区在上述集聚区的基础上，还形成了以湘西州为核心的湘西集聚区，以大兴安岭地区为核心的内蒙古东北集聚区和以鸡西、鹤岗等城市为核心的黑龙江东北集聚区。

高—低集聚区和低—高集聚区：高—低集聚区主要依附于低—低集聚区周边，其集聚核心主要为西部地区的省会城市，在这 16 年里，中国城市技术创新的高—低集聚区基本上形成了三个集聚区，分别为以兰州市为集聚核心的兰州都市圈地区、以银川市为集聚核心的银川都市圈地区和以南宁市为集聚核心的南宁都市圈地区。低—高集聚区主要依附于高—高集聚区周边，同样具有很好的时空惯性，集中分布在京津地区和珠三角地区，这两个地区城市技术创新能力差异较大，既存在技术创新能力位居全国前十的城市，也有技术创新能力低于全国平均水平的城市。2000 年，低—低集聚区除形成以张家口和承德为核心的冀北技术创新塌陷区、以清远和惠州为核心的粤东和粤北技术创新塌陷区外，还形成了以阜新和铁岭为核心的辽北技术创新塌陷区、以莱芜为集聚核心的鲁中技术创新塌陷区。2005 年后，低—低集聚区则主要形成两块集聚区，一是以承德和张家口为核心的冀北技术创新塌陷区，二是以清远为核心的粤北技术创新塌陷区。

二 中国城市技术创新体系的等级层次性及其变迁

（一）描述统计：热门技术由化学、保健救生娱乐向仪器、电学转变

表 4-5 至表 4-8 揭示了 2000 年、2005 年、2010 年和 2015 年四个年份中国十大热门技术和十大冷门技术的专利申请情况，附表 1 至附表 4 揭示了 2000—2015 年大城市和小城市的专利申请情况，基本印证了本书基于"中心地"思想提出的 3 个假设在城市尺度研究中的正确性，即城市规模与城市专利申请量以及覆盖的技术类别数量成正比，某项专利类别下的申请量越多，参与该项技术研究的城市数量就越多，且城市的规模多样性就越复杂。

2000 年，342 个城市围绕 592 个专利类别申请了 65485 件发明和实用新型专利，这些城市的平均人口规模为 414.376 万人，平均经济规模为 3588496.546 万元。化学、保健救生娱乐和交通运输是当时最为热门的技术，中国城市围绕这三大技术领域分别申请了 7895 件、7100 件和 6562 件发明和实用新型专利。其中专利类别 C07K（肽）成为当时专利申请量最大的技术类别，达到 2201 件，虽然参与研发的城市数量仅有 23 个，但参与研发的城市的平均人口规模和平均经济规模分别达到 720.23 万人和 12103767.96 万元，其中人口规模最小的城市（海口市）仅有 57.34 万人，经济规模最小的城市也为海口市，为 1336153 万元。与之相对应的是，在 2000 年，仅有 1 个专利申请量的技术类别达到 24 个，仅有 1 个城市参与研发的技术类别数量更是达到 27 个，但总体来看，超微技术、核子学技术、武器技术、造纸技术、采矿技术是当时最为冷门的技术，其中前三类技术由于技术要求较高，且涉及国家机密因而专利申请量较少，而后两类技术由于生产制造发展历史悠久，技术池趋于饱和，所以专利申请量也较少。参与这些技术研发的城市皆为一些规模较大的城市，如围绕专利类别 B41C（印刷版的制造或复制工艺）

研究的仅有沈阳一个城市（人口规模：685.1 万人；经济规模：11191428 万元）；围绕 B81C 和 B82B（超微技术）研究的皆只有一个城市，分别为上海（人口规模：1321.63 万人；经济规模：45511500 万元）和武汉（人口规模：749.19 万人；经济规模：12068363 万元）。

表 4-5　2000 年中国 Top 10 热门技术和冷门技术下的城市分布概况

	IPC	Pat_i	$City_i$	Smallest_ CityPOP	Least_ CityGDP
热门技术	C07K	2201	23	57.34	1336153
	A61K	2198	264	39.72	350746
	B65D	1481	228	57.34	505034
	G06F	1157	154	57.34	539487
	C12N	1113	44	73.90	726206
	F16K	1000	171	27.63	584571
	A61M	899	179	27.63	404280
	G01N	889	125	27.63	382203
	A61B	864	140	27.63	603722
	A23L	844	195	27.63	539487
冷门技术	B09C	1	1	1107.53	24787600
	B21G	1	1	628.02	7380243
	B41C	1	1	685.10	11191428
	G21J	1	1	559.62	2825549
	B81C	1	1	1321.63	45511500
	B82B	1	1	749.19	12068363
	C08C	1	1	1013.35	13129900
	D02H	1	1	578.17	15406798
	F21K	1	1	1107.53	24787600
	F02G	1	1	688.01	6885081

注：Pat_i 为该类别专利的申请总量；$City_i$ 为产出该种专利的城市数量；Smallest_ CityPOP 为产出该种专利的城市中，人口最小的一个城市的人口数量（万人）；Least_ CityGDP 为产出该种专利的城市中，GDP 规模最小的一个城市的 GDP（万元）；以下类同。

表 4-6　2005 年中国 Top 10 热门技术和冷门技术下的城市分布概况

	IPC	Pat_i	$City_i$	Smallest_CityPOP	Least_CityGDP
热门技术	A61K	8502	282	43.11	448776
	H04L	3968	67	89.60	1060334
	G06F	3766	169	72.22	1106322
	G01N	3108	147	46.57	1120588
	B65D	2487	237	29.74	603328
	H04Q	2208	46	89.60	1290055
	H04N	2100	99	72.22	1290055
	A61B	2001	151	17.22	813069
	C02F	1839	162	88.43	1002149
	H04M	1759	117	43.11	1159296
冷门技术	A01L	1	1	1180.70	68863101
	A61P	1	1	264.38	14007195
	A61Q	1	1	1180.70	68863101
	B27H	1	1	249.09	11697700
	B41D	1	1	939.31	36976200
	C12L	1	1	350.66	5256159
	C13G	1	1	659.54	7233557
	G04D	1	1	939.31	36976200
	G10B	1	1	277.46	3655508
	G21G	1	1	311.74	5670437

表 4-7　2010 年中国 Top 10 热门技术和冷门技术下的城市分布概况

	IPC	Pat_i	$City_i$	Smallest_CityPOP
热门技术	G06F	12600	209	74.01	1435885
	A61K	11641	289	37.51	1435885
	G01N	10393	215	21.80	1560193
	H04L	9849	128	74.01	2424785
	H04W	7760	96	74.01	2809074
	H01L	7515	146	74.01	2809074
	A61B	7450	191	37.51	1877340
	F21S	7410	221	21.80	1843192
	B01D	7242	254	37.51	2105134
	B65D	6876	270	37.51	1731892

续表

	IPC	Pat_i	$City_i$	$Smallest\_CityPOP$
冷门技术	A61Q	1	1	1412.32	171659800
	B41B	1	1	1257.80	141135800
	B41D	1	1	476.36	7122748
	D04D	1	1	1161.01	20503000
	G04R	1	1	652.40	45470573
	G06E	1	1	1257.80	141135800
	H02S	1	1	1257.80	141135800
	A01L	3	2	259.87	95815101
	B41L	3	3	253.61	19447000
	B68F	3	3	229.50	11085924

表 4-8 2015 年中国 Top 10 热门技术和冷门技术下的城市分布概况

	IPC	Pat_i	$City_i$	$Smallest\_CityPOP$	$Least\_CityGDP$
热门技术	G06F	47829	285	20.25	1900441
	A61K	44747	322	20.25	1900441
	G01N	36195	299	20.25	1900441
	B01D	25777	316	20.25	1900441
	B65G	23368	302	20.25	1900441
	C02F	21905	286	20.25	1900441
	A23L	21636	315	20.25	1900441
	H04L	20275	217	20.25	1900441
	A61B	19650	278	20.25	1900441
	A01G	19538	332	20.25	1900441
冷门技术	A99Z	1	1	553.84	16058404
	B33Y	1	1	1345.20	230145900
	G06E	1	1	961.37	57512119
	C12F	2	2	1188.50	9426090
	F21H	2	1	349.48	35178068
	B68C	3	3	381.62	15989500
	C06F	3	3	251.01	6218310
	B41B	4	2	354.99	165381900
	B68B	5	4	195.01	13534133
	D06J	5	4	388.97	13544119

2005年，352个城市围绕606个专利类别申请了167093件发明和实用新型专利，这些城市的平均人口规模为417.206万人，平均经济规模为6883714.764万元。这一年，虽然保健救生娱乐技术领域的A61K（医用、牙科用或梳妆用的配制品）是当时参与城市数量最多（282个）、申请量最大（8502件）的专利技术类别，但以H04L（数字信息的传输）和G06F（电数字数据处理）为代表的电学、仪器技术已经成为众多城市追逐的热门技术，围绕这两个技术领域（电学、仪器）申请的专利数量分别达到25896件和21080件。其中参与H04L这个技术类别研发的城市的平均人口规模和平均经济规模达到586.948万人和16423448.32万元，但其中人口规模最小的城市（珠海市）的人口仅有89.6万人，经济规模最小的城市（安顺市）的GDP仅为1060334万元；参与G06F研发的城市的平均人口规模和平均经济规模达到490.322万人和9936813.975万元，但其中人口规模最小的城市（铜陵市）的人口仅为72.22万人，经济规模最小的城市（张家界市）的GDP仅为1106322万元。相对应，核子学技术、超微技术、造纸技术、武器技术仍为当时最为冷门的技术，围绕这四类技术领域申请的专利数量和参与研发的城市数量皆较少。这一阶段，仅有1个专利申请量的技术类别有10个，仅有1个城市参与研发的技术类别也达到12个，其中围绕专利类别A01L（动物钉蹄铁技术）研发的仅为北京一个城市，其人口规模和经济规模分别为1180.7万人和68863101万元，参与B41D（铅版印刷版的印版的机械复制设备）研发的仅为天津一个城市，其人口规模和经济规模分别为939.31万人和36976200万元。

2010年，354个城市围绕614个专利类别申请了567251件发明和实用新型专利，这些城市的平均人口规模为436.836万人，平均经济规模为15128062.94万元。这一年，以G06F、G01N（借助于测定材料的化学或物理性质来测试或分析材料）为代表的仪器技术和以H04L、H04W（无线通信网络）为代表的电学技术仍然是当时最为热门的技术，参与这四类技术研发的城市数量分别达到209个、

215个、128个和96个，且分别产出12600件、10393件、9849件和7760件专利。其中，参与G06F专利研发的城市的平均人口规模和平均经济规模分别达到502.244万人和19057134.61万元，而人口规模最小的城市（铜陵市）仅有74.01万人，经济规模最小的城市（丽江市）的GDP仅为1435885万元；参与H04L专利研发的城市的平均人口规模和平均经济规模分别达到525.654万人和24600927.87万元，而人口规模最小的城市仍为铜陵市，经济规模最小的城市为张家界市，GDP为2424785万元。这一时期，仅有1个专利申请量的技术类别下降至7个，仅有1个城市参与研发的技术类别也下降至8个，如参与A61Q（化妆品或类似梳妆用配制品的特定用途）这个技术类别研发的仅为上海市，其人口规模和经济规模分别为1412.32万人和171659800万元；参与B41B这个技术类别研发的城市仅为北京市，其人口规模和经济规模分别为1257.8万人和141135800万元。但整体来看，超微技术、核子学技术、造纸技术和武器技术仍然是中国最为冷门的技术，围绕这四类技术申请的专利分别为322件、374件、939件和1179件。

2015年，358个城市围绕614个专利类别申请了1654518件发明和实用新型专利，这些城市的平均人口规模为446.593万人，平均经济规模为24921548.29万元。这一阶段，以G06F和G01N为代表的仪器技术超越电学技术，成为中国最为热门的技术，围绕这个技术领域申请的专利达到252740件，以H04L和H04N（图像通信，如电视）为代表的电学技术和以B29C（塑料的成型或连接）和B23K（钎焊或脱焊、焊接；用钎焊或焊接方法包覆或镀敷）为代表的加工铸造成型技术则分别以210201件和157612件的专利申请量居第2位和第3位。其中，参与G06F研发的城市的平均人口规模和平均经济规模分别达到468.148万人和26649984.5万元，其中人口规模最小的城市和经济规模最小的城市皆为嘉峪关市，分别为20.25万人和1900441万元；参与G01N研发的城市的平均人口规模和平均经济规模分别达到459.159万人和26192043.06万元，其中人口规模最小的城市和经济规模最小的城市也是嘉峪关市。这一时期，仅有 1 个专利申请量的技术类别数量降至 3 个，分别是 A99Z、B33Y 和 G06E（光学计算设备），仅有 1 个城市参与研发的技术类别数量也降至 4 个，为前三个技术类别再加上 F21H（白炽汽灯；其他燃烧致热的白炽体），参与这 4 个技术类别研发的城市分别为开封市（人口规模为 553.84 万人；经济规模为 16058404 万元）、北京市（人口规模为 1345.2 万人；经济规模为 230145900 万元）、哈尔滨市（人口规模为 961.37 万人；经济规模为 57512119 万元）和嘉兴市（人口规模为 349.48 万人；经济规模为 35178068 万元）。但整体来看，超微技术、核子学技术、造纸技术和武器技术仍然是中国最为冷门的技术，围绕这四类技术申请的专利分别为 421 件、1120 件、2469 件和 2472 件。

（二）回归分析：大城市主导中国技术创新体系变迁

虽然本书基于"中心地"思想对中国技术创新体系的演化机制提出三个假设，但显然这些假设不是一个简单的线性关系。首先，在方程 (4.1)、方程 (4.2) 和方程 (4.3) 中，如果假设 1 和假设 2 皆成立（即某种类别的专利量越多，产出该种专利的城市数量就越多），由于自变量的取值范围要远远超过应变量的取值范围，因此在随着专利申请量增加时，产出该种专利的城市数量的增速会逐渐放缓，即这种假设的线性关系会耗散在大申请量的专利类别中，因而原始的最小二乘法线性回归曲线（OLS）无法完美地拟合这种具有拐点的非线性关系；另外，在方程 (4.4)、方程 (4.5) 中，如果假设 3 成立（即城市规模越大，其产出的专利数量与覆盖的技术类别数量就越多），由于现实中人口规模较小的城市也能产出较大的专利申请量，在采用截面数据分析后，离群值出现的概率会有所增加。为此，本书基于 Hualicháin 等（2015）关于美国城市创新体系的相关研究[①]，在采用

[①] Huallacháin Breandán, Kane Kevin, Kenyon Sean, "Invention in the United States City System", *Annals of the Association of American Geographers*, Vol. 105, No. 6, Nov. 2015, pp. 1300 – 1323.

局部加权回归（locally weighted regression lines）法识别曲线拐点后，对方程（4.1）、方程（4.2）和方程（4.3）进行二次回归拟合，从而研究变量间的相关关系。

利用最小二乘法对假设1进行第一次回归发现（附表5），2000年的回归系数为0.769，R^2为0.944，这说明某一专利技术类别下的专利数量越多，则产出该种专利的城市数量就越多。同样，图4-2也强烈证明了每一技术类别下的专利数量和参与的城市数量存在显著的正相关关系，但同样在拟合曲线上有一个明显的拐点，即当某些技术类别下的专利数量差不多达到150个以后，参与这些技术研发的城市数量虽有增长，但变化不大。利用局部加权回归进行二次拟合后，R^2上升至0.955，第一次回归的系数为1.045，大于线性回归的系数，这表明在一些专利数量较小的技术类别中，随着专利申请量的增加，参与的城市数量增长较快；而第二次回归的系数为-0.041，这同样表明技术类别下的专利数量和参与的城市数量的关系并不是简单的线性正相关，而是带有拐点的渐变关系。时序变化上，2000—2015年，方程（4.1）的线性回归系数不断缩减，从2000年的0.769下降至2015年的0.513，拟合优度也不断下降，从2000年的0.944下降至2015年的0.905，表明这种正相关关系在线性回归下不断减弱；局部加权回归的拟合优度也呈波动下降增加，从2000年的0.955下降至2015年的0.951，两次回归系数也呈现不同下降趋势，其中第一次回归的系数从2000年的1.045下降至2015年的1.031，第二次回归系数从2000年的-0.041下降至2015年的-0.043，这表明随着时间的推移，这种具有拐点性质的渐变关系变得尖锐（图4-2）。

假设2验证的是专利技术类别下的专利数量与参与研发的城市规模多样性的关系，我们期待的同样是一种正向关系，即某一技术类别下的专利数量越多，那么参与该项技术研发的城市规模多样性就越复杂，但当我们用GDP和人口总数来分别衡量城市规模时，本书认为某一技术类别下的专利数量越多，那么参与该项技术研发的

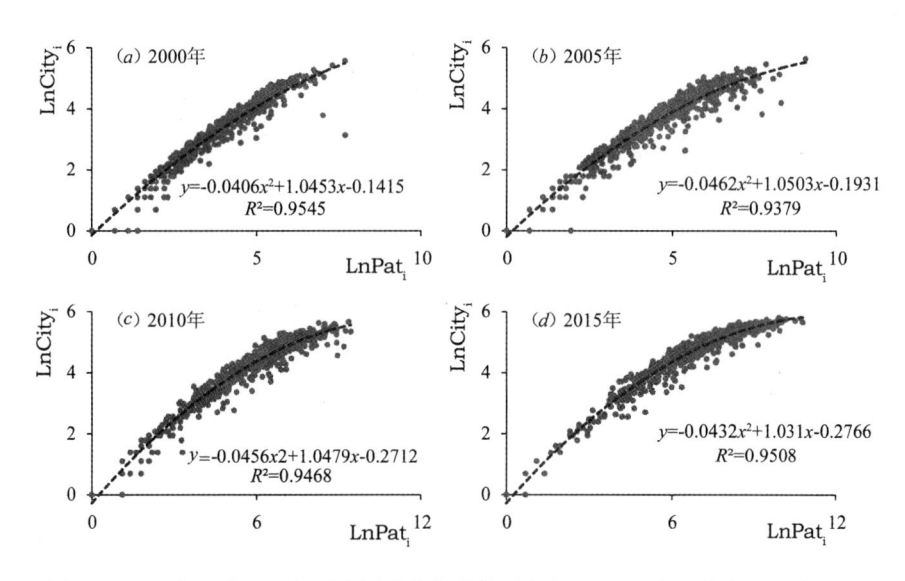

图4-2 "中心地"思想下中国技术创新体系方程（4.1）的局部加权回归结果

城市中最小的一个城市的 GDP 和人口就越少，这是一个负向关系，这与"中心地"思想中关于城市等级层次的阐释是一致的，即稀少的商品和服务只有大城市才能提供，而普通大众商品和服务小城市也能提供。对每一技术类别下的专利申请量和参与该技术研发的城市中人口规模最小的一个城市的人口数量做线性回归发现（附表6），2000 年的回归系数为 -0.391，拟合优度 R^2 不高，为 0.580，这证明了本书在人口规模上假设的正确性。图 4-3 也强烈证明了每一技术类别下的专利数量和参与研发城市中人口规模最小的一个城市的人口数量存在显著的负相关关系，但是在拟合曲线上同样存在一个明显的拐点。利用局部加权回归进行二次拟合后，R^2 上升至 0.585，第一次回归的系数为 -0.521，小于线性回归的系数，第二次回归的系数为 0.019。时序变化上，方程（4.2）的回归系数呈波动上升趋势，从 2000 年的 -0.391 上升至 2015 年的 -0.317，拟合优度也呈现出波动下降的趋势，由 2000 年的 0.580 下降至 2015 年的 0.542，表明这种人口规模下的城市技术创新的等级层次性关系不断

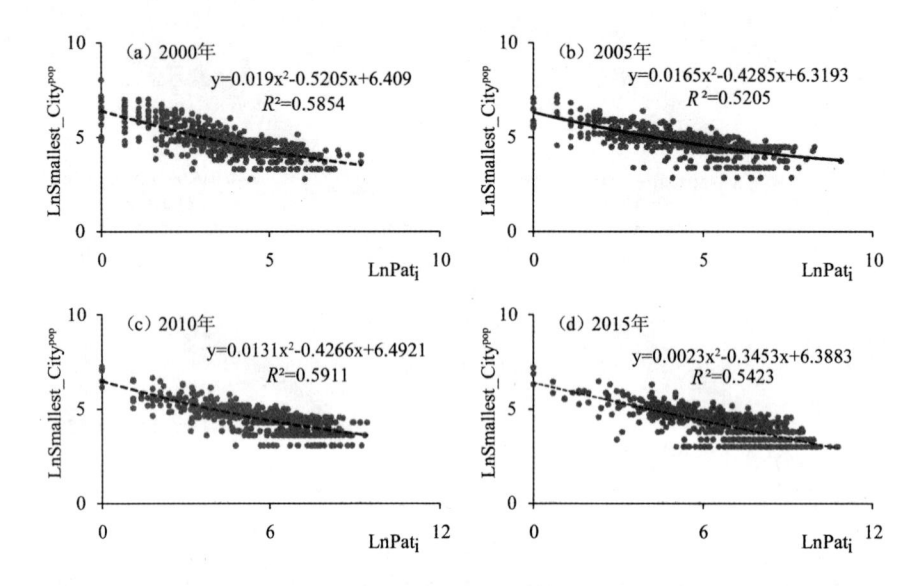

图4-3 "中心地"思想下中国技术创新体系方程（4.2）的局部加权回归结果

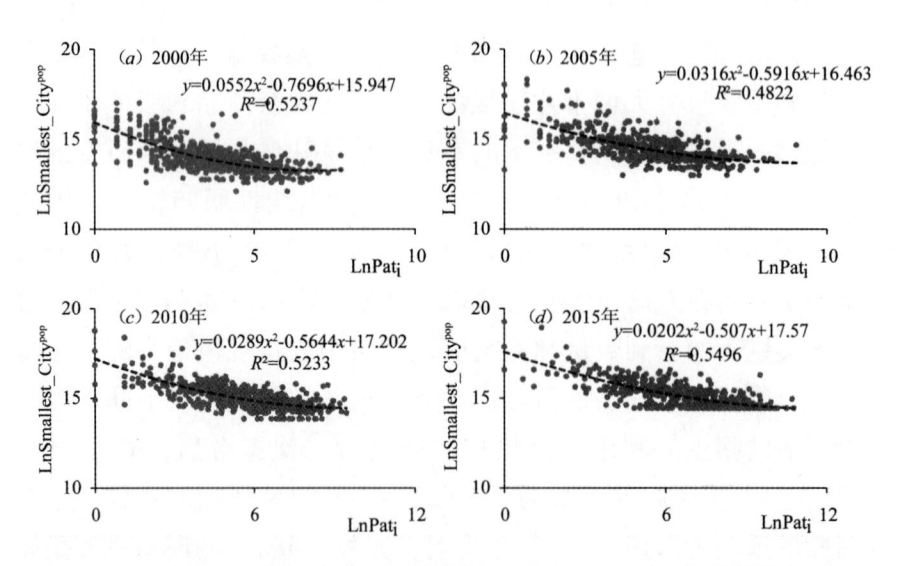

图4-4 "中心地"思想下中国技术创新体系方程（4.3）的局部加权回归结果

削弱。同理，我们在对每一技术类别下的专利申请量和参与该技术研发的城市中经济规模最小的一个城市的 GDP 做线性回归发现（附表7），2000 年的回归系数为 -0.393，拟合优度 R^2 同样不高，为 0.484，与人口规模多样性一样，这同样证明了本书在经济规模上假设的正确性。局部加权回归后，R^2 上升至 0.524，第一次回归的系数为 -0.770，小于线性回归的系数，第二次回归的系数为 0.055（图 4-4）。时序变化上，方程（4.3）的线性回归系数呈波动上升趋势，从 2000 年的 -0.393 上升至 2015 年 -0.265，拟合优度 R^2 也呈波动上升态势，从 2000 年的 0.484 上升至 2015 年的 0.528，表明这种经济规模下的中国城市技术创新的等级层次性关系也在不断削弱。

假设 3 验证的是城市规模与城市参与研发的技术种类和数量之间的关系，我们期待的也是一种正向关系，即城市规模越大，其参与研发的专利技术类别数量就越多，其产出的专利数量也越多。由于一个城市的专利申请量和技术类别数量呈现出显著的正相关关系，因此这里也仅探讨城市经济规模与专利申请量之间的关系（图 4-5）。简单线性回归发现，2000 年的回归系数为 0.613，拟合优度 $R2$ 为 0.755，虽然拟合优度不高，但也一定程度印证了本书假设 3 在城市体系尺度上的正确性。利用局部加权回归进行二次拟合后，R^2 上升至 0.760，第一次回归的系数为 0.371，小于线性回归的系数，第二次回归的系数为 0.025。时序变化上，简单线性回归上，方程（4.5b）的回归系数总体呈波动下降趋势，从 2000 年的 0.613 下降至 2015 年的 0.513，拟合优度 $R2$ 却总体呈稳定趋势，基本维持在 0.7 左右，表明以 GDP 衡量的城市经济规模与以发明和实用新型专利申请量衡量的城市技术创新能力的线性相关关系同样在不断减弱。

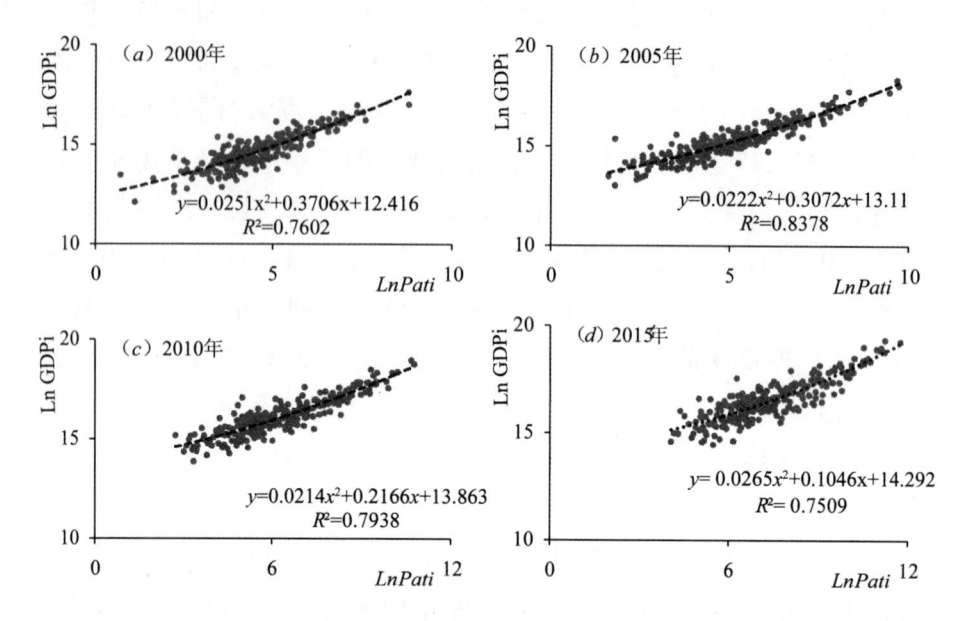

图 4-5 "中心地"思想下中国技术创新体系方程（4.5b）的局部加权回归结果

第三节 中国城市产业技术变革与演化格局

选取以信息通信产业（ICT）为代表的高新技术产业和以电气设备产业、机械产业、医疗设备产业为代表的装备制造业，来探讨中国产业技术创新能力的空间格局演化过程。

一 ICT 产业

首先，时序统计上两极分化严重，空间集聚性较弱。2000—2015 年，中国城市 ICT 产业技术创新能力的极差和标准差快速上升，分别从 2000 年的 893 和 66.053 上升至 2015 年末的 39946 和 2935.699，强烈反映出随着城市 ICT 产业技术创新能力的增强，但中国城市技术创新能力呈现出剧烈的震荡趋势，优者越优、劣者恒劣下的两极分化持续发育（表 4-9）。

2000—2015年，中国城市 ICT 产业技术创新能力的基尼系数总体呈波动上升的趋势，从 2000 年的 0.824 上升至 2005 年的 0.915 后持续下降至 2015 年的 0.867，研究末期的基尼系数比研究初期的要高，且整个研究时段中国城市 ICT 产业技术创新能力的基尼系数持续性地"久居高位"，远远超过警戒线 0.4，表明中国城市 ICT 产业技术创新能力极其不均衡。另外，在这 16 年间，中国城市 ICT 产业技术创新能力的 Moran's I 指数皆大于 0，且呈现出总体上升的趋势，由 2000 年的 0.075 上升至 2015 年的 0.134，呈现出一定的空间正相关，但整体上空间集聚趋势仍然较弱。

表4-9　　中国城市 ICT 产业技术创新能力的时序统计特征

统计指标	2000 年	2005 年	2010 年	2015 年
极差	893	6661	13754	39946
标准差	66.053	492.787	1210.971	2935.699
基尼系数	0.824	0.915	0.893	0.867
Moran's I 指数	0.075	0.062	0.148	0.134

其次，空间格局上呈现不断向东部沿海地区，尤其是向北京、深圳和上海三城集聚的趋势。作为中国热门产业和热门技术，参与这个产业技术研发的城市数量大幅上升（从 2000 年的 271 个增长至 2015 年的 334 个），但内生于不断两极分化和空间集聚趋势逐渐增强的中国 ICT 产业，中国 ICT 产业技术创新活动呈现出由分散化向集中化演化的趋势（表4-10）。

表4-10　　中国城市 ICT 产业技术创新能力 Top 10

位序	2000 年	2005 年	2010 年	2015 年
1	北京市（893）	深圳市（6661）	北京市（13754）	北京市（39946）
2	深圳市（556）	北京市（4782）	深圳市（12586）	深圳市（22745）
3	上海市（463）	上海市（3697）	上海市（9813）	上海市（17096）

续表

位序	2000 年	2005 年	2010 年	2015 年
4	广州市（181）	杭州市（1141）	东莞市（3883）	成都市（9928）
5	南京市（167）	天津市（714）	杭州市（3329）	南京市（8956）
6	武汉市（156）	南京市（675）	苏州市（2988）	苏州市（8935）
7	天津市（140）	广州市（549）	西安市（2695）	天津市（8192）
8	成都市（139）	东莞市（482）	南京市（2493）	杭州市（7844）
9	杭州市（137）	沈阳市（454）	无锡市（2174）	广州市（7424）
10	西安市（132）	西安市（452）	广州市（2021）	西安市（6157）

具体来看，2000—2005 年，中国城市 ICT 产业技术创新格局在高度集聚在东部沿海的总体格局下，也呈现出全国分散的趋势，中西部地区省会城市和经济相对发达城市的 ICT 产业技术创新能力也较高。2000 年，北京的 ICT 产业以 893 件专利申请量高居中国城市 ICT 技术创新能力榜第 1 位，深圳和上海的 ICT 产业则分别以 556 件和 463 件的专利申请量居第 2 位和第 3 位。武汉、成都和西安作为中西部地区城市，其 ICT 产业技术创新能力也较强，分别以 156 件、139 件和 132 件专利申请量居全国第 6 位、第 8 位和第 10 位。2005 年，深圳 ICT 产业以 6661 件的专利申请量超越北京居全国第 1 位，北京和上海则分别以 4782 件和 3697 件的专利申请量居第 2 位和第 3 位。另外，杭州、东莞和沈阳这三个城市的 ICT 产业技术创新能力在这一年上升较快，分别以 1141 件、482 件和 454 件专利申请量上升至全国第 4 位、第 8 位和第 9 位。2010—2015 年，中国 ICT 产业技术创新活动在向东部沿海地区集聚的过程中，高度向北京、深圳和上海这三个城市集中，这三个城市的 ICT 产业专利申请量占到全国的 30% 以上，尤其是 2010 年，更是接近 40%。2010 年，北京 ICT 产业以 13754 件的专利申请量超越深圳再次回到全国城市第 1 位，深圳和上海则分别以 12586 件和 9813 件的专利申请量居第 2 位和第 3 位。这一年，东莞、苏州和无锡三个城市的 ICT 产业技术创新能力上升较快，分别以 3883 件、2988 件和 2174 件专利申请量居全国第 4 位、第 6 位和第 9 位。2015 年，北

京ICT产业技术的专利申请量急剧上升，为39946件，几乎是居第2位的深圳与第3位的上海之和，由此可见，北京作为中国ICT产业技术创新之都的地位越发巩固。这一年，成都作为中西部地区城市代表，其ICT产业技术创新能力也快速上升，以9928件的专利申请量居全国第4位。

二 电气设备产业

首先，时序统计上同样两极分化严重，空间集聚性较弱。2000—2015年，参与电气设备产业研发的城市数量由2000年的268个上升至2015年的335个，专利申请量也由2000年的5444件上升至2015年的201335件。16年间，中国城市电气设备产业技术创新能力的极差和标准差也快速上升，分别从2000年的663和53.255上升至2015年末的23683和1921.471，同样强烈反映出中国城市电气设备产业技术创新优者越优、劣者恒劣下的两极分化严重（表4-11）。

2000—2015年，中国城市电气设备产业技术创新能力的基尼系数也总体呈波动上升的趋势，从2000年的0.820上升至2005年的0.869后持续下降至2015年的0.836，研究末期的基尼系数比研究初期的要高，且整个研究时段中国城市电气设备产业技术创新能力的基尼系数持续性地"久居高位"，远远超过警戒线0.4，表明中国城市电气设备产业技术创新能力也极其不均衡。另外，在这16年间，中国城市电气设备产业技术创新能力的Moran's I 指数也皆大于0，且呈现出总体上升的趋势，由2000年的0.178上升至2015年的0.254，呈现出一定的空间正相关，且空间集聚趋势较强。

表4-11 中国城市电气设备产业技术创新能力的时序统计特征

统计指标	2000年	2005年	2010年	2015年
极差	663	2264	6663	23683
标准差	53.255	202.304	739.934	1921.471
基尼系数	0.820	0.869	0.851	0.836
Moran's I 指数	0.178	0.247	0.340	0.254

其次，空间格局上呈现出分散—集中—分散—集中的交替演化趋势，但整体上东部沿海地区，尤其是京津地区、长三角地区和珠三角地区，作为中国电气设备产业技术创新活动的集聚区地位不断凸显（表4-12）。

表4-12　　　中国城市电气设备产业技术创新能力 Top 10

位序	2000年	2005年	2010年	2015年
1	北京市（663）	深圳市（2264）	深圳市（6663）	北京市（23683）
2	苏州市（418）	上海市（1771）	北京市（6013）	深圳市（15382）
3	深圳市（356）	北京市（1697）	上海市（5769）	上海市（10824）
4	上海市（303）	苏州市（773）	东莞市（5539）	苏州市（9500）
5	广州市（150）	天津市（761）	苏州市（4366）	东莞市（6074）
6	佛山市（149）	东莞市（708）	杭州市（2281）	天津市（5577）
7	沈阳市（139）	杭州市（672）	宁波市（1882）	成都市（5398）
8	青岛市（116）	佛山市（544）	无锡市（1760）	广州市（5212）
9	杭州市（110）	广州市（534）	西安市（1724）	杭州市（4897）
10	武汉市（110）	宁波市（341）	广州市（1586）	宁波市（4746）

具体来看，2000年，中国电气设备产业技术创新活动空间分布较为分散，除主要集聚在东部沿海地区外，中西部地区的一些工业重镇（如武汉、重庆、西安、株洲、重庆、成都）的电气设备产业技术创新能力也较高。这一年，北京的电气设备产业以663件的专利申请量居全国第1位，苏州和深圳的电气设备产业则分别以418件和356件的专利申请量居第2位和第3位，上海的电气设备产业则以303件的专利申请量居全国第4位。2005年，中国电气设备产业技术创新活动高度集聚在东部沿海地区，中西部地区城市的技术创新能力相对普遍较弱。其中，深圳的电气设备产业则以2264件的专利申请量超越北京市居全国第1位，上海的电气设备产业则以1771件的专利申请量也超越北京市居全国第2位，北京则以1697件的专利申请量下降至第3位。2010年，中国电气设备产业技术创新

活动又呈现出分散化趋势,在东部沿海地区城市技术创新能力增长的同时,中西部地区的城市技术创新能力也上升较快。这一年,深圳电气设备产业继续以 6663 件的专利申请量继续居全国第 1 位,北京则以 6013 件的专利申请量超越上海居全国第 2 位,上海则以 5769 件的专利申请量居全国第 3 位。这一阶段,西安电气设备产业技术创新能力上升加快,以 1724 件的专利申请量居全国第 9 位。2015 年,中国电气设备产业技术创新活动又再一次地高度集聚在东部沿海少数几个城市,尤其是长三角地区,在全国排名前十的城市中,有 4 个城市位于长三角。这一年,北京电气设备产业以 23683 件的专利申请量超越深圳,居全国第 1 位,且拉开其与其他城市的差距,几乎是居第 2 位的深圳和居第 3 位的上海之和。

三 机械产业

首先,时序统计上同样两极分化严重,空间集聚性较强。2000—2015 年,参与机械产业研发的城市数量由 2000 年的 315 个上升至 2015 年的 338 个,专利申请量也由 2000 年的 14630 件上升至 2015 年的 486294 件。16 年间,中国城市机械产业技术创新能力的极差和标准差同样快速上升,分别从 2000 年的 1268 和 97.911 上升至 2015 年末的 26264 和 3269.112,同样强烈反映出中国城市机械产业技术创新的两极分化严重(表 4-13)。

2000—2015 年,中国城市机械产业技术创新能力的基尼系数也总体呈波动上升的趋势,从 2000 年的 0.715 持续上升至 2010 年的 0.774 后下降至 2015 年的 0.759,研究末期的基尼系数比研究初期的要高,且整个研究时段中国城市机械产业技术创新能力的基尼系数持续性地"久居高位",远远超过警戒线 0.4,表明中国城市机械产业技术创新能力同样极其不均衡。另外,在这 16 年间,中国城市机械设备产业技术创新能力的 Moran's I 指数也皆大于 0,且呈现出总体上升的趋势,由 2000 年的 0.125 上升至 2015 年的 0.366,表现出强劲的空间正相关效应,空间集聚趋势较强。

表4-13　中国城市机械产业技术创新能力的时序统计特征

统计指标	2000年	2005年	2010年	2015年
极差	1268	3232	9700	26264
标准差	97.911	290.778	1067.328	3269.112
基尼系数	0.715	0.772	0.774	0.759
Moran's I 指数	0.154	0.218	0.370	0.366

其次，空间格局上始终呈现出高度集聚下的分散化趋势，即整体集聚在东部沿海，尤其是长三角地区，但中西部地区一些城市的机械产业技术创新能力也较强，尤其是重庆，已经成为中国机械产业西部创新之都（表4-14）。

表4-14　中国城市机械产业技术创新能力 Top 10

位序	2000年	2005年	2010年	2015年
1	北京市（1268）	上海市（3232）	北京市（9700）	苏州市（26264）
2	上海市（697）	北京市（2690）	上海市（9648）	重庆市（25379）
3	沈阳市（467）	天津市（1670）	苏州市（6441）	北京市（22360）
4	天津市（344）	佛山市（1133）	无锡市（4570）	天津市（19210）
5	杭州市（279）	杭州市（1054）	杭州市（4560）	上海市（16859）
6	广州市（279）	深圳市（1036）	天津市（4128）	无锡市（13724）
7	武汉市（268）	广州市（773）	宁波市（4045）	宁波市（11071）
8	成都市（261）	宁波市（724）	东莞市（3793）	杭州市（10898）
9	青岛市（251）	济南市（707）	南通市（3066）	成都市（10605）
10	无锡市（247）	沈阳市（704）	重庆市（2868）	深圳市（10474）

具体来看，2000年，中国机械产业技术创新活动空间分布同样较为分散，除主要集聚在东部沿海地区外，中西部地区的一些工业重镇（如武汉、重庆、西安、成都）的机械产业技术创新能力也较高，东北地区的哈尔滨、沈阳和大连等城市的机械产业技术创新能

力也较高。这一年，北京的机械产业以 1268 件的专利申请量居全国第 1 位，上海和沈阳的机械产业则分别以 697 件和 467 件的专利申请量居第 2 位和第 3 位，天津的机械产业则以 344 件的专利申请量居全国第 4 位。2005 年，中国机械产业技术创新活动高度集聚在东部沿海地区，中西部地区城市的技术创新能力相对普遍较弱，排名前十的城市全部位于东部沿海地区。其中，上海的机械产业则以 3232 件的专利申请量超越北京市居全国第 1 位，北京和天津的机械产业则分别以 2690 件和 1670 件的专利申请量居全国第 2 位和第 3 位，另外佛山的机械产业技术创新能力在这一年上升较快，以 1133 件的专利申请量居全国第 4。2010 年，在东部沿海地区城市机械产业技术创新能力增长的同时，中西部地区的城市技术创新能力也上升较快，尤其是重庆，是中西部地区唯一一个跻身于全国前十的城市。这一年，北京的机械产业以 9700 件的专利申请量，且以微弱领先的优势超越上海居全国第 1 位，上海则以 9648 件的专利申请量位于全国第 2 位，苏州和无锡这两个城市的机械产业技术创新能力上升也较快，分别以 6441 件和 4570 件的专利申请量居全国第 3 位和第 4 位。2015 年，苏州和重庆这两个城市的机械设备产业技术创新能力超越北京和上海，分别以 26264 件和 25379 件的专利申请量居全国第 1 位和第 2 位，北京则以 22360 件的专利申请量居全国第 3 位，天津也以 19210 件的专利申请量超越上海（16859 件）居全国第 4 位。

四 医疗设备产业

首先，时序统计上继续两极分化严重，空间集聚性较强。2000—2015 年，参与医疗设备产业研发的城市数量由 2000 年的 246 个上升至 2015 年的 318 个，专利申请量也由 2000 年的 2857 件上升至 2015 年的 46606 件。16 年间，中国城市医疗设备产业技术创新能力的极差和标准差同样快速上升，分别从 2000 年的 278 和 21.378 上升至 2015 年末的 3085 和 351.623，同样强烈反映出中国城市医疗设备产业技术创新的两极分化严重（表4-15）。

2000—2015年，中国城市医疗设备产业技术创新能力的基尼系数也总体呈波动上升的趋势，从2000年的0.768持续上升至2010年的0.848后下降至2015年的0.812。同样，研究末期的基尼系数比研究初期的要高，且整个研究时段中国城市医疗设备产业技术创新能力的基尼系数持续性地"久居高位"，远远超过警戒线0.4，表明中国城市医疗设备产业技术创新能力同样极其不均衡。另外，在这16年间，中国城市医疗设备产业技术创新能力的Moran's I指数也皆大于0，且呈现出总体上升的趋势，由2000年的0.148上升至2015年的0.244，表现出强劲的的空间正相关效应，空间集聚趋势较强。

表4-15　中国城市医疗设备产业技术创新能力的时序统计特征

统计指标	2000年	2005年	2010年	2015年
极差	278	447	1173	3085
标准差	21.378	46.254	139.413	351.623
基尼系数	0.768	0.818	0.848	0.812
Moran's I 指数	0.148	0.222	0.353	0.244

其次，空间格局上依然高度集聚在东部沿海地区，但内部格局呈现出由环渤海地区，尤其是山东地区向长三角地区转移的态势，另外中西部地区一些城市的医疗设备产业技术创新能力也较强，尤其是重庆，已经成为中国医疗设备产业的西部创新之都（表4-16）。

表4-16　中国城市医疗设备产业技术创新能力 Top 10

位序	2000年	2005年	2010年	2015年
1	北京市（278）	北京市（447）	上海市（1173）	北京市（3085）
2	上海市（149）	上海市（404）	北京市（999）	上海市（2697）
3	天津市（86）	广州市（222）	济宁市（755）	深圳市（2296）
4	洛阳市（84）	莱芜市（211）	威海市（644）	苏州市（1662）
5	郑州市（75）	济宁市（210）	深圳市（601）	重庆市（1645）

续表

位序	2000 年	2005 年	2010 年	2015 年
6	广州市（70）	深圳市（186）	潍坊市（584）	青岛市（1563）
7	济南市（70）	济南市（179）	杭州市（578）	广州市（1394）
8	潍坊市（68）	杭州市（176）	济南市（562）	天津市（1354）
9	沈阳市（65）	天津市（164）	日照市（550）	杭州市（1239）
10	深圳市（54）	临沂市（158）	广州市（530）	成都市（1192）

具体来看，2000 年，中国医疗设备产业技术创新活动空间分布宏观上较为分散，除集聚在东部沿海地区外，中西部地区的郑州、洛阳、成都、西安等一些城市的医疗设备产业技术创新能力也较高，东北地区的沈阳、长春、大连等城市的医疗设备产业技术创新能力也较高。在东部沿海地区内部，中国医疗设备产业技术创新活动高度集聚在以京津地区和山东地区为主导的环渤海地区，在排名前二十的城市中，有 8 个城市位于这一地区，其中北京的医疗设备产业以 278 件的专利申请量居全国第 1 位，天津以 86 件的专利申请量居全国第 3 位，济南和潍坊则分别以 70 件和 68 件的专利申请量居全国第 7 位和第 8 位。2005 年，中国医疗设备产业技术创新活动空间分布高度集聚在京津地区、山东地区和长三角地区，其中北京和上海继续分别以 447 件和 404 件的专利申请量居全国第 1 位和第 2 位，广州以 222 件的专利申请量居全国第 3 位。这一时期，山东省的莱芜、济宁的医疗设备产业技术创新能力上升较快，分别以 211 件和 210 件的专利申请量居全国第 4 位和第 5 位，济南则以 179 件的专利申请量居全国第 7 位。2010 年，山东省的医疗设备产业技术创新能力继续上升，在排名前 10 位的城市中，有 5 个城市位于山东，分别是济宁、威海、潍坊、济南和日照，分别以 755 件、644 件、584 件、562 件和 550 件的专利申请量列全国第 3 位、第 4 位、第 6 位、第 8 位和第 9 位。另外，在这一年，上海的医疗设备产业以 1173 件的专利申请量超越北京，列全国第 1 位，北京则以 999 件的专利申

请量列全国第 2 位。2015 年，长三角地区城市的医疗设备产业技术创新能力迅速上升，苏州和杭州这两个城市的医疗设备产业技术创新能力上升较快，分别以 1662 件和 1239 的件专利申请量列全国第 4 位和第 9 位。这一年，北京的医疗设备产业以 3085 件的专利申请量超越上海，列全国第 1 位。另外，这一时期山东地区城市的医疗设备产业技术创新能力上升较慢，在前十的城市中，仅青岛一个城市以 1563 件的专利申请量列全国第 6 位。

第四节　本章小结

本章在对中国城市技术创新能力评估的基础上，应用"中心地"思想阐释了中国城市技术创新体系的等级层次性，同时构建了从专利分类至产业分类的识别系统，并以 ICT、电气设备、机械和医疗设备产业为例，对中国城市产业技术创新能力的时空变迁格局进行了探讨，得出以下结论：

（1）中国城市技术创新体系两极分化严重，空间集聚趋势不断加强。随着中国城市技术创新能力的普遍性增强，中国城市技术创新体系正从以北京和上海为主导的两极格局向以京津冀、长三角、珠三角、成渝地区、山东半岛等多地区控制的多极格局演变，北京作为中国技术创新的核心地位不断加强。

（2）应用"中心地"思想揭示中国城市技术创新体系的等级层次性结果较好，印证了"中心地"思想在中观的城市体系尺度对创新活动的空间分布不均现象具有较强的解释程度。结果显示，本书基于"中心地"思想提出的三个假设全部成立，城市规模与城市技术创新能力高度相关，即城市体系尺度上，中国城市技术创新体系演变由大城市主导并推动，且在演进过程中，中国热门技术由化学、保健救生娱乐向仪器、电学转变。

（3）本章建构的 IPC – USPC – NAICS 的专利分类至产业分类识

别系统为研究不同空间尺度下的产业技术创新变迁提供了全新的视角和方法。以 ICT 产业、电气设备产业、机械产业和医疗设备产业为代表探讨了中国城市产业技术创新能力的变迁格局，结果发现，四大产业都呈现出显著的两极分化和空间集聚趋势，高度集聚在少数城市。首先，作为中国热门产业和热门技术，中国 ICT 产业技术创新空间格局呈现不断向东部沿海地区，尤其是向北京、深圳和上海三城集聚的趋势；其次，中国电气设备产业技术创新格局呈现出分散—集中—分散—集中的交替演化趋势，但整体上集聚在东部沿海地区，尤其是京津地区、长三角地区和珠三角地区；再次，中国机械产业技术创新空间格局始终呈现出高度集聚下的分散化趋势，即整体集聚在东部沿海，但中西部地区一些城市的机械产业技术创新能力也较强，尤其是重庆市，已经成为中国机械产业西部创新之都；最后，中国医疗设备产业技术创新依然高度集聚在东部沿海地区，但内部格局呈现出由环渤海地区，尤其是山东地区向长三角地区转移的态势。

第五章

中国城市技术转移的时空格局与能力综合评估

当前，中国城市创新等级体系正在逐渐形成，其中北京、上海、深圳等城市正在加速推进全球有影响力的科技创新中心建设，武汉、广州等城市也正在加速建设国家科技创新中心，以期成为不同层次创新网络的核心枢纽从而集聚全球或全国创新资源。作为创新资源的核心组成部分，以专利为代表的创新技术成为各个城市争夺的焦点，其集聚与扩散通道亟待建设相配套的城市创新技术集散体系，而这一切的前提便是全方位了解中国城市技术转移的时空格局。本章基于城市技术转移研究理论框架，以国家知识产权局专利检索及分析平台2001—2015年专利转让记录为数据源，采用大数据挖掘与分析技术、地理信息编码技术获取中国347个城市（包括4个直辖市；286个地级市；14个地区；3个盟；30个自治州；10个省直管县级市）的专利转移信息，在对2001—2015年中国城市技术转移的时空格局进行规模、深度、范围和速度四维解析的基础上，对城市技术转移综合能力进行评估。

第一节 研究方法

一 以专利转让为代表的城市技术转移数据库建构

(一) 专利转让数据挖掘

采用大数据挖掘手段,以国家知识产权局专利检索及分析平台为数据源,通过检索专利法律状态关键词——"转移",从而获取 2001—2015 年中国专利转让详情数据,共计 648654 条。由于本书仅探讨中国大陆城市的创新技术集散能力,因此在研究中剔除国际以及大陆与港澳台、港澳台与其他国家(地区)的专利转让记录数据(共 193775 条)。另外,还存在一些专利转让前权利人或转让后权利人地址无法识别的专利转让记录数据(如个人之间、个人与企业之间的专利转让记录中对个人地址记录不详细或漏记;企业间的转移,企业地址填写错误或漏填等),幸运的是这部分的专利转让记录仅有 7263 条,仅占总数据量的 1.12%。剔除这两部分数据后,得到本书最终数据 447616 条专利转让记录(表 5-1)。

表 5-1   2001—2015 年中国专利转移数据记录   单位:条

年份	初始数据	国际转移	无法识别	最终数据
2001	1936	780	708	448
2002	6322	4411	599	1312
2003	11388	7158	1249	2981
2004	15384	10395	720	4269
2005	18963	12239	761	5963
2006	24017	16701	594	6722
2007	38226	27013	682	10531
2008	28441	8505	435	19501

续表

年份	初始数据	国际转移	无法识别	最终数据
2009	33569	9817	477	23275
2010	42518	10196	253	32069
2011	59519	12924	206	46389
2012	70971	15490	126	55355
2013	88407	15503	77	72827
2014	91924	14643	202	77079
2015	117069	28000	174	88895

（二）专利技术类别获取

国家知识产权局专利检索及分析数据库自2001年开始对专利法律状态信息进行跟踪记录，在记录的过程中根据国际专利分类法对每一条转移专利的技术类别进行了分类。但随着专利种类的细分与扩大，国际专利分类标准也经历着逐年的修订。为统一数据标准，本书以2001年国家知识产权局采用国际专利分类法（第4版）和2015年采用国际专利分类表（2015版）为专利技术识别标准，并以国际专利分类表（2015版）为基准，建构国际专利分类法（第4版）与国际专利分类表（2015版）的对应关系，将国际专利分类法（第4版）与国际专利分类表（2015版）相融合，从而获取2001—2015年所有转移专利的技术领域，共计22类，分别为：农业；食品烟草；个人或家用物品；保健、救生和娱乐；分离和混合技术；加工铸造成型技术；印刷技术；交通运输；超微技术；化学；冶金；纺织；造纸；建筑；采矿；发动机；一般工程；照明加热；武器；仪器；核子学和电学。

（三）专利空间信息提取

专利转移记录中关于专利转让前权利人和专利转让后权利人地址的备案（包括省或直辖市、地级市或自治州或盟或地区、县级市或自治县、邮编等信息）为从空间视角研究中国城市创新技术集散能力的演化提供了极大的可能。考虑到地址信息中关于行政区划级别记录的尺度不一性，而邮政编码具有绝对唯一性，因此本书采用邮政编码识别法建构中国城市创新技术转移的空间信息数据库[①]。其中，中国城市邮政编码以邮编库网站（www.youbianku.com）关于地级市邮政编码归类数据库为数据源，同时考虑到行政区划调整带来的邮政编码归属问题，本书以国家统计局发布的2015年县及县以上行政区划代码（发布日期：2016年8月9日）为修正依据，从而获取中国347个城市33610个邮政编码。另外，基于ArcGIS空间可视化平台，以邮政编码为索引，建构2001—2015年中国城市创新技术转移的时空数据库。

二　城市技术转移综合能力评价体系与模型

（一）城市技术转移综合能力评价指标体系

基于城市技术转移研究理论框架，本章以2001—2015年国家知识产权局专利检索及分析平台中专利转移记录为数据来源，从城市基本技术转移和非基本技术转移两个方面，从技术转移规模、技术转移深度、技术转移范围和技术转移速度四个维度构建了城市技术转移综合能力评价指标体系（表5-2）。

（二）城市技术转移综合能力评估模型

以中国城市技术转移综合能力评价体系和中国城市技术转移数据库为基础，同时借鉴方创琳等（2014）城市创新综合能力ICEM模型构建法[②]，采用熵技术支持下的AHP模型对不同层级的指标依据重要性的大小进行权系数赋值，并采用模糊隶属度函数方法构建城市技术转移综合能力（Urban Technology Transfer Capability，UTTC）评估模型，求解城市技术转移能力：

[①] 段德忠等：《上海和北京城市创新空间结构的时空演化模式》，《地理学报》2015年第12期。

[②] 方创琳、马海涛、李广东等：《中国创新型城市建设的综合评估与空间格局分异》，《地理学报》2014年第4期。

表 5-2　　　　城市技术转移综合能力评价指标体系

目标层	评价层	子评价层	具体评价指标	说明
城市技术转移综合能力	基本技术转移	规模	集聚规模	转入的专利越多，则说明该城市对技术需求度越高
			扩散规模	转出的专利越多，则说明该城市的技术创新实力越高
		深度	集聚深度	吸收的专利类型数量越多，则说明该城市的技术转移体系越完善
			扩散深度	输出的专利类型数量越多，则说明该城市的技术创新体系越完善
		范围	集聚范围	城市数量越多，则说明该城市的技术腹地越广阔
			扩散范围	城市数量越多，则说明该城市的技术影响范围越广阔
		速度	集聚速度	该城市从市场获取市场的速率越快，说明该城市对技术市场越敏感
			扩散速度	该城市的专利转移速率越快，则说明该城市的技术越受市场欢迎
	非基本技术转移		转移规模	城市自产自销的专利越多，说明城市技术创新能力和产业转化能力就越强
			转移深度	城市自产自销的专利类别越多，说明城市技术创新体系和产业体系就越完善
			转移速度	城市自产自销的速度越快，说明城市内部技术转移体系建设就越完善

$$UTTC = w_1 U_1 + w_2 U_2 = \alpha_1 \sum_{j=1}^{m} t_j U_{ij} + \alpha_2 \sum_{k=1}^{n} q_j U_{ij} \quad (5.1)$$

式中，U_1、U_2 分别代表城市基本技术转移指数和城市非基本技术转移指数；w_1、w_2 分别代表基本技术转移指数和非基本技术转移指数对城市技术转移综合能力的贡献系数；$j \in (1,2,3,4)$，$k \in (1,2,3)$；t_j 分别代表转移规模（t_1）、转移深度（t_2）、转移范围

（t_3）和转移速度（t_4）对城市基本技术转移指数的贡献系数；q_k 则分别代表转移规模（q_1）、转移深度（q_2）和转移速度（q_3）对城市非基本技术转移指数的贡献系数；$m \in (1,2)$；$U_j m$ 代表基本技术转移 j 子评价层下的第 m 个指标；U_k 代表非基本技术转移 k 子评价层下的第 k 个指标。

（三）城市技术转移综合能力影响因素分析模型

城市技术转移综合能力的大小受多种因素的扰动。当前，学术界对以专利技术交易或技术成交额为媒介衡量的技术流动的影响机制研究发现，技术流动规模和方向主要受技术流出方和技术流入方的经济发展水平差异、研发投入强度差异、地理距离、产业结构相似度、文化相容性等因素影响。虽然本书将创新技术转移的方向性问题统一纳入城市技术转移能力分析框架内，不存在技术转移输出方和输入方对应研究的问题，但仍假设城市创新技术转移能力受到城市经济发展水平、产业结构、专利申请量和研发投入水平的影响。其中，假设一：城市经济发展水平越高，城市创新技术转移能力越强；假设二：城市第一产业产值越高，城市创新技术转移能力越低，而城市第二、第三产业产值越高，其创新技术转移能力越强；假设三：城市创新技术创新能力越高，其创新技术转移能力就越强；假设四：城市研发人员数量越多，其创新技术转移能力就越强。

基于此，本书引入城市经济发展规模与水平（地区生产总值，GDP），城市产业结构（第一产业产值，PInd；第二产业产值，SInd；第三产业产值，TInd），城市技术创新指数（TT），城市创新人力投入（R&D 研发人员数量，PRD）作为城市创新技术转移能力的解释变量，从而解释城市创新技术转移能力的演化机制。因对数变换不会影响原始变量之间的变化态势，且对数变换可消除异方差现象，所以对各解释变量进行了对数变换：

$$UTTC = \beta_0 + \beta_1 LnGDP + \beta_2 LnPInd + \beta_3 LnSInd + \beta_4 LnTInd + \beta_5 LnTT + \beta_6 LnPRD + \varepsilon$$

(5.2)

式中，β_0 为常数项，β 为回归系数，当 β 为正且通过显著性检验，则表明解释变量对被解释变量影响显著且贡献积极，ε 为随机误差项。

第二节 中国城市技术转移规模的时空演化格局

2001—2015 年，参与中国城市技术转移的城市数量从 2001 年的 63 个上升至 2015 年的 338 个，转移的专利数量也从 2001 年的 448 件上升至 2015 年的 88895 件。在这 15 年间，中国城市在技术转移规模、技术转移深度、技术转移范围和技术转移速度四个维度，在非基本和基本两种类型上体现出了不同阶段、不同程度的差异，对此本节基于城市技术转移研究框架，对中国城市技术转移进行四维分解，从而探讨其不同维度和不同类型的空间演化差异。由于城市技术转移在某一时间节点上的特征颇具偶然性和不确定性，为准确刻画中国城市技术转移的阶段特征，本书将中国城市技术转移在时间维度上划分为三个阶段，分别为 2001—2005 年、2006—2010 年和 2011—2015 年，下文的一系列探讨都是从这三个阶段出发进行研究的。

一 非基本技术转移

（一）非基本技术转移是中国城市技术转移的主体，但比重急速下降

非基本技术转移是指城市自产自销的技术量，城市内部转移的技术量越大，一方面说明城市技术的自给率越高，城市技术创新体系越完善；另一方面也说明该城市与技术创新体系相配套的技术产业转化能力越强。2001—2015 年，中国城市非基本技术转移普遍占到城市技术转移量的 50% 以上，成为中国城市技术转移的主体部分。但值得一提的是，中国城市非基本技术转移量的比重在这 15 年期间

虽经历小幅的上升，但总体呈现出明显的下降趋势（表5-3和表5-4）。

2001—2005年，中国城市非基本技术转移量为11828个，占到城市技术转移量的65.29%，在272个参与中国技术转移的城市中，有136个城市的非基本技术转移量比重超过50%，其中更是有33个城市的比重达到100%，这些城市大多位于中西部（以安徽、山西、云南、贵州、广西等省区城市为主），且技术转移量普遍小于50。2006—2010年，中国城市非基本技术转移量迅速上升，达到73227个，比重也上升至65.73%。在325个参与中国城市技术转移的城市中，有156个城市的非基本技术转移量比重超过50%，但仅有7个城市的比重达到100%（以陕西、甘肃、云南等省份城市为主），且技术转移量普遍小于20。2011—2015年，中国城市非基本技术转移量继续增加，达到236061个，但其比重呈现出急速下降的趋势（降至53.06%）。在347个参与中国城市技术转移的城市中，非基本技术转移量比重超过50%的城市数量降至115个，且没有一个城市的非基本技术交易达到100%，所有城市都或多或少地从外部集聚或向外部扩散技术。

表5-3　　2001—2015年参与技术转移活动的城市数量统计　　单位：个

	2001—2005年	2006—2010年	2011—2015年
参与技术转移的城市数量	272	325	347
有非基本技术转移的城市数量	233	285	326
只有非基本技术转移的城市数量	33	7	0
有基本技术转移的城市数量	239	318	347
有基本技术集聚的城市数量	187	299	340
只有基本技术集聚的城市数量	44	24	18
有基本技术扩散的城市数量	195	294	329
只有基本技术扩散的城市数量	52	19	7

表 5-4　2001—2015 年中国城市非基本技术转移规模前十强　　　　单位：件

位序	2001—2005 年			2006—2010 年			2011—2015 年		
	城市	NB_TT_Sca	%	城市	NB_TT_Sca	%	城市	NB_TT_Sca	%
1	佛山	1475	89.45	北京	7830	62.54	北京	27804	53.19
2	北京	1261	61.66	上海	6306	64.42	上海	21570	62.21
3	上海	894	53.69	深圳	4465	60.44	深圳	15954	53.82
4	深圳	846	60.95	长沙	3635	89.95	宁波	8438	64.22
5	广州	641	65.61	宁波	2656	83.10	杭州	6689	56.03
6	苏州	514	83.85	杭州	2504	72.29	苏州	6363	44.21
7	宁波	432	90.57	佛山	2261	78.84	佛山	6262	71.37
8	青岛	393	88.32	重庆	2190	86.22	广州	6072	53.99
9	重庆	323	71.30	东莞	1969	68.85	重庆	5406	73.90
10	南京	302	76.07	广州	1674	59.05	南京	4844	73.90

注：NB_TT_Sca 指城市非基本技术转移量；% 指城市非基本技术转移量占城市整体技术转移量（非基本技术转移与基本技术转移之和）的比重。

（二）空间分布高度集聚在长三角、京津和珠三角地区

2001—2015 年，中国城市非基本技术转移空间分布始终高度集聚在长三角、京津和珠三角地区，尤其是北京、上海和深圳三个城市，这三个城市非基本技术转移占中国城市非基本技术转移整体比重从第一阶段的 25.37% 上升至第三阶段的 27.67%。但在不同阶段，中国城市非基本技术转移在空间分布上又体现出细微的差异，具体来看：

2001—2005 年，佛山市以 1475 的非基本技术转移量排在第 1 位，北京（1261）、上海（894）、深圳（846）、广州（641）分列第 2 位至第 5 位。在排名前十的城市中，仅重庆位于西部，以 323 的转移量排位第 9。

2006—2010 年，北京市以 7830 的非基本技术转移量居第 1 位，上海（6306）、深圳（4465）居第 2 位和第 3 位，佛山以 2261 的非基本技术转移量下降至第 7 位。上一阶段前十中的南京和青岛在这

一阶段非基本技术转移量增加幅度不高,退出前十,而杭州和东莞这两个城市的非基本技术转移量上升显著,分别以 2504 和 1969 的转移量居第 6 位和第 9 位。在排名前十的城市中,除重庆以 2190 的转移量作为西部城市代表排名第 8 位外,长沙作为中部城市代表在这一阶段更是以 3635 的转移量居第 4 位。

2011—2015 年,北京继续以 27804 的非基本技术转移量居第 1 位,上海(21570)、深圳(15954)、宁波(8438)和杭州市(6689)分列第 2 位至第 5 位。这一阶段,东莞的非基本技术转移量增幅较小,退出前十,而南京以 4844 的非基本技术转移量重回前十。

(三)大部分城市越来越无法实现技术自产自销,外向型技术转移凸显

将非基本技术转移量占城市整体技术转移比重超过 50% 的城市定义为自产自销型,将比重低于 50% 的城市定义为外向型(需从外界吸收技术或扩散技术),将比重等于 50% 的城市定义为稳定型,那么从每个城市非基本技术转移量占整体技术转移的比重来看,2001—2015 年,中国城市技术转移经历了由大部分城市自产自销到少数城市自产自销的发展过程,而在这个过程中,经济相对发达的城市始终保持其技术自产自销的特点,而其他大多数城市要么一直处于外向型,要么由自产自销型向外向型转变。

2001—2005 年,属于技术自产自销型的城市数量为 136 个,外向型的城市数量为 111 个,稳定型的城市数量为 25 个。从空间分布上看,自产自销型的城市多分布在东部沿海,或中西部经济相对较为发达的城市,这些城市有一定的技术创新能力实现技术自我供给和一定的技术转化能力实现技术自我转化,如北京、上海、深圳、广州、苏州等城市皆属于这一类。而外向型的城市多为东部沿海、中西部一些发展水平相对较低的城市,这些城市一方面因为有一定的技术创新能力但缺乏相应的技术转化能力从而将技术输出给其他城市,如郑州、太原、兰州、沈阳等城市就属于这一类;另一方面

则是因为本身缺乏一定的技术创新能力，但经济发展需要从其他城市吸收技术，如珠海、唐山、惠州、金华等城市。稳定型的城市多为中西部经济发展水平较低的一些城市。

2006—2010年，中国城市的技术创新能力有了明显提升，这无论是从城市专利申请量还是城市技术转移总量上，都可以得到证实。这一阶段，属于技术自产自销型的城市数量增加到156个，外向型的城市数量也增加至163个，稳定型的城市数量降至6个。这一阶段，随着城市技术创新能力和技术转化能力的提升，上一阶段的一些外向型城市逐渐也发展为自产自销型，如郑州、惠州、珠海、唐山等城市，上一阶段的一些稳定型城市和未参与技术转移的城市在这一阶段也发展为外向型城市，其中少数发展为自产自销型。

2011—2015年，技术自产自销型城市数量减至109个，且在空间上分布更加集中，如长三角地区尤其是浙江省，辽中南地区、哈大长地区、京津冀地区，这些地区的城市多为中国目前经济发展水平较高的城市，同时技术创新能力也较高。技术转移外向型城市数量增加至232个，而其中有146个城市主要是通过向内吸收技术，86个城市是通过向外扩散技术与其他城市产生技术转移联系，这反映了在技术经济时代，中国大部分城市因技术创新水平未能跟上经济发展水平的需要，都处于集聚技术经济阶段。

二 基本技术转移

基本技术转移是指城市与其他城市之间的技术转移，包括基本技术集聚和基本技术扩散两个方向维度，其规模大小凸显的是其在全国技术转移体系或市场中的地位高低。2001—2015年，有基本技术转移活动的城市数量由第一阶段的239个增长至第三阶段的347个，中国城市技术转移逐渐由封闭（内耗）走向开放，基本技术转移的比重稳步上升，由34.71%上升至46.94%，虽然在整体转移量上仍然低于非基本技术转移，但至2015年年末，347个城市中，232个城市的基本技术转移量超过其非基本技术转移量（表5-3）。

虽然城市基本技术转移从方向上分为基本技术集聚和基本技术扩散两个维度，但是在总体规模上，基本技术集聚规模与基本技术扩散规模相等。2001—2015 年，中国城市基本技术集聚（扩散）量急速增加，从第一阶段的 3102 个增长至第三阶段的 104472 个。15 年间，京津冀、长三角和珠三角作为中国城市基本技术转移最为活跃和频繁的地区，其地位在不断巩固和加强。

（一）基本技术集聚：逐渐成为中国城际技术转移的主导行为

2001—2005 年，在 187 个有基本技术集聚活动的城市中，有 87 个城市的基本技术集聚量占基本技术转移的比重超过 50%，其中更是有 44 个城市的比重达到 100%。分析这些城市发现，这些技术集聚量大于技术扩散量的城市呈现出两种极端特征：一是多以东部沿海发达城市为主，如北京、上海、深圳和天津等城市的基本技术集聚量占其城市基本技术转移的比重分别达到 58.04%、56.16%、60.70% 和 54.80%，这些城市在 21 世纪初都处在经济快速发展阶段，对技术需求量较大；二是多以中西部欠发达城市为主，这些城市又大多只有基本技术集聚活动，且技术集聚量普遍较少，大部分城市仅有 1 个技术集聚量，其中，仅宜昌、常德、济宁、咸阳和河源五个城市的基本技术集聚量超过 10 个，分别为 47 个、23 个、13 个、11 个和 11 个，这五个城市也是处在经济增长期，对技术需求逐渐增大。不难发现，这一阶段，相对于技术扩散行为，中国城市基本技术集聚行为发生在少数城市中，技术扩散是这一阶段中国城市基本技术转移的主导行为（表 5-5）。

2006—2010 年，北京、上海和深圳三个城市的基本技术集聚量超过 1000，分别以 2152、1605 和 1317 的集聚量分列第 1 至第 3 位，而这三个城市也都从上一阶段的技术集聚主导型城市发展为这一阶段的技术扩散主导型城市，即基本技术集聚规模小于其扩散规模。在基本技术集聚规模前十的城市中，仅苏州、南京、东莞和佛山 4 个城市的技术集聚规模大于其技术扩散规模。然而在这一阶段，在

299个有基本技术集聚活动的城市中，有151个城市的基本技术集聚比重超过50%。由此可见，这一阶段，中国城市技术集聚行为已经与技术扩散行为并驾齐驱。空间分布上，基本技术集聚比重超过50%的城市大多分布在东部沿海的浙江、福建、江苏、山东4个省份以及西部四川、重庆和云南等省份，这些城市相对于北京、上海和深圳，技术创新能力相对较弱，而这些城市又处于经济发展高速期，对技术需求较大，因此其技术集聚量较扩散量大。

2011—2015年，在340个有基本技术集聚活动的城市中，有193个城市的基本技术集聚比重超过50%，表明基本技术集聚已经成为中国城市基本技术转移的主导行为。这一阶段，北京以14231的技术集聚量高居第1位，逐渐与其他城市拉开差距，且其技术集聚规模已高于其技术扩散规模。南通以6943的技术集聚规模居第2位，且其基本技术集聚比重达到90.56%，一方面反映出其自身技术创新能力与经济发展水平的极度不符，另一方面也反映了其对技术的强烈需求。深圳和上海在这一阶段仍然属于技术扩散型城市，其基本技术集聚比重低于50%，且深圳在这一阶段超越上海，以6191的技术集聚量居第3位，上海则以5746的技术集聚量居第4位。这一阶段，长三角地区成为中国技术集聚最为活跃的地区，在排名前十的城市中，有7个城市位于长三角，除上述的南通、上海外，苏州、杭州、无锡、南京和常州分别以4051、2117、1875、1870和1840的技术集聚量依次居第5位、第7位、第8位、第9位和第10位。空间分布上，这一阶段，基本技术集聚比重超过50%的城市在空间上呈现出两个连续块状分布格局，一块是由东南沿海地区向内陆伸展的过渡地带，如江西大部、湖南大部、广东北部、安徽大部；另一块则聚集在"胡焕庸"线以西，如四川、甘肃、内蒙古和新疆部分城市。

表5-5 2001—2015年中国城市基本技术集聚规模十强　　　　单位：件

位序	2001—2005年 城市	B_T_A_Sca	%	2006—2010年 城市	B_T_A_Sca	%	2011—2015年 城市	B_T_A_Sca	%
1	北京	455	58.04	北京	2152	45.89	北京	14231	58.16
2	上海	433	56.16	上海	1605	46.08	南通	6943	90.56
3	深圳	329	60.70	深圳	1317	45.06	深圳	6191	45.23
4	广州	160	47.62	苏州	741	74.92	上海	5746	43.85
5	天津	114	54.81	南京	672	63.46	苏州	4051	50.45
6	沈阳	107	41.00	东莞	568	63.75	广州	2596	50.17
7	重庆	97	74.62	广州	527	45.39	杭州	2117	40.32
8	佛山	69	39.66	杭州	464	48.33	无锡	1875	52.23
9	杭州	67	63.81	天津	359	35.54	南京	1870	40.42
10	苏州	66	66.67	佛山	327	53.87	常州	1840	64.99

注：B_T_A_Sca指城市基本技术集聚量；%指城市基本技术集聚量占城市基本技术转移量（基本技术集聚与基本技术扩散之和）的比重。

（二）基本技术扩散：空间上高度集聚，但地位在下降

2001—2005年，在195个有基本技术扩散活动的城市中，有130个城市的基本技术扩散量占基本技术转移的比重超过50%，其中更是有52个城市的比重达到100%。分析这些城市发现，大多位于东部丘陵地区（如浙江南部、福建北部和西部的武夷山地区）和中西部山地地区（安徽西部和湖北东部的大别山地区；广东北部和湖南南部的南岭地区；四川北部和陕西南部的秦岭—大巴山地区；山西西部的吕梁山地区等），这些城市具备一定的技术产出能力，但由于产业技术转化能力较低，无法对本城产出的创新技术进行及时有效的转化，从而使得这些城市的技术转移多以输出为主。空间格局上，2001—2005年，以北京、天津为核心的京津冀地区和以深圳、广州、佛山和东莞为核心的珠三角地区成为此时的中国城市基本技术扩散的两个最为活跃的地区，另外长江经济带从东部向中西部地区串起了多个基本技术交易的中心城市，如上海、南京、武汉、长

沙、重庆和成都（表5-6）。

2006—2010年，中国城市基本技术扩散量急速上升，达到19095个。在294个有基本技术扩散活动的城市中，有150个城市的基本技术扩散量比重超过50%，有19个城市的比重达到100%。究其原因可能是随着中国城市技术产出能力的提高，越来越多的城市具备了技术产出能力，但产业转化能力仍未有明显增强，从而使得越来越多的城市技术交易以输出为主。但中国城市基本技术扩散比重较高的城市在空间格局上较上一阶段有明显的改变，主要集中在中西部地区（尤其是云贵高原地区、湖南西部地区和内蒙古东北部地区），而上一阶段东部沿海地区基本技术扩散比重较高的城市在这一阶段由于城市产业技术转化能力提高大多进入了"内部高消耗"阶段。2006—2010年，长三角地区城市的基本技术扩散量较上一阶段增加明显，除上海外，杭州和南京分别以496和387的交易量居第7位和第8位。

2011—2015年，在329个有基本技术扩散活动的城市中，有151个城市的基本技术扩散量比重超过50%，但仅有7个城市的比重达到100%。这一阶段，中部地区城市在技术产出能力提高的同时，其产业转化能力也有所增强，因而大部分城市在这一阶段也进入了"内部高消耗"阶段，其基本技术扩散比重逐渐下降；而西部地区（贵州南部、广西西部、四川北部、陕西大部、内蒙古北部、青海大部和新疆大部地区）因城市技术产出能力与产业转化能力不相配套导致其技术转移多以输出为主。2011—2015年，长三角地区成为中国城市基本技术扩散最为活跃的地区，在中国城市基本技术扩散量Top10中，长三角地区有5个城市进入其中，在上一阶段上海（7358）、杭州（3133）和南京（2756）的基础上，苏州和宁波分别以3978和3251的扩散量居中国城市第4位和第5位。中西部地区城市基本技术扩散继续集聚，至2015年，成都成为中西部城市基本技术扩散的极核所在。

表5-6　　　2001—2015年中国城市基本技术扩散规模十强　　　　单位：件

位序	2001—2005年			2006—2010年			2011—2015年		
	城市	B_T_D_Sca	%	城市	B_T_D_Sca	%	城市	B_T_D_Sca	%
1	上海	338	43.84	北京	2537	54.11	北京	10238	41.84
2	北京	329	41.96	上海	1878	53.92	深圳	7496	54.77
3	深圳	213	39.30	深圳	1606	54.94	上海	7358	56.15
4	广州	176	52.38	天津	651	64.46	苏州	3978	49.55
5	沈阳	154	59.00	广州	634	54.61	宁波	3251	69.16
6	海口	132	96.35	沈阳	515	79.97	杭州	3133	59.68
7	佛山	105	60.34	杭州	496	51.67	成都	2952	65.80
8	天津	94	45.19	南京	387	36.54	东莞	2849	61.85
9	成都	82	68.91	成都	377	55.69	南京	2756	59.58
10	东莞	80	54.79	大连	352	62.19	广州	2578	49.83

注：B_T_D_Sca指城市基本技术扩散量；%指城市基本技术扩散量占城市基本技术转移量（基本技术集聚与基本技术扩散之和）的比重。

第三节　中国城市技术转移深度的时空演化格局

2001—2015年，在631个技术类别中，中国城市技术转移覆盖的技术类别数量从2001年的87个增长至2015年的586个，中国城市在技术创新能力不断上升和技术创新体系不断完善的情境下，转移的技术深度也在急速上升。分阶段来看，2001—2005年，中国城市技术转移深度为489，覆盖率达到77.50%，涉及21个技术分部，其中交通运输、电学、个人或家用物品这三个技术领域被转移的专利数量最多，分别达到2167件、2001件、1866件；2006—2010年，中国城市技术转移深度为583，覆盖率达到92.39%，涉及所有22个技术分部，其中电学、仪器和交通运输这三个技术领域被转移的专利数量最多，分别达到14040件、9387件和8309件；2011—2015

年，中国城市技术转移深度达到610，覆盖率更是高达96.67%，继续覆盖22个技术分部，其中电学、仪器和化学这三个技术领域被转移的专利数量最多，分别达到60656件、44136件和29501件。

一 非基本技术转移

（一）转移技术门类齐全，热门技术由交通运输向电学和仪器技术发展

城市非技术转移深度反映的是一个城市的技术创新体系的完善度和一个城市的技术产业转化能力，技术转移深度越高，就说明该城市的技术创新门类越齐全，也说明该城市相配套的产业门类越齐全。2001—2015年，中国城市非基本技术转移深度快速增加，从2001年的74上升到2015年的578，热门技术领域由交通运输向电学技术发展，具体分阶段来看（表5-7和表5-8）：

2001—2005年，中国城市非基本技术转移深度为469，虽在技术小类上与城市技术转移整体深度相差20个小类，但同样涉及21个技术分部（除超微技术外），其中交通运输、个人或家用物品和电学这三个技术领域被转移的专利数量最多，分别达到1677件、1598件和1537件。2006—2010年，中国城市非基本技术转移深度为577，与城市技术转移整体深度仅差6个技术小类，同样覆盖所有22个技术分部。其中，电学和仪器技术成为这一阶段中国城市非基本技术转移最多的两个技术领域，转移量分别达到10667件和7212件，交通运输领域下降至第3位，转移量为6834件。2011—2015年，中国城市非基本技术转移深度达到606，与整体相比，仅有4个技术小类没有技术转移。延续上一阶段，电学和仪器技术仍然是这一阶段中国城市非基本技术转移最多的两个技术领域，分别达到41655件和31443件，交通运输领域虽然以19794件的转移量居第3位，但与前两位的差距逐渐拉大。

表 5-7　2001—2015 年中国城市基本技术转移的技术深度统计　　单位：个

	2001—2005 年	2006—2010 年	2011—2015 年
中国城市技术转移技术深度	489	583	610
中国城市非基本技术转移深度	469	577	606
中国城市基本技术转移深度	336	503	589

表 5-8　2001—2015 年中国城市非基本技术转移在 22 个技术分部下的覆盖量　　单位：个

技术领域	2001—2005 年	2006—2010 年	2011—2015 年
电学	1537	10667	41655
仪器	903	7212	31443
交通运输	1677	6834	19794
化学	912	5169	19026
加工铸造成型技术	487	4901	16624
保健、救生和娱乐	907	5250	15252
照明加热	526	5164	15096
建筑	620	6663	14744
分离和混合技术	721	4029	11775
个人或家用物品	1598	4801	10289
一般工程	250	2612	8501
发动机	468	2691	6746
纺织	407	1815	4402
农业	239	1095	4011
食品烟草	191	1129	3984
冶金	160	1045	3709
采矿	51	944	2302
印刷技术	136	709	1993
造纸	31	171	752
武器	17	118	445
核子学	1	26	114
超微技术	0	7	44

(二) 两极分化显著，空间分布格局由多中心结构向一区多核发展

2001—2015 年，中国城市非基本技术转移深度两极分化显著，但总体差距在缩小，且在时序发展过程中凸显出强劲的地理邻近性，空间集聚程度不断加剧，总体分布格局呈现出由多中心空间结构向一区多核发展，具体来看（表 5-9 和表 5-10）：

时序统计上，2001—2015 年，中国城市非基本技术转移深度的极差和标准差皆呈现不断扩大的趋势，分别由第一阶段的 263、31.126 上升至第三阶段的 557 和 110.830，表明中国城市非基本技术转移深度呈现出剧烈的震荡趋势，优者越优的两极分化显著。2001—2015 年，中国城市非基本技术转移深度的基尼系数虽呈现出逐渐下降的趋势，由第一阶段的 0.733 下降至第三阶段的 0.602，但仍持续性地高于警戒线 0.4，表明中国城市非基本技术转移深度的两极分化虽有所缓解，但效果不太明显。另外，在这 15 年间，中国城市非基本技术转移深度的 Moran's I 指数皆大于 0，且呈现出快速上升的趋势，由第一阶段的 0.153 上升至第三阶段的 0.475，呈现出显著的空间正相关，表明中国城市非基本技术转移深度的空间集聚趋势不断加强，地理邻近性特征越发明显。

空间分布上，2001—2015 年，中国城市非基本技术转移深度高值区高度集聚在东部沿海的长三角、京津和珠三角地区，但在不同阶段呈现出不同的空间集聚结构：2001—2005 年，中国城市非基本技术转移深度高值区形成多个集聚中心，如以北京和天津为核心的京津地区，以上海、杭州和南京为核心的长三角地区，以广州、深圳和佛山为核心的珠三角地区，以重庆和成都为核心的成渝地区，其中北京、上海、广州、深圳分别以 264、217、144、144 的非基本技术转移深度位居前四。2006—2010 年，中国城市非基本技术转移深度高值区分布格局基本延续上一阶段的多中心结构，但也表现出一些发展趋势，如长三角地区众多城市的非基本技术转移深度快速

上升，如宁波、苏州和无锡的非基本技术转移深度分别达到 282、250 和 195，分别居第 5 位、第 12 位和第 17 位，长三角地区作为中国城市非基本技术转移深度的极值区地位开始显现，另外，山东半岛地区的济南和青岛两个城市的非基本技术转移深度上升也较快，分别由第一阶段的 58 和 43 上升至这一阶段的 225 和 204。中部地区的武汉和长沙两个城市的非基本技术转移深度也快速上升，分别由第一阶段的 61 和 56 上升至这一阶段的 267 和 193。2011—2015 年，长三角地区作为中国城市非基本技术转移深度的极值区地位逐渐巩固，在中国城市非基本技术转移深度前 10 名城市中，有 5 个位于这一地区，分别是上海（546）、杭州（461）、宁波（460）、苏州（451）和无锡（386）。以北京和天津为核心的京津地区和以深圳、广州、东莞为核心的珠三角地区仍然是中国城市非基本技术转移深度的高值区集聚地，其中北京以 558 的非基本技术转移深度居第 1 位。

表 5-9　2001—2015 年中国城市技术转移深度时序统计特征

年份	类别	极差	标准差	基尼系数	Moran's I 指数
2001—2005 年	非基本技术转移	263	31.126	0.733	0.153
	基本技术集聚	154	16.049	0.676	0.162
	基本技术扩散	111	13.175	0.640	0.138
2006—2010 年	非基本技术转移	458	73.974	0.688	0.351
	基本技术集聚	308	38.070	0.675	0.396
	基本技术扩散	306	38.494	0.677	0.280
2011—2015 年	非基本技术转移	557	110.830	0.602	0.475
	基本技术集聚	480	78.529	0.581	0.548
	基本技术扩散	462	81.597	0.597	0.460

表 5-10　　2001—2015 年中国城市非基本技术转移深度十强　　单位：个

位序	2001—2005 年		2006—2010 年		2011—2015 年	
	城市	NB_TT_Dep	城市	NB_TT_Dep	城市	NB_TT_Dep
1	北京市	264	北京市	459	北京市	558
2	上海市	217	上海市	443	上海市	546
3	广州市	144	深圳市	349	深圳市	491
4	深圳市	144	杭州市	319	杭州市	461
5	杭州市	114	宁波市	282	宁波市	460
6	重庆市	108	广州市	278	苏州市	451
7	佛山市	96	武汉市	267	广州市	428
8	南京市	91	天津市	266	天津市	416
9	天津市	90	南京市	257	东莞市	396
10	成都市	81	成都市	256	无锡市	386

注：NB_TT_Dep 指城市非基本技术转移深度，即城市非基本技术转移覆盖的技术类别数量。

二　基本技术转移

2001—2015 年，在 631 个技术类别中，中国城市基本技术转移覆盖的技术类别数量从第一阶段的 336 个增长至第三阶段的 589 个，都不同程度地低于同期的城市非基本技术转移深度，表明在中国技术转移体系中，或多或少地存在一些技术小类不参与到城际技术转移中来，但从技术分部上看，中国城市基本技术转移也基本覆盖所有技术分部。从热门技术变迁上看，2001—2015 年，中国城市基本技术转移中的热门技术变迁同非基本技术转移一样，也由交通运输向电学、仪器技术发展，具体来看：第一阶段，中国城市基本技术转移深度为 336，远低于同时期城市非基本技术转移深度，但也涉及 20 个技术分部（除超微技术和核子学外），其中交通运输、保健救生娱乐、电学这三个技术领域被转移的专利数量最多，分别达到 490 件、473 件和 464 件。第二阶段，中国城市基本技术转移深度为 503，与城市非基本技术转移深度差距缩小，同样覆盖所有 22 个技术分部。其中，电学和仪器技术成为这一阶段中国城市基本技术转移最多的两个技术领域，转移量分别达到3373件和2175件，保健救生娱乐下降至第3位，转移量为2084件。第三阶段，中国城市基本技术转移深度达到589，与非基本技术转移深度差距继续缩小。延续上一阶段，电学和仪器技术仍然是这一阶段中国城市基本技术转移最多的两个技术领域，转移量分别达到19001和12693（表5-7和表5-11）。

表5-11　2001—2015年中国城市基本技术转移在22个技术分部下的覆盖量　　　单位：个

技术分部	2001—2005年	2006—2010年	2011—2015年
电学	464	3373	19001
仪器	247	2175	12693
保健、救生和娱乐	473	2084	10555
化学	260	1884	10475
照明加热	144	1432	7196
交通运输	490	1475	6966
建筑	144	1190	6586
加工铸造成型技术	132	929	6405
分离和混合技术	102	628	4375
个人或家用物品	268	921	3417
一般工程	58	611	3142
食品烟草	47	349	3037
农业	38	387	2190
发动机	75	539	2145
冶金	40	303	1791
纺织	72	272	1641
采矿	27	257	919
印刷技术	51	139	599
造纸	5	42	188
武器	8	29	129

续表

技术分部	2001—2005 年	2006—2010 年	2011—2015 年
超微技术	0	4	45
核子学	0	1	23

(一) 基本技术集聚: 化学技术成为中国城市基本技术集聚争夺的焦点

2001—2015 年, 中国城市基本技术转移集聚深度同样两极分化显著, 集聚深度高值区高度集聚在京津、长三角和珠三角三个地区, 北京、上海和深圳始终是基本技术集聚深度最高的三个城市。在中国城市基本技术集聚争夺中, 围绕化学技术、保健救生娱乐技术这两个技术分部集聚的城市数量最多, 而这两个技术领域也成为中国城市基本技术集聚的热门技术, 具体来看 (表 5 – 9 和表 5 – 12):

时序统计上, 2001—2015 年, 中国城市基本技术集聚深度的极差和标准差同样呈现不断扩大的趋势, 分别由第一阶段的 154、16.049 上升至第三阶段的 480 和 78.529, 基尼系数虽呈现出逐渐下降的趋势, 由第一阶段的 0.676 下降至第三阶段的 0.581, 但下降较为缓慢, 表明中国城市基本技术集聚深度的两极分化显著。在这 15 年间, 中国城市基本技术集聚深度的 Moran's I 指数也皆大于 0, 且呈现出快速上升的趋势, 由第一阶段的 0.162 上升至第三阶段的 0.548, 凸显出强劲的地理邻近性特征。另外, 在时序发展过程中, 中国城市在不同技术领域展开了不同程度的集聚竞争形势。在第一阶段, 保健救生娱乐、交通运输和化学这三个技术领域成为中国城市争夺的焦点, 围绕这三个技术领域进行技术集聚的城市数量分别达到 85 个、75 个和 74 个, 而在造纸、武器这两个技术领域争夺的城市各仅有 4 个; 第二阶段开始至第三阶段, 化学、保健救生娱乐和电学这三个技术领域成为中国城市争夺的焦点, 至第三阶段, 围绕这三个技术领域争夺的城市数量分别达到 308 个、276 个和 275 个。

空间分布上，2001—2015 年，中国城市基本技术集聚深度高值区的空间分布格局基本与非基本技术转移同构，东部沿海的长三角、京津冀和珠三角地区依然是中国技术转移市场上集聚深度最高的地区。2001—2005 年，中国城市基本技术集聚深度普遍较低，北京、上海和深圳 3 个城市的基本技术集聚深度与其他城市形成了显著的差距，分别以集聚 155 个、104 个和 89 个技术小类的集聚深度列第 1 位至第 3 位。2006—2010 年，中国城市基本技术集聚深度的非均衡现象继续发展，仅有 12 个城市的集聚深度超过 100，有 181 个城市的集聚深度不超过 10，北京、上海和深圳是仅有 3 个集聚深度超过 200 的城市，其中北京和上海的基本技术集聚深度分别达到 309 和 279，与深圳市的差距也在逐渐拉大。2011—2015 年，有 57 个城市的基本技术集聚深度超过 100，但仍然有 77 个城市的基本技术集聚深度不超过 10，北京以 481 的集聚深度高居第 1 位，上海以 432 的集聚深度居第 2 位。这一阶段，南通的基本技术集聚深度增加迅速，由上一阶段的 59 增长至这一阶段的 424，居第 3 位（表5-13）。

表 5-12　　　　2001—2015 年在 22 个技术分部下进行基本
技术集聚的城市数量　　　　　　　　　　单位：个

技术分部	2001—2005 年	2006—2010 年	2011—2015 年
化学	74	211	308
保健、救生和娱乐	85	191	276
电学	46	153	275
交通运输	75	149	262
仪器	41	127	258
加工铸造成型技术	43	115	254
分离和混合技术	30	109	248
照明加热	29	135	247
食品烟草	25	90	244
建筑	31	118	229

续表

技术分部	2001—2005 年	2006—2010 年	2011—2015 年
农业	22	79	216
一般工程	25	98	216
个人或家用物品	44	102	209
发动机	29	81	185
冶金	19	83	180
纺织	19	57	137
采矿	11	54	111
印刷技术	15	38	102
造纸	4	21	64
武器	4	10	35
超微技术	0	3	12
核子学	0	1	8

表 5-13　　2001—2015 年中国城市基本技术集聚深度十强

位序	2001—2005 年 城市	B_T_A_Dep	2006—2010 年 城市	B_T_A_Dep	2011—2015 年 城市	B_T_A_Dep
1	北京市	155	北京市	309	北京市	481
2	上海市	104	上海市	279	上海市	432
3	深圳市	89	深圳市	218	南通市	424
4	广州市	46	苏州市	173	深圳市	399
5	杭州市	40	广州市	170	苏州市	379
6	苏州市	35	杭州市	146	广州市	336
7	佛山市	30	东莞市	142	杭州市	317
8	东莞市	29	南京市	135	天津市	302
9	宁波市	24	武汉市	117	宁波市	290
10	重庆市	22	天津市	114	南京市	285

注释：B_T_A_Dep 指城市基本技术集聚深度。

（二）基本技术扩散：电学技术成为参与技术扩散城市数量最多的技术领域

2001—2015 年，中国城市基本技术转移扩散深度相较于集聚深度，两极分化更加显著，扩散深度高值区依然分布在京津、长三角和珠三角三个地区，北京、上海和深圳始终是扩散深度最高的三个城市。在服务于中国技术转移体系构建中，围绕电学技术、化学技术这两个技术分部扩散的城市数量最多，而这两个技术领域也成为中国城市基本技术扩散的热门技术，具体来看（表 5-9、表 5-14 和表 5-15）：

时序统计上，2001—2015 年，中国城市基本技术扩散深度的极差和标准差依然呈现不断扩大的趋势，分别由第一阶段的 111、13.175 上升至第三阶段的 462 和 81.597，虽然在极差上一直落后于基本技术集聚深度，但在标准差上由第一阶段的落后到第二阶段、第三阶段的反超，表明中国城市基本技术扩散深度的两极分化特征更加显著。同样在基尼系数上，中国城市基本技术扩散深度在这 15 年间呈现出先上升后下降的趋势，且不同程度地高于同期的基本技术集聚深度。2001—2015 年，中国城市基本技术集聚深度的 Moran's I 指数也皆大于 0，且呈现出快速上升的趋势，由第一阶段的 0.138 上升至第三阶段的 0.460，凸显出强劲的地理邻近性特征，但与非基本技术转移深度和基本技术集聚深度相比，地理邻近性程度相对较低。另外，在时序发展过程中，中国城市在服务于城市技术转移体系的构建中，在不同技术领域参与技术扩散的城市数量差异较大：在第一阶段，参与交通运输、保健救生娱乐和化学这三个技术领域扩散的城市数量较多，分别达到 79 个、78 个和 70 个，同样在造纸、武器这两个技术领域扩散的城市较少，分别为 4 个和 5 个。第二阶段，参与化学技术领域扩散的城市数量上升为第 1 位，达到 172 个，参与保健救生娱乐和交通运输这两个技术领域的城市数量分别为 160 个和 157 个，分列第 2 位和第 3 位。核子学和超微技术是两个参与技术扩散城市数量最少的技术领域，参与城市数量分别只有 1 个和 3 个。第三阶段，电学、化学和仪器成为参与技术扩散城市数量最多的三个技术领域，参与城市数量分别达到 276 个、271 个和 263 个，成为中国城市争夺的焦点。核子学和超微技术仍然是两个参与技术扩散城市数量最少的技术领域，参与城市数量分别只有11个和10个。

空间分布上，2001—2015年，中国城市基本技术集聚深度高值区的空间分布格局基本与基本技术集聚深度同构。2001—2005年，中国城市基本技术扩散深度普遍较低，仅北京一个城市的技术扩散深度超过100，达到112，居第1位，上海以86的技术扩散深度居第2位。2006—2010年，仅有15个城市的集聚深度超过100，其中只有北京、上海和深圳的技术扩散深度超过200，分别以307、298和234的技术扩散深度位居前三。2011—2015年，北京继续以463的技术扩散深度高居第1位，上海和深圳分别以441和386的技术扩散深度紧随其后。值得一提的是，这一阶段苏州和宁波这两个城市的技术扩散深度增幅较大，分别由上一阶段的104和96上升至这一阶段的376和364，居第4和第5位。

表5-14　　2001—2015年在22个技术分部下进行基本技术扩散的城市数量　　单位：个

技术分部	2001—2005年	2006—2010年	2011—2015年
电学	50	152	276
化学	70	172	271
仪器	48	138	263
照明加热	41	141	253
保健、救生和娱乐	78	160	247
交通运输	79	157	245
建筑	45	127	245
加工铸造成型技术	50	122	244
分离和混合技术	39	113	229
个人或家用物品	52	110	211
一般工程	31	103	203
农业	29	91	200
食品烟草	30	94	198
发动机	36	91	193

续表

技术分部	2001—2005 年	2006—2010 年	2011—2015 年
冶金	18	63	146
纺织	22	57	120
印刷技术	15	46	117
采矿	18	58	111
造纸	4	21	56
武器	5	13	40
核子学	0	1	11
超微技术	0	3	10

表 5-15　2001—2015 年中国城市基本技术扩散深度十强

位序	2001—2005 年 城市	B_T_D_Dep	2006—2010 年 城市	B_T_D_Dep	2011—2015 年 城市	B_T_D_Dep
1	北京市	112	北京市	307	北京市	463
2	上海市	86	上海市	298	上海市	441
3	深圳市	65	深圳市	234	深圳市	386
4	广州市	56	杭州市	166	苏州市	376
5	沈阳市	45	广州市	149	宁波市	364
6	天津市	38	武汉市	131	成都市	357
7	成都市	38	成都市	128	杭州市	353
8	长沙市	34	南京市	118	广州市	350
9	杭州市	28	天津市	114	无锡市	313
10	佛山市	28	沈阳市	114	东莞市	309

注释：B_T_D_Dep 指城市基本技术扩散深度。

第四节　中国城市技术转移范围的时空演化格局

由于非基本技术转移是城内技术转移活动，不存在技术转移范围这一个维度，因此本节主要是从集聚和扩散两个方面对城市基本技术转移范围的时空演化格局进行分析。城市基本技术集聚范围反映的是一个城市从多少个城市获取技术，集聚范围越大，说明其技术来源地范围越广，即技术腹地范围越大；城市基本技术扩散范围反映的是一个城市向多少个城市输出技术，扩散范围越大，说明其技术市场范围越广。15 年间，无论是技术腹地范围，还是技术市场范围，北京市都以绝对优势始终居全国第 1 位，而深圳市逐渐超越上海，居全国第 2 位。

一　基本技术集聚

（一）极化趋势虽有减弱，但马太效应依然显著

2001—2015 年，中国城市基本技术集聚范围位序—规模分布曲线呈现出由幂律分布向指数分布转变的趋势，表明城市基本技术集聚范围极度不均衡特征有所缓解，只有少数城市拥有极高的技术集聚范围和极低的技术集聚范围，而大部分城市的技术集聚范围皆较小且相近。15 年间，中国城市基本技术集聚范围的极差和标准差都在不断扩大，分别由第一阶段的 89 和 8.782 上升至第三阶段的 252 和 25.584，一定程度上反映在参与基本技术集聚活动的城市数量不断增加，城市基本技术集聚规模也不断增加的情境下，中国城市基本技术集聚范围呈现出剧烈的震荡趋势，优者越优、劣者恒劣下的两极分化显著（表 5 - 16）。

2001—2015 年，中国城市基本技术集聚范围的基尼系数虽呈现出不断下降的趋势，由第一阶段的 0.597 下降至第三阶段的 0.576，下降幅度较小且持续性地"久居高位"，远远超过警戒线 0.4，表明中国城市基本技术集聚范围的两极分化虽有所缓解，但效果不太明显。另外，在这 15 年间，中国城市基本技术集聚范围的 Moran's I 指数皆大于 0，且呈现出总体上升的趋势，由第一阶段的 0.140 上升至第三阶段的 0.374，呈现出显著的空间正相关，表明中国城市基本技术转移在集聚范围上依然凸显出强劲的地理邻近性特征。

表 5-16　2001—2015 年中国城市基本技术转移范围时序统计特征

年份	类别	极差	标准差	基尼系数	Moran's I 指数
2001—2005	基本技术集聚	89	8.782	0.597	0.140
	基本技术扩散	69	7.056	0.561	0.122
2006—2010	基本技术集聚	159	15.891	0.595	0.311
	基本技术扩散	164	16.971	0.611	0.218
2011—2015	基本技术集聚	252	25.584	0.576	0.374
	基本技术扩散	224	29.058	0.624	0.374

（二）空间分布高度集聚，技术腹地范围北京一城独大

同技术转移规模、深度一样，中国城市基本技术集聚范围高值区的空间分布格局依然是集聚在长三角、京津和珠三角地区。在时序发展过程中，北京基本技术集聚范围始终保持全国领先地位，且逐渐拉大其与其他城市的差距（表 5-17）。2001—2005 年，中国城市基本技术集聚范围平均值为 4.52，仅有 21 个城市的技术来源地城市数量超过 10 个，而仅从 1 个城市获取技术的城市多达 75 个。其中北京市的基本技术集聚范围最广，达到 90，说明其从 90 个城市获取技术，上海和深圳的基本技术集聚范围分别为 49 和 47。重庆和成都是中西部地区仅有的 2 个基本技术集聚范围超过 10 的城市，分别以 22 和 14 的集聚范围居第 6 位和第 8 位。2006—2010 年，中国城市基本技术集聚范围的平均值为 10.04，仅有 5 个城市的技术来源地城市数量超过 50，其中超过 100 的仅有北京和上海 2 个城市，分别以 160 和 104 的基本技术集聚范围居前两位。仅从 1 个城市获取技术的城市数量依然达到 44 个，这些城市多分布在云南、贵州、青海等省份，这些城市经济发展水平较低，对技术需求程度较低。这一阶段，中部地区一些城市的基本技术集聚范围增幅较为明显，在排名前二十的城市中，武汉和长沙这两个城市的基本技术集聚范围皆从上一阶段的 8 增长至这一阶段的 40，超越重庆和成都，居第 12 位和第 13 位，成都和重庆则以 39 的基本技术集聚范围分列第 14 位和

第15位。2010—2015年,中国城市基本技术集聚范围的平均值为25.35,说明中国城市在这一阶段平均从25.35个城市获取技术,然而在340个有基本技术集聚活动的城市中,仅有103个城市的基本技术集聚范围超过这一平均值。北京市的基本技术集聚范围继续增长,达到275,深圳市在这一阶段超过上海,以216的基本技术集聚范围居第2位。上海则以175的基本技术集聚范围居第3位,与北京和深圳这两个城市的差距在不断拉大。这一阶段,成都市的基本技术集聚范围增幅较大,其以112的集聚范围重回前十位,居第7位。

表5-17 2001—2015年中国城市基本技术集聚范围十强

位序	2001—2005年		2006—2010年		2011—2015年	
	城市	B_T_A_Are	城市	B_T_A_Are	城市	B_T_A_Are
1	北京市	90	北京市	160	北京市	275
2	上海市	49	上海市	104	深圳市	216
3	深圳市	47	深圳市	98	上海市	175
4	杭州市	25	广州市	74	广州市	135
5	广州市	22	杭州市	51	杭州市	120
6	重庆市	22	东莞市	50	南通市	118
7	佛山市	15	宁波市	50	成都市	112
8	成都市	14	温州市	47	青岛市	111
9	宁波市	14	苏州市	46	南京市	104
10	天津市	13	南京市	44	苏州市	103

注:B_T_A_Are指城市基本技术集聚范围。

二 基本技术扩散

(一)两极分化趋势不断加剧

2001—2015年,中国城市基本技术扩散范围位序—规模分布曲线始终呈现出幂律分布规律,表明城市基本技术扩散范围极度不均衡特征始终保持,这一点在几个统计特征量上也得到验证。15年间，中国城市基本技术扩散范围的极差和标准差都在不断扩大，分别由第一阶段的 69 和 7.056 上升至第三阶段的 224 和 29.058，虽然在极差上总体落后于同时期的城市基本技术集聚，但在标准差上，由第一阶段的落后增长至第二阶段和第三阶段的反超，表明中国城市基本技术扩散范围的两极分化趋势在不断加剧（表 5-16）。

2001—2015 年，中国城市基本技术扩散范围的基尼系数也呈现出不断上升的态势，由第一阶段的 0.561 上升至第三阶段的 0.624，由第一阶段的落后于基本技术集聚到第二阶段第三阶段的反超，进一步印证了中国城市基本技术扩散范围的两极分化在不断加剧。另外，在这 15 年间，中国城市基本技术扩散范围的 Moran's I 指数也皆大于 0，且呈现出总体上升的趋势，由第一阶段的 0.122 上升至第三阶段的 0.374，呈现出显著的空间正相关，表明中国城市基本技术转移在扩散范围上依然凸显出强劲的地理邻近性特征。

（二）技术市场范围上北京依然一城独大

同城市基本技术集聚范围一样，中国城市基本技术扩散范围在空间上依然呈现出北京一城独大的格局，而长三角、京津和珠三角地区依然是中国城市基本技术扩散范围高值区的集聚地。在时序发展过程中，北京基本技术扩散范围始终保持全国领先地位，且逐渐拉大其与其他城市的差距（表 5-18）。2001—2005 年，中国城市基本技术扩散范围平均值为 4.33，稍落后于同期的基本技术集聚范围，仅有 20 个城市的技术市场地城市数量超过 10 个，而仅向 1 个城市输出技术的城市多达 70 个。其中北京市的基本技术扩散范围最广，达到 70，说明其向 70 个城市输出技术，深圳和广州的基本技术扩散范围分别为 37 和 33，上海则以 29 的基本技术扩散范围居第 4 位。不同于城市基本技术集聚范围，这一阶段基本技术扩散范围超过 10 的中西部城市有 4 个，分别是成都、长沙、武汉和西安，分别以 23、15、13 和 11 的技术市场腹地数量分列第 5 位、第 11 位、第 13 位和第 18 位。2006—2010 年，中国城市基本技术扩散范围的平均值为 10.22，稍微高于同期的技术扩散范围，有 8 个城市的技术市场地城市数量超过50，其中超过100的仅有北京和上海2个城市，分别以165和123的基本技术扩散范围位居前二。仅向1个城市输出技术的城市数量依然达到43个，这些城市也多分布在云南、贵州、青海等省份，这些城市技术创新能力较低，没有多余的技术输出。这一阶段，东北地区一些城市的基本技术扩散范围增幅较为明显，在排名前二十的城市中，哈尔滨、长春、大连3个城市的基本技术集聚范围分别从上一阶段的9、12、11增长至这一阶段的38、37、37，居第15位、第18位和第19位。2010—2015年，中国城市基本技术扩散范围的平均值为26.24，说明中国城市在这一阶段平均向26.24个城市输出技术，也高于同期的城市基本技术集聚范围，然而在329个有基本技术扩散活动的城市中，仅有84个城市的基本技术扩散范围超过这一平均值。北京市的基本技术扩散范围继续增长，达到262，深圳市在这一阶段超过上海，以201的基本技术扩散范围居第2位。上海则以186的基本技术扩散范围位第3位，与北京和深圳这两个城市的差距在不断拉大。

表5-18　　2001—2015年中国城市基本技术扩散范围十强

位序	2001—2005年 城市	B_T_D_Are	2006—2010年 城市	B_T_D_Are	2011—2015年 城市	B_T_D_Are
1	北京市	70	北京市	165	北京市	262
2	深圳市	37	上海市	123	深圳市	201
3	广州市	33	深圳市	94	上海市	186
4	上海市	29	广州市	76	宁波市	175
5	成都市	23	成都市	63	成都市	166
6	天津市	18	天津市	55	苏州市	159
7	沈阳市	18	杭州市	54	广州市	157
8	佛山市	17	南京市	53	杭州市	140
9	杭州市	15	武汉市	50	天津市	128
10	济南市	15	长沙市	50	东莞市	128

注：B_T_D_Are指城市基本技术扩散范围。数据来源：作者根据中国城市技术转移数据库统计得出。

第五节　中国城市技术转移速度的时空演化格局

城市技术转移速度一方面反映的是该城市专利技术的市场进入能力，另一方面反映的是该城市对技术市场的敏感能力。2001—2015 年，中国城市技术转移速度逐渐加快，平均转移速度由第一阶段的平均 5.01 年上升至第三阶段的 3.08 年，表明虽然中国城市技术转移规模急速扩张，但速度却在不断加快（表 5-19）。

表 5-19　　　　2001—2015 年中国城市技术转移速度的
分阶段分类别统计　　　　　　　单位：年

年份	2001—2005	2006—2010	2011—2015
中国城市技术转移整体平均速度	5.01	3.23	3.08
中国城市非基本技术转移平均速度	3.35	3.19	3.07
中国城市基本技术转移平均速度	3.35	3.39	3.09
中国城市基本技术集聚平均速度	3.88	3.64	3.06
中国城市基本技术扩散平均速度	3.76	3.37	2.80

一　非基本技术转移

2001—2015 年，中国城市非基本技术转移速度也逐渐加快，由第一阶段的平均 3.35 年上升至第三阶段的平均 3.07 年。整体来看，中国城市非基本技术转移速度要快于城市技术转移整体速度，这说明城内技术的自我消耗普遍速度较快，而城际技术转移相对较慢，这似乎也说明地理距离对城市技术转移具有较高的阻抗作用（表 5-19）。

（一）城市差异逐渐缩小，地理邻近性开始凸显

2001—2015 年，中国城市非基本技术转移速度的位序—规模分布曲线始终保持指数分布态势，表明中国大部分城市的非基本技术

转移速度大致集中在一个区间之内，而快转移速度城市和慢转移速度城市的数量皆较少。15年间，中国城市非基本技术转移速度的极差和标准差呈现出逐渐下降的趋势，分别由第一阶段的10.5和1.649下降至第三阶段的6.5和0.723，表明中国城市非基本技术转移速度城际差异较小，分布相对均衡（表5-20）。

2001—2015年，中国城市非基本技术转移速度的基尼系数也呈现出逐渐下降的趋势，由第一阶段的0.230下降至第三阶段的0.141，且无论是哪个阶段皆远低于警戒线的0.4，进一步印证了中国城市非基本技术转移速度的城际差异在不断缩小。另外，在这15年间，中国城市非基本技术转移速度的Moran's I 指数呈现出由负相关向正相关发展的趋势，由第一阶段的-0.020上升至第三阶段的0.159，表明在第一阶段中国城市非基本技术转移速度在空间上具有塌陷效应（即转移速度较快城市的周边皆为转移速度较慢的城市），然而随着时间的推移表现出了一定的溢出效应，即存在显著的空间正相关性。

表5-20　　2001—2015年中国城市技术转移速度时序统计特征

年份	类别	极差	标准差	基尼系数	Moran's I 指数
2001—2005	非基本技术转移	10.5	1.649	0.230	-0.020
	基本技术集聚	12	2.357	0.307	0.104
	基本技术扩散	13	1.922	0.258	0.057
2006—2010	非基本技术转移	9	1.145	0.176	0.158
	基本技术集聚	14	1.526	0.198	0.112
	基本技术扩散	9.5	1.300	0.202	0.219
2011—2015	非基本技术转移	6.5	0.723	0.141	0.159
	基本技术集聚	5.547	0.933	0.164	0.092
	基本技术扩散	15	1.129	0.175	0.120

（二）空间分布较为均衡，快速区由中西部地区向东部地区转移

2001—2015年，伴随着逐渐加快的中国城市技术转移速度步伐，

中国非基本技术转移速度较快的城市在空间分布上总体较为均衡，但从时序发展上看，非基本技术转移较快的城市总体向东转移，而速度较慢的城市向中西部转移（表5-21）。

具体来看，2001—2005年，中国非基本技术转移速度较快的城市大多分布在中西部地区，转移速度排名前十的城市全部位于中西部，分析发现，这些城市多为城市非基本技术转移规模较小的城市，大部分城市仅有1个专利转移量。而东部一些技术转移规模大的城市，如北京、上海、深圳，非基本技术转移速度平均要达到3—5年。虽然中西部地区一些城市的非基本技术转移速度较快，但同样，转移速度超过5年的城市也大多位于中西部地区。2006—2010年，中国城市非基本技术转移速度为1—2年的城市数量大幅减少，大多数城市需要2—3年，或者3—5年的时间进行技术转移活动。从空间分布上看，中国非基本技术转移速度较快的城市仍然主要分布在中西部地区，东部沿海地区随着非基本技术转移规模的上升，大部分城市的转移速度在下降，基本都处于3—5年这一个阶层。2011—2015年，非基本技术转移速度较快城市的空间分布格局发生较大的转变，首先是东部地区城市非基本技术转移速度普遍加快，除少数几个城市外，大部分城市的非基本技术转移速度都上升至2—3年这个阶层；其次是非基本技术转移速度较慢城市（转移速度为3—5年，或超过5年）开始向中西部地区，尤其是西部地区集聚，西部地区一些城市并没有因其转移规模较小而速度较快。

表5-21　　　　2001—2015年中国城市非基本技术转移速度十强

单位：年

位序	2001—2005年		2006—2010年		2011—2015年	
	城市	NB_TT_Spe	城市	NB_TT_Spe	城市	NB_TT_Spe
1	双鸭山市	1.00	黔东南苗族侗族自治州	1.00	吐鲁番市	0.67
2	娄底市	1.00	资阳市	1.00	六盘水市	0.85

续表

位序	2001—2005 年		2006—2010 年		2011—2015 年	
	城市	NB_TT_Spe	城市	NB_TT_Spe	城市	NB_TT_Spe
3	荆州市	1.00	巴彦淖尔市	1.00	阿克苏地区	1.00
4	巴彦淖尔市	1.00	林芝地区	1.00	哈密地区	1.00
5	拉萨市	1.00	金昌市	1.00	铜仁市	1.00
6	晋城市	1.00	毕节市	1.00	东方市	1.00
7	安顺市	1.00	汕尾市	1.38	固原市	1.00
8	白山市	1.00	铁岭市	1.50	塔城地区	1.26
9	克拉玛依市	1.00	阜阳市	1.50	清远市	1.33
10	辽阳市	1.33	拉萨市	1.50	博尔塔拉蒙古自治州	1.33

注：NB_TT_Spe 指市非基本技术转移速度。

二 基本技术转移

2001—2015 年，中国城市基本技术转移速度也逐渐加快，由第一阶段的平均 3.35 年上升至第三阶段的平均 3.09 年，其中城市基本技术集聚速度由第一阶段的平均 3.88 年上升至第三阶段的平均 3.06 年，基本技术扩散速度由第一阶段的平均 3.76 年上升至第三阶段的平均 2.80 年。整体上，中国城际技术转移速度要慢于城内技术转移速度，城市基本技术集聚速度要慢于基本技术扩散速度（表 5-19）。

（一）基本技术集聚：总体差异缩小，中西部地区城市集聚速度较快

2001—2015 年，中国城市基本技术集聚速度的位序—规模分布曲线也始终保持指数分布态势，表明中国大部分城市的基本技术集聚速度也大致集中在一个区间之内，而快转移速度城市和慢转移速度城市的数量皆较少。15 年间，中国城市基本技术集聚速度的极差和标准差总体呈现出下降的趋势，其中极差呈现出起伏性下降趋势，由第一阶段的 12 先上升至第二阶段的 14，然后下降至第三阶段的 5.547；而标准差呈现出逐年下降的趋势，由第一阶段的 2.357 下降至第三阶段的 0.933，表明中国城市基本技术集聚速度城际差异较

小，分布相对均衡（表5-20）。

2001—2015年，中国城市基本技术集聚速度的基尼系数也呈现出逐渐下降的趋势，由第一阶段的0.307下降至第三阶段的0.164，远低于警戒线0.4，进一步印证了中国城市基本技术集聚速度的城际差异在不断缩小。另外，在这15年间，中国城市基本技术集聚速度的Moran's I 指数皆大于0，且呈现出起伏性下降的趋势，由第一阶段的0.104先上升至第二阶段的0.112后下降至第三阶段的0.092，表明虽然中国城市基本技术集聚速度存在一定的空间正相关，但程度总体呈下降趋势，地理邻近效应逐渐减弱（表5-20）。

2001—2015年，中国基本技术集聚速度较快城市的空间分布也是集聚在中西部地区，且在时序发展过程中，中西部地区城市的技术集聚速度逐渐加快（表5-22）。具体来看，2001—2005年，中国基本技术集聚速度较快的城市在空间上多集中在中西部地区，尤其是江西、湖南、四川等地区城市，基本技术集聚速度排名前十的城市也皆位于中西部地区。2006—2010年，中国基本技术集聚速度较快的城市开始向西扩散，东部地区城市技术集聚速度普遍较慢，但超过平均5年时间集聚的城市也大多位于中西部地区。2011—2015年，中西部地区城市基本技术集聚速度上升较快，尤其是四川、重庆、湖南、江西、安徽和河南等地区，已经成为中国城市基本技术集聚速度较快城市的集聚区。东部沿海地区城市的集聚速度也普遍加快，浙江、福建和广东大部城市的基本技术集聚速度也进入平均2—3年这个阶层。

表5-22　　　　2001—2015年中国城市基本技集聚速度十强　　　单位：年

位序	2001—2005年		2006—2010年		2011—2015年	
	城市	B_T_A_Spe	城市	B_T_A_Spe	城市	B_T_A_Spe
1	大理白族自治州	1.00	甘孜藏族自治州	1.00	张掖市	0.57
2	拉萨市	1.00	眉山市	1.00	克孜勒苏柯尔克孜自治州	1.00

续表

位序	2001—2005 年		2006—2010 年		2011—2015 年	
	城市	B_T_A_Spe	城市	B_T_A_Spe	城市	B_T_A_Spe
3	晋城市	1.00	楚雄彝族自治州	1.00	固原市	1.00
4	南平市	1.00	郴州市	1.00	大兴安岭地区	1.00
5	南阳市	1.00	临夏回族自治州	1.00	双鸭山市	1.13
6	合肥市	1.00	辽源市	1.00	儋州市	1.25
7	本溪市	1.00	湘西土家族苗族自治州	1.00	海南藏族自治州	1.27
8	永州市	1.00	广安市	1.33	巴中市	1.43
9	资阳市	1.00	哈密地区	1.60	达州市	1.47
10	郴州市	1.00	松原市	1.67	甘孜藏族自治州	1.47

注：B_T_A_Spe 指城市基本技术集聚速度。

（二）基本技术扩散：快扩散速度城市由中西部地区向中东部地区转移

2001—2015 年，中国城市基本技术扩散速度的极差和标准差呈现出不同的发展趋势，其中极差呈现出起伏性上升趋势，由第一阶段的 13 先下降至第二阶段的 9.5，然后上升至第三阶段的 15，而标准差则呈现出逐年下降的趋势，由第一阶段的 1.922 下降至第三阶段的 1.129，表明一方面中国城市基本技术扩散速度城际差异较小，分布相对均衡；另一方面与集聚速度相比，中国城市基本技术扩散速度差异仍相对较大（表 5 – 20）。

2001—2015 年，中国城市基本技术扩散速度的基尼系数也呈现出逐渐下降的趋势，由第一阶段的 0.258 下降至第三阶段的 0.175，远低于警戒线的 0.4，进一步印证了中国城市基本技术扩散速度的城际差异在不断缩小。同样，基本技术扩散速度基尼系数下降幅度也小于集聚速度，且从第一阶段的低于集聚速度到第二阶段和第三阶段的高于集聚速度，也表明中国城市基本技术扩散速度差异仍相对较大。另外，在这15年间，中国城市基本技术扩散速度的Moran's I指数也皆大于0，且呈现出起伏性上升的趋势，由第一阶段的0.057先上升至第二阶段的0.219后下降至第三阶段的0.120，表明中国城市基本技术扩散速度存在一定的空间正相关，具有一定的地理邻近效应（表5-20）。

2001—2015年，中国基本技术扩散速度较快城市的空间分布呈现出由中西部地区向东部地区转移的趋势（表5-23）。具体来看，2001—2005年，中国基本技术扩散速度较快的城市在空间上分布较为均衡，但仍以中西部地区城市较多，排名前十的城市也都属于中西部地区。另外，扩散速度超过5年的城市也大多集聚在中西部地区。2006—2010年，中国基本技术扩散速度较快的城市开始向东扩散，东部地区城市技术扩散速度普遍加快，同样，超过5年时间扩散的城市仍然集聚在中西部地区。2011—2015年，中东部地区城市基本技术扩散速度上升较快，尤其是山东、河南、安徽、江西和湖北等地区，已经成为中国城市基本技术扩散速度较快城市的集聚区，东部沿海地区城市的扩散速度也普遍加快，而扩散速度为3—5年的，以及超过5年的城市多集聚在西部宁夏和内蒙古地区，以及东北部的黑龙江地区。

表5-23　　　　2001—2015年中国城市基本技术扩散速度十强　　　　单位：年

位序	2001—2005年 城市	B_T_D_Spe	2006—2010年 城市	B_T_D_Spe	2011—2015年 城市	B_T_D_Spe
1	辽源市	1.00	喀什地区	1.00	海南藏族自治州	1.00
2	周口市	1.00	武威市	1.00	博尔塔拉蒙古自治州	1.00
3	巴音郭楞蒙古自治州	1.00	巴中市	1.00	来宾市	1.00

续表

位序	2001—2005 年		2006—2010 年		2011—2015 年	
	城市	B_T_D_Spe	城市	B_T_D_Spe	城市	B_T_D_Spe
4	上饶市	1.00	西双版纳傣族自治州	1.00	神农架林区	1.00
5	延边朝鲜族自治州	1.00	莱芜市	1.00	信阳市	1.17
6	湘西土家族苗族自治州	1.00	来宾市	1.00	恩施土家族苗族自治州	1.21
7	乐山市	1.00	通辽市	1.00	乌兰察布市	1.25
8	萍乡市	1.00	六安市	1.25	怀化市	1.27
9	天水市	1.00	兴安盟	1.25	崇左市	1.33
10	齐齐哈尔市	1.50	商丘市	1.40	汕尾市	1.37

注：B_T_D_Spe 指城市基本技术扩散速度。

第六节　中国城市技术转移能力的综合评估与演化

一　时序统计：城际差距逐渐缩小，空间集聚性逐渐加强

2001—2015 年，虽然参与技术转移的城市数量不断增加，以及城市技术转移各项能力得到提升，但中国城市非基本技术转移能力、基本技术转移能力和技术转移综合能力的极差都呈现出先上升后下降的趋势，分别由第一阶段的 0.861、0.945 和 0.910 先上升至第二阶段的 0.916、0.945 和 0.928，然后下降至第三阶段的 0.880、0.925 和 0.907。另外，中国城市非基本技术转移能力、基本技术转移能力和技术转移综合能力的标准差呈现出不断下降的趋势，分别由第一阶段的 0.124、0.114 和 0.104 下降至第三阶段的 0.108、0.096 和 0.097，一定程度上反映中国城市技术转移能力城际差异较小，且不断朝均衡化方向发展。

2001—2015 年，中国城市非基本技术转移能力、基本技术转移能力和技术转移综合能力的基尼系数在三个阶段都小于警戒线的 0.4，且呈现出逐渐下降的趋势，分别由第一阶段的 0.276、0.355 和 0.276 下降至第三阶段的 0.209、0.194 和 0.190，下降幅度明显，表明中国城市技术转移能力在不断提升的过程中均衡化趋势明显，城际差异逐渐缩小，大部分城市的非基本技术转移能力、基本技术转移能力和技术转移综合能力都在一个水平上（表 5-24）。

2001—2015 年，中国城市非基本技术转移能力、基本技术转移能力和技术转移综合能力的 Moran's I 指数皆大于 0，且呈现出不断上升的趋势，分别由第一阶段的 0.282、0.361 和 0.377 上升至第三阶段的 0.447、0.460 和 0.481，呈现出显著的空间正相关，表明中国城市技术转移能力的空间集聚趋势不断加强，且技术转移的地理邻近性特征越发明显（表 5-24）。

表 5-24　　　　2001—2015 年中国城市技术转移统计特征

年份	统计指标	非基本技术转移	基本技术转移	技术转移综合能力
2001—2005	极差	0.861	0.945	0.910
	标准差	0.124	0.114	0.104
	基尼系数	0.276	0.355	0.276
	Moran's I 指数	0.282	0.361	0.377
2006—2010	极差	0.916	0.945	0.928
	标准差	0.124	0.094	0.099
	基尼系数	0.263	0.202	0.212
	Moran's I 指数	0.346	0.401	0.415
2011—2015	极差	0.880	0.925	0.907
	标准差	0.108	0.096	0.097
	基尼系数	0.209	0.194	0.190
	Moran's I 指数	0.447	0.460	0.481

二 空间格局：由京津冀、长三角和珠三角主导的三极格局逐渐清晰

在不断缩小的城际差异和不断增强的空间集聚趋势下，中国城市非基本技术转移能力、基本技术转移能力和技术转移综合能力在空间分布格局上都呈现出不断均衡化的趋势，"胡焕庸"线以东的城市技术转移各项能力都普遍较高。但是有一点，强空间集聚趋势下，中国城市技术转移由京津冀、长三角和珠三角主导的三极格局仍然逐渐凸显，具体来看：

（一）非基本技术转移能力

由于中国城市技术转移活动以非基本技术转移为主，因而大部分城市的非基本技术转移能力皆较高。2001—2005年，中国城市非基本技术转移能力极值区主要分布在京津地区、长三角地区和珠三角地区，在非基本技术转移排名前十的城市中，有8个城市来源于这三个地区，其中北京以0.861的评估值高居第1位，佛山以0.752的非基本技术转移能力值居第2位，上海、深圳和广州则分别以0.729、0.636和0.569的非基本技术转移能力值列第3位至第5位。中西部地区也形成多个非技术转移能力高值连片分布区，如以长沙、株洲为核心的长株潭城市群，以南昌为核心的环鄱阳湖城市群，以西安、咸阳为核心的关中城市群，以及广西大部、贵州大部和重庆等地，其中重庆以0.424的非技术转移能力值位居中西部地区城市之首，排在全国第8位。另外，这一阶段在中西部地区同样形成多个非基本技术转移的塌陷区，如江西南部地区、湖北东部地区、湖南西部地区、四川东部地区和河南东部地区，这些地区城市的非基本技术转移规模小、速度慢，且覆盖的技术类别数量小（表5-25）。

2006—2010年，中国城市非基本技术转移能力的极值区一方面依然集聚在东部沿海的京津地区、长三角地区和珠三角地区，尤其是长三角地区城市在这一阶段非基本技术转移能力提升较快，空间集聚格局也由上一阶段的点状发展为这一阶段的面状，其中上海的

非基本技术转移能力值达到 0.837，仅次于北京（0.916），居第 2 位。杭州和宁波的非基本技术转移能力值在这一阶段也上升至 0.569 和 0.558，超越广州，仅次于北京、上海和深圳三个城市，分列第 4 位和第 5 位，另外苏州市在这一阶段也以 0.477 的非基本技术转移能力值进入全国前十。另一方面中国城市非基本技术转移能力的极值区在中西部地区形成多个以省会城市为支点的点状分布格局，如长沙、武汉、重庆、成都和西安，尤其是长沙以 0.521 的非基本技术转移能力值跃升至全国第 6 位。这一阶段，中部地区大部分城市的非基本技术转移能力皆有明显的提升，许多上一阶段属于非技术转移低值区的城市在这一阶段进入中值区，但也有一些原本属于中值区的城市由于相对发展速度较慢，而在这一阶段成为低值区，如广西大部以及贵州东部和南部地区。

表 5-25　　2001—2015 年中国城市非技术转移能力 Top 10 城市

排名	2001—2005 年		2006—2010 年		2011—2015 年	
	城市	能力评估	城市	能力评估	城市	能力评估
1	北京市	0.861	北京市	0.916	北京市	0.880
2	佛山市	0.752	上海市	0.837	上海市	0.780
3	上海市	0.729	深圳市	0.688	深圳市	0.681
4	深圳市	0.636	杭州市	0.569	宁波市	0.582
5	广州市	0.569	宁波市	0.558	苏州市	0.545
6	杭州市	0.446	长沙市	0.521	杭州市	0.534
7	宁波市	0.437	东莞市	0.517	广州市	0.511
8	重庆市	0.424	重庆市	0.507	东莞市	0.497
9	南京市	0.422	广州市	0.486	重庆市	0.486
10	青岛市	0.407	苏州市	0.477	天津市	0.477

2011—2015 年，中国城市非基本技术转移能力中高值区开始突破"胡焕庸"线向西部地区深处迈进，除青海和西藏大部分地区外，包括新疆、内蒙古大部分地区在内的中国城市非基本技术转移能力

都得到快速的提升,"胡焕庸"线以内地区除云南西南地区城市外,其余地区城市非基本技术转移能力皆较高。这一阶段,中国城市非基本技术转移的集聚趋势也进一步加剧,以京津冀、长三角和珠三角为核心的中国城市非基本技术转移三极格局逐渐清晰,其中北京(0.880)、上海(0.780)和深圳(0.681)依然是位居前三的城市,宁波在这一阶段超越杭州,以 0.582 的非基本技术转移能力值位居第四,苏州更是以 0.545 的非基本技术转移能力值从上一阶段的第 10 位跃升至这一阶段的第 5 位。

(二)基本技术转移能力

内生于中国城市基本技术转移空间分布格局,中国城市基本技术转移能力空间分布在这 15 年间呈现出三极主导下的由沿海到内陆的梯度扩散格局,即中国城市基本技术转移能力极值区始终集聚分布在京津地区、长三角地区和珠三角地区,但随着中国城市技术转移体系和市场的不断完善和成熟,中国城市基本技术转移能力高值区呈现出由沿海向内陆地区逐步推进的格局,具体来看:

2001—2005 年,中国城市基本技术转移能力极值区主要分布在以北京、天津为核心的京津地区和以深圳、广州、佛山、东莞为核心的珠三角地区,另外,以沈阳为核心的辽中南地区和以上海为核心的长三角地区城市基本技术转移能力也较高,但整体规模相对较小,其中北京市以 0.945 的基本技术转移能力值高居第 1 位,上海市、深圳市和广州市则分别以 0.779、0.662 和 0.514 的基本技术转移能力值列第 2 位至第 4 位。这一阶段,中部地区和东部沿海的其他地区,如武汉至长沙的长江中游地区、重庆至成都的成渝地区、山东半岛地区和福建地区,这些地区城市的基本技术转移能力也较高。但总体而言,中西部地区大多数城市的基本技术转移能力较低,形成多个基本技术转移能力空间塌陷区,且塌陷程度较非基本技术转移能力要高(表 5-26)。

表5-26　2001—2015年中国城市基本技术转移能力 Top 10 城市

排名	2001—2005年		2006—2010年		2011—2015年	
	城市	能力评估	城市	能力评估	城市	能力评估
1	北京市	0.945	北京市	0.945	北京市	0.926
2	上海市	0.779	上海市	0.795	深圳市	0.716
3	深圳市	0.662	深圳市	0.686	上海市	0.690
4	广州市	0.514	广州市	0.491	苏州市	0.571
5	沈阳市	0.427	杭州市	0.455	宁波市	0.525
6	天津市	0.387	苏州市	0.436	广州市	0.523
7	佛山市	0.382	南京市	0.429	成都市	0.516
8	成都市	0.361	东莞市	0.413	杭州市	0.511
9	杭州市	0.346	成都市	0.403	南通市	0.478
10	东莞市	0.339	天津市	0.394	东莞市	0.476

2006—2010年，中国城市基本技术转移能力高值区覆盖大部分"胡焕庸"线以东地区，基本技术转移的空间塌陷区数量急剧减少，仅贵州西部地区、云南西部地区、湖南西部地区城市基本技术转移能力较低。这一阶段，中国城市基本技术转移能力的极值区生长高度延续上一阶段的三极格局，北京、上海、深圳和广州依然是位居前四的城市，但长三角地区城市在这一阶段成长较快，除上海外，苏州和南京分别以0.436和0.429的基本技术转移能力值居第6位和第7位。同样是这一阶段，中部地区开始形成若干以省会城市为代表的中国基本技术转移中心城市，如武汉市、长沙市、重庆市、成都市和西安市。另外，新疆大部分地区城市在这一阶段的基本技术转移能力也上升较快。

2011—2015年，中国城市基本技术转移能力低值区基本集聚在西藏和青海境内，而其余广大地区城市的基本技术转移能力皆较高。这一阶段，长三角地区城市的基本技术转移能力继续提升，在排名前十的城市中，有五个城市来源于这个地区，分别是上海、苏州、宁波、杭州和南通，分别以0.690、0.571、0.525、0.511和0.478

的基本技术转移能力值列第 3 位、第 4 位、第 5 位、第 8 位和第 9 位。这一阶段，深圳以 0.716 的基本技术转移能力值超越上海，居第 2 位。同样，中西部地区的技术转移中心城市继续生长，除武汉、长沙、重庆、成都和西安以外，南昌、合肥、郑州的基本技术转移能力也上升较快。

（三）技术转移综合能力

2001—2015 年，中国城市技术转移综合能力的空间分布格局与非基本技术转移能力、基本技术转移能力的空间分布格局基本同构，极值区也始终集聚在京津地区、长三角地区和珠三角地区，北京、上海和深圳在这 15 年间，持续性地位于前三，但北京和上海之间的差距在拉大，而上海与深圳之间的差距在缩小。

2001—2005 年，中国城市技术转移综合能力极值区基本集聚在东部沿海一带，尤其是以沈阳、鞍山和大连等城市支撑的辽中南城市群，以北京、天津和石家庄等城市支撑的京津冀城市群，以济南、青岛等城市支撑的山东半岛城市群，以上海、宁波、苏州等城市支撑的长三角城市群，以厦门、福州等城市支撑的海峡西岸城市群和以深圳、广州和佛山等城市支撑的珠三角城市群。另外在中、西部地区，中国城市技术转移综合能力极值区也形成了以省会城市为核心的多点散布格局，如武汉、南昌、长沙、成都、西安、贵阳、昆明、太原等。由于这一时期中国城市技术转移能力普遍较低，仅有北京（0.911）、上海（0.759）、深圳（0.652）、广州（0.536）和佛山（0.530）5 个城市的技术转移综合能力值超过 0.5，因此在这一阶段中国城市技术转移的空间扩散效应也普遍较弱，除东部沿海地区，在广大中西部地区形成了大量技术转移塌陷地和盲区（表 5 – 27）。

2006—2010 年，随着参与技术转移的城市空间单元数量的骤升，以及中国城市创新技术转移能力格局在上一阶段的基础上开始细化和深化，以环渤海城市群、长三角城市群和珠三角城市群为核心的东部沿海控制格局进一步凸显，基本形成带状极值连片分布区。其间，虽然技术转移综合能力值超过0.5的城市数量减少至4个，其中北京（0.934）、上海（0.812）、深圳（0.687）和杭州（0.501）4个城市的技术转移综合能力值超过0.4，但技术转移综合能力值超过0.4低于0.5的城市数量由上一阶段的0个增长至这一阶段的11个。且相较于上一阶段，这一阶段的中国城市技术转移的空间扩散效应开始凸显，并形成了以交通干道（京广线、陇海线、成昆线、长江沿线等）为基础的若干扩散廊道和若干连片高值分布区，如长株潭城市圈、武汉都市圈、成都都市圈、昆明都市圈、西安都市圈、中原都市圈等。

表 5-27　　2001—2015 年中国城市技术转移综合能力 Top 10 城市

排名	2001—2005 年		2006—2010 年		2011—2015 年	
	城市	能力评估	城市	能力评估	城市	能力评估
1	北京市	0.911	北京市	0.934	北京市	0.907
2	上海市	0.759	上海市	0.812	上海市	0.726
3	深圳市	0.652	深圳市	0.687	深圳市	0.702
4	广州市	0.536	杭州市	0.501	苏州市	0.561
5	佛山市	0.530	广州市	0.489	宁波市	0.548
6	杭州市	0.386	东莞市	0.454	杭州市	0.520
7	沈阳市	0.384	苏州市	0.452	广州市	0.518
8	天津市	0.383	宁波市	0.448	成都市	0.492
9	成都市	0.375	南京市	0.441	东莞市	0.484
10	南京市	0.363	成都市	0.423	南京市	0.464

2011—2015 年，参与技术转移的城市空间单元数量继续增加，城市技术转移综合能力也继续提升，中国城市技术转移的集聚趋势也进一步加剧，以京津、长三角和珠三角为核心的中国城市创新技术转移三极格局逐渐清晰，其中技术转移综合能力值超过0.5的城市数量达到7个，除上一阶段的4个城市外，苏州和宁波这两个城市的技术转移综合能力值分别达到0.561和0.548，居第4位和第5

位，而广州的技术转移综合能力值也在这一阶段重回 0.5 以上，达到 0.518。这一阶段，整个"胡焕庸"线以东地区城市的技术转移综合能力皆较高，中西部地区如成都、武汉、重庆、长沙、西安等城市的技术转移能力继续加强，成为国家或区域技术转移的核心城市。

三 集聚模式：强空间关联效应下的技术转移地理邻近性特征显著

内生于中国技术转移活动分布的总体格局，中国城市技术转移的空间演化模式也必然遵循距离衰减定律，呈现出围绕技术转移能力极值区的集聚分布格局。2001—2015 年，中国城市技术转移呈现出显著的空间关联与集聚效应，4 种类型基本呈"抱团"分布：

（一）非基本技术转移能力

高—高集聚区：2001—2005 年，中国城市非基本技术转移能力高—高集聚区空间分布较为分散，但整体集聚在东部沿海地带，由北向南主要分布在以辽阳为集聚核心的辽中南城市群，以承德、天津和廊坊为集聚核心的京津冀城市群，以烟台、威海、潍坊和日照为集聚核心的山东半岛城市群，以上海、南通、常州、镇江、马鞍山、宣城、湖州、嘉兴、绍兴、台州和舟山为集聚核心的长三角城市群和以广州、深圳、东莞、佛山、江门、中山、惠州为集聚核心的珠三角城市群；2006—2010 年，高—高集聚区主要分布在以天津、廊坊为集聚核心的京津冀城市群，以威海、烟台为集聚核心的山东半岛城市群，以南通、泰州、镇江、常州、无锡、苏州、上海、宣城、嘉兴、杭州、舟山、宁波、绍兴、台州、金华和衢州为集聚核心的长三角城市群，以广州、深圳、东莞、佛山、清远、中山、惠州为集聚核心的珠三角城市群；2011—2015 年，高—高集聚区主要分布在以天津、廊坊、张家口为集聚核心的京津冀城市群，以威海、日照、烟台、淄博和泰安为集聚核心的山东半岛城市群，以滁州、扬州、镇江、常州、无锡、苏州、上海、南通、嘉兴、宁波、绍兴、丽水、台州、金华和温州为集聚核心的长三角城市群，和以广州、深圳、东莞、珠海、湖州、佛山、江门、中山、惠州、清远为集聚核心的珠三角城市群。

低—低集聚区：2001—2015 年，中国城市非基本技术转移的低—低集聚区呈现出由碎片化到集聚化的生长趋势，其空间分布逐渐向青藏高原集聚。2001—2005 年，低—低集聚区在空间上分化成两个块状格局，一是新疆西南部和西藏西北部地区，二是从内蒙古阿拉善盟、新疆哈密地区向南经甘肃、青海至四川西部、云南西部和南部地区；2006—2010 年，低—低集聚区开始向青藏高原地区集聚，基本集聚在西藏和青海地区，但在内蒙古东北部地区、吉林西部、湖南西部和广西南部地区也出现零散分布的低—低集聚区；2011—2015 年，低—低集聚区基本集聚在新疆、青海和西藏三个省，但在云南西双版纳、临沧、普洱、保山地区、四川的甘孜藏族自治州和甘肃的甘南藏族自治州、天水和金昌等地也形成多个低—低集聚区。

高—低集聚区：2001—2015 年，中国城市非基本技术转移的高—低集聚区由第一阶段的零散分布在中部地区发展为第三阶段的集聚于西部地区依附于低—低集聚区周边，但集聚核心多为中西部地区省会城市。2001—2005 年，高—低集聚区主要分布在以荆州、黄石和随州为集聚核心的武汉都市圈地区，以重庆、湘西州为集聚核心的武陵山脉地区，以南宁为集聚核心的广西地区，以平凉、兰州为集聚核心的甘肃中部地区，以拉萨为集聚核心的西藏地区和以乌鲁木齐、伊犁州为集聚核心的北疆地区；2006—2010 年，高—低集聚区开始向西迁移，中东部地区无一存在，主要分布在以黔东南苗族侗族自治河池、贵港为集聚核心的贵州东部、广西北部地区，以重庆、十堰、西安为集聚核心的秦巴地区，以林芝、拉萨为集聚核心的西藏南部地区，以丽江、德宏傣族景颇族自治州为集聚核心的云南西北部地区，以阿克苏地区、伊犁州为集聚核心的南疆地区和以天水、兰州、金昌、酒泉为集聚核心的甘肃大部地区；2011—2015 年，高—低集聚区急剧减少至 3 个，主要分布在以西宁为集聚核心的青海北部和甘肃地区，以塔城地区为集聚核心的新疆西北部地区。

低—高集聚区：2001—2015年，中国城市非基本技术转移能力的低—高集聚区空间分布颇具时空惯性，主要依附于高—高集聚区周边，多分布在东部沿海地区向内陆径深的中间地带。2001—2005年，低—高集聚区主要分布在以张家口为集聚核心的冀北地区和以清远、阳江为集聚核心的粤北和粤西地区；2006—2010年，低—高集聚区集中分布在以张家口、承德为集聚核心的冀北地区；2011—2015年，低—高集聚区主要分布在以承德为集聚核心的冀北地区和以宣城为集聚核心的安徽南部地区。

(二) 基本技术转移能力

高—高集聚区：2001—2005年，中国城市基本技术转移能力高—高集聚区空间分布格局与非基本技术转移能力高—高集聚区基本同构，也较为分散，但整体集聚在东部沿海地带，由北向南主要分布在以辽阳为集聚核心的辽中南城市群，以张家口、天津和廊坊为集聚核心的京津冀城市群，以威海为集聚核心的山东半岛城市群，以上海、南通、苏州、无锡、常州、镇江、湖州、嘉兴、杭州和绍兴为集聚核心的长三角城市群，以丽水、温州和宁德为集聚核心的浙江南部和福建北部地区以及以广州、深圳、东莞、佛山、江门、中山、惠州为集聚核心的珠三角城市群；2006—2010年，高—高集聚区仍然集聚分布在以上几个地区，但辽中南地区和浙南地区的高—高集聚区在这一阶段消失，其他几个地区的规模在扩大；2011—2015年，高—高集聚区在长三角和山东半岛地区的规模急剧扩张，已基本形成以天津、廊坊、烟台、威海为核心的环渤海城市群高—高集聚区和以长三角十六市为集聚核心的长三角城市群高—高集聚区，珠三角地区的高—高集聚区规模有所缩减，这一阶段，清远和韶关已不再属于高—高集聚区。

低—低集聚区：15年来，中国城市基本技术转移的低—低集聚区生长也表现出了良好的空间依赖性，主要分布在以青海、西藏、新疆、内蒙古、云南为代表的西部广大地区，这部分地区因技术转移能力较低，大多属于技术转移的盲区。2001—2005 年，低—低集聚区主要分布在以百色、贵港为集聚核心的广西西部和东部地区，以铜仁、六盘水为集聚核心的贵州东部和西部地区、以淮北为集聚核心的安徽北部地区，以延安、阿拉善盟、鄂尔多斯、庆阳、中卫、吴忠为集聚核心的陕北、内蒙古西部、宁夏和甘肃东部地区，以大理、丽江、迪庆州、怒江州为集聚核心的云南西北部地区，以及西藏大部、新疆西部和青海全境；2006—2010 年，低—低集聚区由上一阶段的较为分散发展至这一阶段的较为集中，主要分布在云南西北部、四川西部、甘肃南部、内蒙古西部、西藏大部和青海全境，另外内蒙古东北部的呼伦贝尔也成为低—低集聚区；2011—2015 年，低—低集聚区数量开始减少，四川境内已无低—低集聚区存在，低—低集聚区集中聚集在西藏、青海和新疆三个省区，另外，宁夏全境也都为低—低集聚区。

高—低集聚区：2001—2005 年，中国城市基本技术转移能力高—低集聚区形成多个以中西部地区省会城市为集聚核心的分布区，如南宁、昆明、贵阳、西安、兰州和拉萨；2006—2010 年，高—低集聚区集中分布在"低—低"集聚区附近，如以齐齐哈尔为集聚核心的黑龙江西南地区，以临沧为集聚核心的云南西南地区，拉萨和兰州在这一阶段仍然为低—低集聚类型，另外，宁夏的银川和吴忠市以及新疆的伊犁州也皆为低—低集聚区；2011—2015 年，高—低集聚区减少至 4 个，主要分布在以甘孜州为集聚核心的四川西部地区，以贵阳为集聚核心的贵州大部地区，以海南藏族自治州为集聚核心的青海东部地区以及以乌鲁木齐为集聚核心的北疆地区。

低—高集聚区：2001—2015 年，中国城市基本技术转移能力的低—高集聚区数量较少，且全部位于东部地区，依附于高—高集聚区而存在。2001—2005 年，低—高集聚区主要分布在以铁岭为集聚核心的辽宁北部和吉林南部地区，以承德为集聚核心的冀北地区和辽宁南部地区，以漳州为集聚核心的福建南部地区和以阳江为集聚核心的粤南地区；2006—2010年，低—高集聚区仅有1个，为张家口市；2011—2015年，低—高集聚区的数量又增加至3个，形成以张家口、承德为集聚核心的冀北技术转移塌陷地和以清远为集聚核心的粤北技术转移塌陷地。

（三）技术转移综合能力

高—高集聚区：与中国城市技术转移综合能力空间分布与演化格局一致，2001—2015年，中国城市创新技术转移的高—高集聚区也经历着由多极格局向三极格局演进的过程。其中，2001—2005年，高—高集聚区主要分布在以辽阳为集聚核心的辽中南城市群，以承德、天津和廊坊为集聚核心的京津冀城市群，以烟台、威海、潍坊、莱芜和日照为集聚核心的山东半岛城市群，以镇江、常州、无锡、苏州、上海、南通、嘉兴、湖州、杭州、绍兴和台州为集聚核心的长三角城市群，以福州和漳州为集聚核心的海峡西岸城市群和以广州、深圳、东莞、佛山、江门、中山、惠州为集聚核心的珠三角城市群；2006—2010年，高—高集聚区主要分布在以天津、廊坊、沧州为集聚核心的京津冀城市群，以威海为集聚核心的山东半岛城市群，以滁州、镇江、常州、无锡、苏州、上海、南通、杭州、湖州、舟山、嘉兴、宁波、绍兴、台州、金华和衢州为集聚核心的长三角城市群和以广州、深圳、东莞、佛山、江门、中山、惠州为集聚核心的珠三角城市群；2011—2015年，高—高集聚区主要分布在以天津、廊坊、淄博、莱芜、威海为核心的环渤海城市群，以滁州、扬州、台州、镇江、常州、无锡、苏州、上海、南通、嘉兴、宁波、绍兴、丽水、台州、金华和温州为集聚核心的长三角城市群，和以广州、深圳、东莞、佛山、江门、中山、惠州、清远为集聚核心的珠三角城市群。

低—低集聚区：15年来，中国城市技术转移综合能力的低—低集聚区生长表现出了良好的空间依赖性，主要分布在以青海、西藏、新疆、内蒙古、云南为代表的西部广大地区。2001—2005年，低—低集聚区主要分布在以信阳为集聚核心的豫南和鄂北地区，以延安为集聚核心的陕北地区，以西双版纳州、普洱、大理州、德宏州、怒江州、丽江和迪庆州为集聚核心的滇西地区，以酒泉、金昌、阿拉善盟为集聚核心的甘北和内蒙古西部地区，以喀什地区、阿克苏地区、和田地区、伊犁州、克孜勒苏柯尔克孜州为集聚核心的新疆西部地区，以及青海和西藏大部分地区；2006—2010 年，低—低集聚区主要分布在以湘西州为集聚核心的贵东、渝东、鄂西和湘西地区，以崇左为集聚核心的广西西部地区，以临沧、保山、德宏州、怒江州、大理州为集聚核心的滇西地区，以天水、银川、吴忠、临夏回族自治州、甘南藏族自治州为集聚核心的甘肃东部、宁夏南部地区，以酒泉、金昌、阿拉善盟为集聚核心的甘北和内蒙古西部地区，以和田地区、克孜勒苏柯尔克孜州、喀什地区为集聚核心的新疆西部地区，以及青海和西藏大部分地区；2011—2015 年，低—低集聚区主要分布在以保山、德宏州为集聚核心的滇西地区，以天水、甘南藏族自治州为集聚核心的甘肃东部地区，以及新疆、西藏和青海大部分地区。

高—低集聚区：2001—2005 年，高—低集聚区主要分布在以兰州为集聚核心的甘肃中部地区，以南宁、崇左为集聚核心的广西西部地区，以昆明为集聚核心的云南东部地区，以德宏傣族景颇族自治州为集聚核心的云南西部地区，以湘西土家族苗族自治州为集聚核心的湘西地区以及西藏拉萨市；2006—2010 年，高—低集聚区数量有所增加，主要分布在以兰州为集聚核心的甘肃中部地区，以西安为集聚核心的陕南地区，以南宁为集聚核心的广西中部地区，以伊犁州、阿克苏地区为集聚核心的新疆西部地区；2011—2015 年，高—低集聚区减少至 3 个，主要分布在以兰州为集聚核心的甘肃中部地区，以乌鲁木齐为集聚核心的北疆地区和以阿克苏地区为集聚核心的新疆西部地区。

低—高集聚区：2001—2005 年，低—高集聚区主要分布在以张家口为集聚核心的冀北地区和以清远、阳江为集聚核心的粤北和粤西地区；2006—2010 年，低—高集聚区主要分布在以张家口为集聚核心的冀北地区；2011—2015 年，低—高集聚区主要依附于北京市而存在，形成以张家口、承德为集聚核心的冀北技术转移塌陷地。另外，在长三角高—高集聚区附近也形成以马鞍山为集聚中心的安徽东部技术转移塌陷地。

四 影响因素：城市创新技术的需求和供给能力决定其转移能力

采用多元线性回归分析方法，检验了城市经济发展规模与水平、城市产业结构、城市技术创新指数、城市创新人力投入对中国城市创新技术转移能力的影响程度（表 5-28）。从模型拟合程度来看，各模型 R^2 皆大于 0.5，且各因变量均具 1% 的显著性水平，模型拟合度较高，具较好解释力。但从模型结果来看，城市第二产业产值和城市经济发展水平对城市创新技术转移能力的影响程度不够显著（$t > 0.1$），4 个模型均将这两个解释变量移除（假设一以及假设二中关于第二产业的假设没有通过验证）。

模型 1 揭示出，城市第三产业产值规模是影响城市创新技术转移能力的首要因素。技术转移指的是专利权利人的变更，一项专利技术经历权利人的变更并不意味着其已能够实现产业化生产，事实上大多数专利需要经历多次的技术验证和修改才能实现专利产业化，而这其中就需要属于第三产业的信息传输、计算机服务和软件业，以及科学研究和技术服务业的支撑。城市第三产业作为城市创新技术转移的需求方和供给方，其产值规模决定了城市创新技术转移能力的上限值。

模型 2 揭示出城市技术创新指数对城市创新技术转移能力具有显著的正向作用，意味着城市技术创新能力越高，其创新技术转移能力越强。城市技术创新能力作为城市技术转移的供给侧，决定了城市技术转移的规模（量）与深度（技术类别）。模型 3 揭示出城市第一产值规模对城市创新技术转移能力具有显著的阻抗作用，意味着一个城市第一产值越高，其城市技术转移能力越弱。模型 4 揭示

表 5-28　　中国城市创新技术转移能力多元线性回归结果

	模型 1	模型 2	模型 3	模型 4
Ln TInd	0.201 *** (0.009)	0.113 *** (0.016)	0.135 *** (0.017)	0.102 *** (0.024)
LnTT		0.066 *** (0.010)	0.060 *** (0.010)	0.061 *** (0.010)
Ln PInd			-0.041 *** (0.011)	-0.042 *** (0.011)
Ln PRD				0.035 *** (0.013)
Ln GDP				
Ln SInd				
常量	-1.158 *** (0.060)	-0.828 *** (0.077)	-0.703 *** (0.082)	-0.604 *** (0.089)
样本量	341	341	341	341
R2	0.641	0.685	0.700	0.717
Adjust R2	0.640	0.683	0.697	0.712

注：*表示 $P<0.10$；**表示 $P<0.05$；***表示 $P<0.01$。

示出研发人员数量也是影响城市技术转移能力的重要因素。城市研发人员规模直接影响城市技术创新能力，从而影响城市专利申请量，进而对城市创新技术转移能力产生影响，但必须指出的是，城市研发人员规模与城市创新技术转移能力相关程度较低，究其原因可能是技术转移独立于研发活动之外，更多受到从事技术转移服务人员数量和中介平台数量（等级）的影响。对此，本书用城市国家级技术转移示范机构数量与城市技术转移能力做 Pearson 相关性分析，结果得知其 r 值达到 0.754，且在 0.01 水平上显著。

虽然已有的大部分技术转移实证研究表明，城市间的技术转移大多发生在发达省份或城市之间（任龙等，2016；潘雄锋等，2017），但当我们将技术转移的方向性问题去量纲纳入城市技术转移能力评价框架内即决定了城市技术转移不再是一个城市间相对量的问题，且也有部分研究表明，经济发展水平对区域间的科研合作的贡献度越来越小（刘承良等，2017）。当前中国正处于工业化向后工业化过渡的阶段，大多数城市的产业结构仍然以传统制造业为代表的第二产业为主，而以信息技术产业为代表的第三产业为支撑的城市技术创新和产业创新仍处在初级阶段，因此造成以第二产业为主要支撑的城市经济发展规模与城市创新技术转移能力的相关性不强。但随着创新驱动发展战略的实施和"中国制造 2025"的不断推进，以互联网信息技术推动传统制造业不断转型升级，实现智能制造，在未来十年内，第二产业将会成为创新技术转移的需求方，极大地带动城市间的创新技术转移。

第七节　本章小结

城市技术转移的地理邻近性决定了城市率先转移本城内的创新技术，这决定了城市非基本技术转移的比重普遍较高。但随着城市技术创新能力不断提高及创新技术领域的地理分工逐渐形成，越来越多的城市形成了其特色的技术领域，使得大部分城市只有参与到城际间的技术转移才能获得其所需的技术，并将其特色技术置入全国市场，从而实现其特色技术经济效益最大化。15 年间，中国城市技术转移逐渐由封闭走向开放，城际间的技术转移逐渐建构起中国城市技术转移体系的主体框架。

2001—2015 年，无论是非基本技术转移还是基本技术转移，中国城市技术转移在规模、深度和范围上都呈现出高度集聚的空间格局，长三角、京津和珠三角是中国城市技术转移最为活跃和频繁的地区。但在技术转移速度上，中国城市技术转移空间分布呈现出另一幅景象，快速转移城市多集聚在中西部地区，但值得一提的是，随着时间推移，东部地区城市的技术转移速度在逐渐加快。

2001—2015 年，中国城市技术集聚和技术扩散无论是在规模上还是在深度、范围、速度上，都基本持平，几乎不存在过大的技术贸易顺差和逆差情况，凸显出一个城市有多大的技术输出能力就有多大的技术吸纳能力，这为北京、上海、深圳等城市在建设全球科技创新中心，以及武汉、成都、西安等城市在建设国家科技创新中心过程中提供了很好的现实指导，即要想集聚全球、全国或区域创新资源，必须首先提高自身科技创新实力。

2000—2015年，中国城市非基本技术转移能力、基本技术转移能力和技术转移综合能力皆呈现出两极分化及强集聚特征。空间格局上，中国城市非基本技术转移能力、基本技术转移能力和技术转移综合能力都呈现出不断均衡化的趋势，但在强空间集聚趋势下，由京津、长三角和珠三角主导的三极格局仍然逐渐凸显。集聚模式上，15年来，中国城市非基本技术转移能力、基本技术转移能力和技术转移综合能力皆呈现出显著的空间关联与集聚效应，4种类型基本呈"抱团"分布。影响因素上，通过多元线性回归模型发现，中国城市技术转移综合能力受限于城市创新技术的需求和供给能力，第三产业产值规模和城市技术创新指数对城市技术转移综合能力影响较大。

第六章

中国城市技术转移网络、市场与影响因素

进入21世纪以来，随着全球化深入发展和产业价值链的细化分解，创新资源越来越明显地突破组织的、地域的、国家的界限，在全球范围内自由流动，世界进入以创新要素全球流动为特征的开放创新时代。在此背景下，以跨国公司为主导的全球技术创新网络与以大学为主导的全球知识创新网络及地方创新系统叠加耦合，交织成立体化的全球—地方创新网络。《"十三五"国家科技创新规划》指出，深入实施创新驱动发展战略，必须建设高效协同的国家创新体系。为落实《中华人民共和国促进科技成果转化法》，加快建设和完善国家技术转移体系，国务院在2017年9月15日发布《国家技术转移体系建设方案》（国发〔2017〕44号），明确提出我国目前迫切需要加强系统设计，构建符合科技创新规律、技术转移规律和产业发展规律的国家技术转移体系，全面提升科技供给与转移扩散能力。因此，探讨中国城市技术转移网络的结构复杂性、生长机制、市场体系以及空间效应具有重要的现实意义。

第一节 研究方法

基于城市技术转移研究理论框架和复杂网络理论，通过每一条专利转让前后权利人的空间信息构建中国技术转移网络空间数据库。由于城市技术转移存在非基本技术转移和基本技术转移，因而面向非基本技术转移构建的网络就成为城市内部技术转移网络，面向基本技术转移构建的网络就成为城际技术转移网络。本章主要目的是探讨中国城际技术转移网络的时空演化格局，并进而基于非对称相互依赖理论对中国城际技术转移市场进行识别和划分，因而本章所依赖的技术转移数据为中国城市基本技术转移数据。

一 网络复杂性测度指标

在城市技术转移研究理论框架下，城市间转让的专利数量，专利覆盖的技术类别数量以及专利转移的速度差异较大，因此本书构建了如下几个加权中心性测算模型：

（一）加权度中心性

度中心性是测量节点在网络中地位的最直接的指标。在复杂网络模型中，度中心性被定义为与该节点相连的节点数或者由该节点发散出去的边数。那么在本书城市技术转移网络中，城市度中心性则为与该城市产生专利转让联系的城市数量。在城市技术转移研究理论框架下，城市间转让的专利数量，专利覆盖的技术类别数量以及专利转移的速度差异较大，因此本书构建了加权度中心性测算模型：

$$D_i^w = \sum_{j \in N} W_{ij}, W_{ij} = Scale_{i \to j} \times Depth_{i \to j} \times Speed\text{-}1_{i \to j} \quad (6.1)$$

式中，D_i^w 为城市 i 的加权度中心性；N 为与城市 i 连接的城市集合；W_{ij} 为城市 i 向城市 j 转移的技术指数，即权重；$Scale_{i \to j}$ 为城市 i

向城市 j 转移的专利数量;$Depth_{i \to j}$ 为城市 i 向城市 j 转移专利覆盖的技术类别数量;$Scope_{i \to j}$ 为城市 i 向城市 j 转移专利的速度。不难发现,在城市技术转移网络中,城市 i 的加权度中心性越大,代表其在中国城市技术转移网络中发挥的作用就越大。

(二) 加权邻近中心性

在复杂网络模型中,邻近中心性被定义为该节点到其他节点的距离之和的倒数,描述的是节点相互连接的难易程度,以及节点对其他节点的影响力,是度量节点在网络中的拓扑通达性的重要指标。在本书的城市技术转移网络中,城市的邻近中心性就可被理解为与网络中心的紧密程度,同样反映的是城市在网络中的地位,但邻近中心性测度的地位与度中心性测度的地位不同,度中心性测度的是绝对地位(即城市的创新能级),而邻近中心性测度的是相对地位(即关系地位)。同样,考虑到城市之间转让的专利数量,专利覆盖的技术类别数量以及专利转移的速度差异较大,因此本书构建了加权邻近中心性测算模型:

$$C_i^w = \frac{(n-1)}{\sum_{j \in N} d_{ij}^w}, d_{ij}^w = \min(\frac{1}{w_{ih}} + \cdots + \frac{1}{w_{hj}})$$

$$w_{ih} = Scale_{i \to h} \times Depth_{i \to h} \times Speed - 1_{i \to h}$$

$$w_{hj} = Scale_{h \to j} \times Depth_{h \to j} \times Speed - 1_{h \to j} \quad (6.2)$$

式中,C_i^w 为城市 i 的加权邻近中心性,d_{ij}^w 为城市 i 与城市 j 的最短加权路径距离(拓扑距离),n 为城市数量,即 $n=347$。

(三) 加权介数中心性

在复杂网络模型中,介数中心性描述的是该节点居于网络中心的程度。节点的介数中心性越大,表明该节点越居于网络中心,从而控制网络的能力就越强。同样,考虑到城市之间转让的专利数量,专利覆盖的技术类别数量以及专利转移的速度差异较大,因此本书构建了加权介数中心性测算模型:

$$B_i^w = \frac{\sum_{j=1,j\neq k\neq i,j}^{n} W_{jk}(i)}{\sum_{j=1,j\neq k\neq i,j}^{n} W_{jk}}$$

$$W_{jk}(i) = (\frac{1}{w_{jh}} + \ldots + \frac{1}{w_{hi}} \ldots + \frac{1}{w_{ik}})$$

$$W_{jk} = (\frac{1}{w_{jh}} + \ldots + \frac{1}{w_{hk}})$$

(6.3)

式中，B_i^w 为城市 i 的加权介数中心性，W_{jk} 为城市 j 与城市 k 最短路径上的权重之和，$W_{jk}(i)$ 为城市 j 与城市 k 经过城市 i 的最短路径上的权重之和。

（四）社团划分

在复杂网络中，"社团"是内部联系紧密、与外界联系稀疏的子组织结构。随着大量现实网络被证明存在社区结构，网络的社区结构发现已经引起了大批学者的广泛关注。本章利用复杂网络社团划分中的 G—N 算法，结合城市技术转移网络中的加权边介数指标值，构造网络分裂流程：（1）计算网络中所有加权边介数（定义为经过每条边的最短路径数）；（2）删除累积加权边介数和最大的边；（3）重复（1）和（2），以避免局部极值；（4）采用强社团结构限定，直至整个网络被划分为许多子社团，社团中节点具有相同的性质，且联系较为紧密。

在中国城市技术转移网络进行自然分解的基础上（即初始状态每个城市就是一个社团），根据贪婪算法原理，进行子社团归并：（1）每次合并应该沿着模块度增大最多或者减小最少的方向进行；（2）每次合并后，对相应的元素 e_{ij}（定义为网络中连接社团 i、j 中所有节点边数所占的比例）进行更新，并将 i、j 社团相关的行和列相加；（3）重复计算步骤（1）（2），不断合并社团，直到整个网络都被合并为一个社团。

二 非对称相互依存理论与城市技术转移市场划分体系

非对称相互依存理论是国际政治学和国家关系领域的基础理论，用以衡量在全球贸易时代不同国家在贸易与投资过程中形成的地位高低[①]。1968 年，美国经济学家理查德·库珀（Richard N. Cooper）首次提出了经济相互依存理论[②]。1977 年，罗伯特·基欧汉和约瑟夫·奈在库珀的基础上提出了国家间复合相互依存的概念，把国家间的经济相互依存关系分为均等依存、绝对依存和非对称依存 3 种类型，并认为国家间贸易地位的高低正是存在于这种非对称的相互依存关系之中。21 世纪以来，知识化与全球化成为当今世界发展的两大趋势，两者互为因果，又互相促进，原本在全球贸易时代形成的全球等级体系和全球城市网络逐渐被以知识和技术为媒介的全球创新网络所替代，而国家间的非对称相互依存关系逐渐由国家间的经济贸易转嫁至在知识和技术转移中形成的技术依赖。

基于此，本书以城市间的技术转移量来测度不同城市在城际技术转移中形成的技术依赖度和非对称关系，从而构建中国城市技术转移市场划分模型：

$$TTi \to j_{Indepen} = \left(\frac{TT_{ij}}{TT^i} - \frac{TT_{ij}}{TT^j} \right)$$

$$TT_{ij} = TT_{i \to j} + TT_{j \to i}$$

$$TT_{i \to j} = Scale_{i \to j} \times Depth_{i \to j} \times Speed\text{-}1_{ij}$$

$$TT_{j \to i} = Scale_{j \to i} \times Depth_{j \to i} \times Speed\text{-}1_{ji} \quad (6.4)$$

式中：$TTi \to j_{Indepen}$ 代表城市 i 对城市 j 的技术依赖度，TT_{ij} 代表城市 i 与城市 j 之间的技术转移指数。根据非对称性相互依存理论，

[①] 杜德斌、段德忠、杨文龙等：《中国经济权力空间格局演化研究——基于国家间相互依存的敏感性与脆弱性分析》，《地理学报》2016 年第 10 期。

[②] Katzenstein J. Peter, "International Relations and Domestic Structures: Foreign Economic Policies of Advanced Industrial States", *International Organization*, Vol. 30, No. 1, 1976, pp. 1 – 45.

当 $TTi \to j_{Indepen} > 0.2$，说明城市 i 对城市 j 技术依赖；当 $TTi \to j_{Indepen} < -0.2$ 时，说明城市 j 对城市 i 技术依赖；当 $TTi \to j_{Indepen} = [-0.2, 0.2]$ 时，说明城市 i 与城市 j 技术对称依赖。

通过计算，我们可以得到城市 i 和城市 j 之间的技术依赖度矩阵，由于本书以 347 个中国城市为研究对象，且仅划分全国技术转移的终极市场，因此在具体识别每一个城市的技术市场或其属于哪一个城市的技术市场时（由于存在一个城市的技术贸易量等于 0 的情况，我们将这类城市直接定义为封闭市场），按照以下步骤进行：

第一步：如果城市 i 对多个城市技术依赖（$TTi \to j_{Indepen} > 0.2$）或城市 j 对多个城市技术依赖（即 $TTi \to j_{Indepen} < -0.2$），则选取城市 i 依赖度最大值或城市 j 依赖度最小值对应的城市作为其初级技术市场上级城市；对识别出的初级技术市场上级城市进行再次甄别，如该城市仍然对某个城市或某些城市技术依赖，则依旧选取其依赖度最大值或最小值对应的城市作为其二级技术市场上级城市，如此进行反复递归，直至识别出的技术市场上级城市不对其他城市技术依赖，则将该城市作为城市 i 或城市 j 的终极技术市场上级城市。

第二步：如果城市 i 或城市 j 对所有城市都不敏感（即 $TTi \to j_{Indepen} = [-0.2, 0.2]$），则将此类城市直接划为终极技术市场上级城市。

根据非对称相互依存的市场划分模型结果，我们可以得到每一个技术市场终极城市的市场腹地数量 x（即对其技术敏感的城市数量），及其市场腹地所涉及的省、市、自治区数量 y，根据 x 和 y 的大小，我们将中国城市技术转移市场的类型划分为 6 个层次 11 个类型。

第一层次：当 $150 < x \leq 347$，且 $16 < y \leq 32$ 时，本书将此类技术市场城市称为全国性技术转移市场城市；当 $150 < x \leq 347$，或 $16 < y \leq 32$ 时，本书将此类技术市场城市称为准全国性技术转移市场城市。

第二层次：当 $70 < x \leq 150$，且 $8 < y \leq 16$ 时，本书将此类技术市场城市称为大区域性技术转移市场城市；当 $70 < x \leq 150$，或 $8 < y \leq$

16时，本书将此类技术市场城市称为准大区域性技术转移市场城市。

第三层次：当 $30 < x \leq 70$，且 $4 < y \leq 8$ 时，本书将此类技术市场城市称为区域性技术转移市场城市；当 $30 < x \leq 70$，或 $4 < y \leq 8$ 时，本书将此类技术市场城市称为准区域性技术转移市场城市。

第四层次：当 $10 < x \leq 30$，且 $2 < y \leq 4$ 时，本书将此类技术市场城市称为地区性技术转移市场城市；当 $10 < x \leq 30$，或 $2 < y \leq 4$ 时，本书将此类技术市场城市称为准地区性技术转移市场城市。

第五层次：当 $3 < x \leq 10$，且 $1 < y \leq 2$ 时，本书将此类技术市场城市称为节点性技术转移市场城市；当 $3 < x \leq 10$，或 $1 < y \leq 2$ 时，本书将此类技术市场城市称为准节点性技术转移市场城市。

第六层次：当 $0 < x \leq 3$，且 $y = 1$ 时，以及当 $0 < x \leq 3$，或 $y = 1$ 时本书将此类技术市场城市称为基层技术转移市场城市。

第二节　中国城市技术转移网络复杂性的时空演化

一　拓扑复杂性的时空演化

（一）整体连接水平不高，以中低度节点为主

2001—2015年，中国城市技术转移网络的平均加权度中心性值急速上升，由第一阶段的58.454上升至第三阶段的3397.643，但综观中国城市技术转移网络的发育演化，不难发现其整体连接水平不高，且以中低度节点为主，具体来看：

2001—2005年，在239个网络节点城市中，加权度中心性值高于平均数（58.454）的城市数量仅有21个，所占比重仅有8.7%，但这21个城市的平均加权度中心性值达到309.082，而其余218个城市的平均加权度中心性值仅为2.993，其中加权度中心性值低于1的城市数量多达64个，占到26.7%。2006—2010年，中国城市技术转移网络的平均加权度中心性值为334.205，在318个网络节点城

市中，仅有 38 个城市的加权度中心性值高于这一平均值，但这 38 个城市的平均加权度中心性值却达到 2642.884，而其余 280 个城市的平均加权度中心性值仅为 26.38，其中有 26 个城市的加权度中心性值低于 1。2011—2015 年，在 347 个城市中，仅有 41 个城市的加权度中心性值高于平均数（3397.643），但这 41 个城市的平均加权度中心性值却达到 31189.456，而其余 306 个城市的平均加权度中心性值仅为 420.920，其中有 9 个城市的加权度中心性值低于 1。

（二）加权网络具更有效的层次揭示性

2001—2015 年，中国城市技术转移网络度中心性位序—规模分布和加权度中心性位序—规模分布皆呈现出由幂律分布向指数分布转变的态势，表明中国城市技术转移网络的等级层次差异在缩小，只有极少数的城市拥有较高的度中心性值或加权度中心性值，大部分城市的度中心性值皆较低且相近（图 6-1）。

另外，比较 15 年间中国城市技术转移网络度中心性位序—规模分布曲线和加权度中心性位序—规模曲线发现，无论是第一阶段的幂律分布还是第二阶段、第三阶段的指数分布，加权度中心性的曲线拟合优度皆高于非加权度中心性，且优化程度不断上升，突出表明综合考虑城市间技术转移规模、深度和速度差异的加权网络更能揭示城市技术转移网络内在的层次性。

（三）网络两极分化显著，但网络关系密切

2001—2015 年，中国城市技术转移网络规模迅速扩张，网络中节点数和边数分别由第一阶段的 239 个和 848 条增加至 2015 年末的 347 个和 8646 条，网络 e 值（网络中边数与节点数之比）更是由 2005 年末的 3.461 上升至 2015 年末的 24.916，表明中国城市技术转移网络逐渐由稀疏网络生长为稠密的复杂网络，但在复杂性发育的过程中，中国城市技术转移网络节点发育呈现出显著的差异性，两极分化严重（表 6-1）：

由加权度中心性和加权介数中心性测度的节点在网络中绝对地位凸显出中国城市技术转移网络两极分化严重，两者的变异系数在

(a) 2001—2005

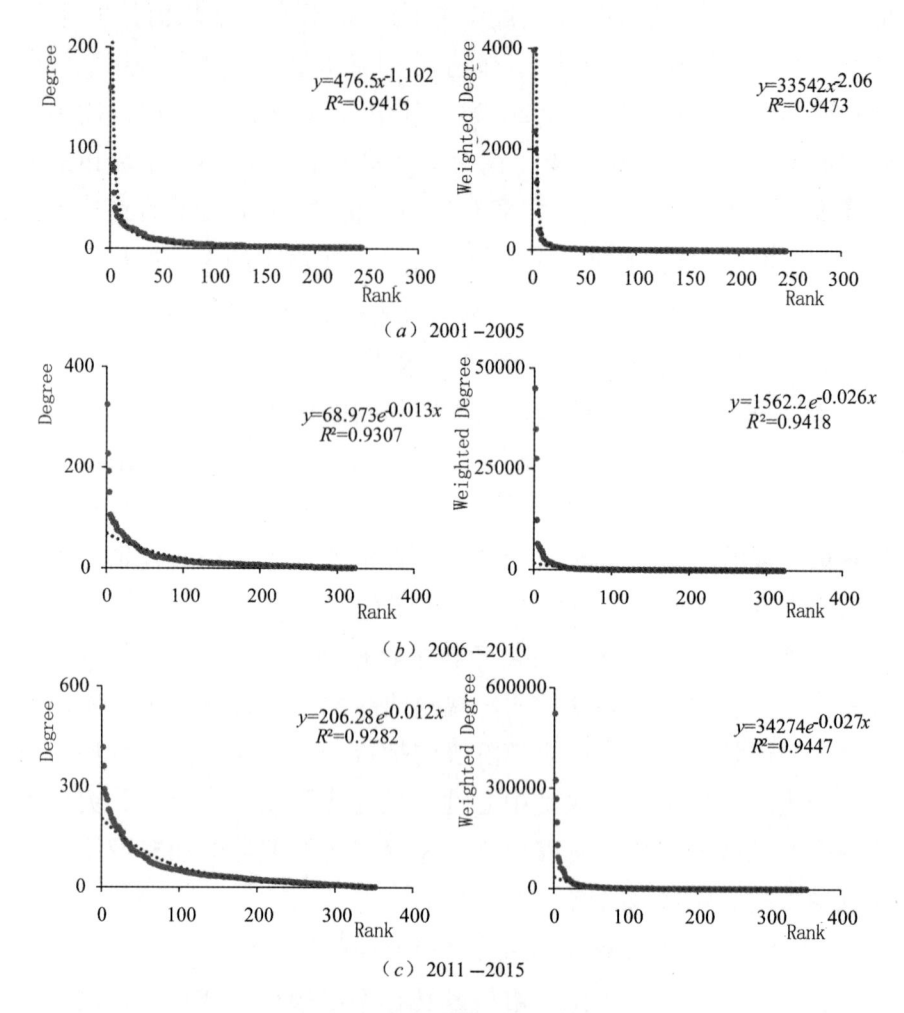

(b) 2006—2010

(c) 2011—2015

图 6-1　2001—2015 年中国城市技术转移度中心性和
加权度中心性的位序—规模分布

注：左侧为度中心性；右侧为加权度中心性。

这 15 年中皆保持在 5 左右，基尼系数也是保持在 0.9 左右，表明在参与技术转移的城市数量不断增加的情境下，中国城市技术转移网络呈现出强劲的离散趋势和极度不均衡特征。

加权邻近中心性测度是网络中的关系地位，即节点与网络中心的关系紧密程度。2001—2015 年，中国城市技术转移网络的加权邻近性不断上升，由第一阶段的 0.295 上升至第三阶段的 0.458，城市间加权邻近中心性值差距也不断缩小，变异系数和标准差也分别由第一阶段的 5.999 和 0.289 下降至第三阶段的 0.276 和 0.115，表明整个城市技术转移网络城市间相互影响和连接程度不断增强，城际间技术联系日趋紧密，城市技术转移体系不断由分散化向集中化演进。

表 6-1　2001—2015 年中国城市技术转移网络复杂性统计特征量

统计特征	统计指标	2001—2005 年	2006—2010 年	2011—2015 年
网络规模	节点数	239	318	347
	边数	848	3005	8646
	密度	0.014	0.029	0.068
	网络直径	7（9）	5（9）	5（8）
小世界性	平均聚类系数	0.420（0.124）	0.369（0.197）	0.479（0.256）
	平均路径长度	2.739（2.898）	2.525（2.285）	2.099（2.263）
无标度性	加权度中心性幂律拟合	$y = 33542x - 2.06$（$R^2 = 0.9473$）	$y = 3E+06x - 2.419$（$R^2 = 0.8986$）	$y = 1E+08x - 2.632$（$R^2 = 0.8019$）
	加权度中心性指数拟合	$y = 87.741e - 0.027x$（$R^2 = 0.9051$）	$y = 1562.2e - 0.026x$（$R^2 = 0.9418$）	$y = 34274e - 0.027x$（$R^2 = 0.9447$）
度中心性	平均加权度	58.454	334.205	3397.643
	度中心势	0.952	0.971	0.973
	变异系数	5.709	5.453	4.888
	基尼系数	0.931	0.907	0.905
邻近中心性	平均加权邻近性	0.295	0.375	0.458
	邻近中心势	0.632	0.669	0.678
	变异系数	0.599	0.362	0.276
	基尼系数	0.289	0.167	0.115
介数中心性	平均加权介数	0.005	0.004	0.002
	变异系数	4.826	4.892	5.252
	基尼系数	0.889	0.894	0.899

注：括号内为同等规模随机网络的统计特征值。

（四）加权介数呈指数分布，呈现随机性

2001—2015 年间，中国城市技术转移网络加权介数中心性值为 0 的城市数量虽由第一阶段的 119 个下降至第三阶段的 36 个，但绝大多数城市的加权介数中心性值集中于 0—0.1，突出反映出具有强对外影响力和流量承载力的节点不占优势，多集中于少数几个 Hub 节点和关键性技术转移路径上，不难看出，高介数点均为城市技术转移网络中的高度城市（如北京、上海、深圳等），一方面说明高加权度中心性值城市在中国城市技术转移体系上承担较大的流量，另一方面说明流量过度集中于少数城市，网络结构失衡，比较脆弱。

2001—2015 年间，中国城市技术转移网络加权介数中心性分布近似服从指数分布，在位序—规模分布（去掉介数为 0 的节点）上表现为一条负斜率（向下倾斜）的直线（2001—2015 年拟合曲线分别为：$y = 0.0568e - 0.056x$（$R^2 = 0.9341$）、$y = 0.0255e - 0.032x$（$R^2 = 0.9761$）、$y = 0.0126e - 0.026x$（$R^2 = 0.9675$）），随机连接性较强，且随机性总体呈现增强趋势（指数律拟合度总体上升）。

（五）网络类型渐失无标度性，小世界性表现强劲

2001—2015 年，伴随着规模的迅速扩张，中国城市技术转移网络逐渐失去其无标度特性，向小世界网络演化（表 6-1 和表 6-2）。

2001—2005 年，虽然中国城市技术转移网络的平均聚类系数（0.420）显著大于同等规模的随机网络[①]（0.124），但平均路径长度（2.739）与同等规模的随机网络（2.898）非常接近，小世界特征不太明显。另外，加权度中心性的位序—规模分布函数呈现出良好的幂律分布，优于指数分布，表现出一定的无标度特性。

2006—2015 年，与同等规模随机网络相比，中国城市技术转移

---

① 随机网络生成方法：基于 Gephi 软件，用同一时段相同节点数，按 0.05 的连接率生成。

网络均具有较大的平均聚类系数和较小的平均路径长度,且随着时间的推进,网络的平均聚类系数和平均路径长度分别呈现出明显上升和下降的趋势,其中网络平均聚类系数由 2005 年年末的 0.369 上升至 2015 年年末的 0.479,网络平均路径长度由 2005 年年末的 2.525 下降至 2015 年年末的 2.099,中国城市技术转移网络的小世界特性越发强劲。另外,其间两个时段的加权度中心性的位序—规模分布函数均呈现出良好的指数分布,拟合精度明显高于幂律分布。

表6-2　　　　　　网络模型的三大特征指标比较情况

网络		平均路径长度	簇系数	度分布
规则网络	最邻近耦合网络	非常大（约为 $n/2<k>$,→∞）	大（约为3/4）	Delta 函数
	全局耦合网络	小（为1）	非常大（为1）	Delta 函数
	星形耦合网络	小（约为2）	非常大（约为1或0）	Delta 函数
	网格状网络	小	非常大（约为1）	直线分布
	树枝状网络	大	非常小（约为0）	直线分布
随机网络	ER 图	小	非常小（为<k>/n,远小于1）	二项分布或泊松分布
复杂网络	小世界网络	小（远小于最邻近网络）	大（接近最邻近耦合网络）	指数分布
	无标度网络	小（约为 $logn/loglogn$）	—	幂率分布

注:"—"依赖于具体网络,结论不一;〈k〉为平均点度,n 为节点个数。

二　空间复杂性的时空演化

（一）加权度中心性:三极格局自始至终

加权度中心性描述的是节点在网络中的绝对地位,其值越高,说明其在中国城市技术转移网络中的地位越高。2001—2015 年,中国城市技术转移网络加权度中心性的空间分布由北京、上海和深圳主导的三极格局自始至终,在这三个城市的带动下,京津、长三角和珠三角地区城市的加权度中心性值也较高(表6-3)。

表6-3　　　　　2001—2015年中国城市技术转移网络加权度中心性前十名城市

位序	2001—2005年		2006—2010年		2011—2015年	
	城市	加权度中心性	城市	加权度中心性	城市	加权度中心性
1	上海市	3967.646	北京市	44983.001	北京市	522940.723
2	深圳市	2348.933	上海市	34833.247	上海市	323766.470
3	北京市	1979.656	深圳市	27515.260	深圳市	267864.258
4	沈阳市	1333.604	苏州市	12207.906	苏州市	198351.317
5	广州市	732.475	南京市	6387.587	南通市	130724.986
6	佛山市	384.190	东莞市	6067.985	东莞市	93823.072
7	天津市	368.658	大连市	5555.912	宁波市	87438.216
8	东莞市	326.157	广州市	5514.996	杭州市	79506.524
9	海口市	201.404	杭州市	4804.760	南京市	62155.193
10	长沙市	185.693	天津市	4735.658	成都市	61949.160

2001—2005年,上海以3967.646的加权度中心性值居第1位,深圳和北京分别以2348.933和1979.656的加权度中心性位列第2位、第3位。在排名前十位的城市中,除长沙以185.693的加权度中心性值排名第10,位于中部地区外,其余城市都位于东部沿海地区,其中沈阳以1333.604的加权度中心性值居第4位,珠三角地区城市较多,除深圳外,广州、佛山、东莞分别以732.475、384.190和326.157的加权度中心性值居第5位、第6位和第8位。

2006—2010年,北京以44983.001的加权度中心性值超越上海和深圳,高居第1位,且与上海和深圳形成明显的差距。上海和深圳则分别以34833.247和27515.260的加权度中心性值居第2位和第3位,这一阶段，加权度中心性值排名前十的城市皆位于东部沿海地区，尤其是长三角地区，上一阶段仅有上海位居前十，而这一阶段除上海外，苏州、南京和杭州分别以12207.906、6387.587和4804.760的加权度中心性值居第4位、第5位和第9位。另外，这一阶段，大连市以5555.912的加权度中心性值超越沈阳，居全国第7位。

2011—2015年，北京继续以522940.723的加权度中心性值高居第1位，继续拉大其与其他城市的差距，不断巩固其中国城市技术转移网络的核心地位。同上一阶段类似，上海和深圳分别以323766.470和267864.258的加权度中心性值居第2位和第3位，这两个城市的加权度中心性值较上一阶段都有所降低，但深圳与上海之间的差距在缩小。这一阶段，长三角地区在中国城市技术转移体系中的重要地位继续凸显，除上一阶段的上海、苏州（198351.317）、南京（62155.193）和杭州（79506.524）外，南通和宁波这两个城市的加权度中心性值上升较快，分别以130724.986和87438.216的加权度中心性值居第5位和第7位。另外，成都以61949.160的加权度中心性值居第10位，成为中西部地区唯一一个再次挤入前十的城市，其作为中国中西部地区技术集散中心的地位逐渐凸显。

（二）加权邻近中心性：空间分布趋于均衡

加权邻近中心性描述的是节点与网络中心的邻近程度，其值越高，说明其与网络中心关系越密切，也越居于网络中心。2001—2015年，中国城市技术转移网络加权邻近中心性的空间分布差异逐渐缩小，总体格局趋于平衡（表6-4）。

2001—2005年，中国城市技术转移网络加权邻近中心性高值区集中分布于"胡焕庸"线以东，其中北京以0.569的加权邻近中心性值居第1位，成为网络中心，深圳、广州和上海分别以0.484、0.475和0.474的加权邻近中心性值列第2位至第4位，从而成为中国城市技术转移网络的三个副中心城市。在全部239个城市中，有90个城市向北京输出技术，有70个城市从北京引进技术，有84个城市、55个城市和78个城市分别与深圳、广州和上海产生直接的技术转移联系。

2006—2010年,中国城市技术转移网络加权邻近中心性高值区突破"胡焕庸"线向西迈进,除西藏、青海和新疆大部地区外,其余地区城市的加权邻近中心性值普遍较高。其中北京以0.684的加权邻近中心性值继续保持其网络中心地位,上海在这一阶段超越深圳和广州,以0.614的加权邻近中心性值居第2位,而深圳和广州则分别以0.582和0.549的加权邻近中心性值列第3位至第4位。在全部318个城市中,有160个城市向北京输出技术,有165个城市从北京引进技术。

2011—2015年,除西藏部分地区和新疆部分地区外,其余地区城市的加权邻近中心性值普遍较高。北京以0.803的加权邻近中心性值仍然占据网络绝对中心地位,这一阶段深圳以0.702的加权邻近中心性值超越上海,居第2位,上海则以0.682的加权邻近中心性值居第3位,宁波、成都和苏州在这一阶段也超越广州,分别以0.669、0.657和0.649的加权邻近中心性值列第4位至第6位,而广州则以0.645的加权邻近中心性值居第7位。在全部347个城市中,有275个城市向北京输出技术,有262个城市从北京引进技术。

加权邻近中心性的测算方法使得中国其他城市只要与网络中心产生专利转移联系,其在中国城市技术转移网络中的地位就会得到提高。而且联系越紧密,其就越接近网络中心从而占据有利位置,这也解释了为什么中国城市的加权邻近中心性值普遍较高且相近。这似乎暗示着,中国其他城市想要提高其在城市技术转移网络中的地位,除了加强自身创新水平这条途径外,还存在第二条路径,就是积极寻求与网络中心(北京、上海、深圳)产生合作联系,联系越紧密,其地位就会越高。

表6-4 　　　　　2001—2015 年中国城市技术转移网络加权
邻近中心性前十名城市

位序	2001—2005 年		2006—2010 年		2011—2015 年	
	城市	加权邻近中心性	城市	加权邻近中心性	城市	加权邻近中心性
1	北京市	0.569	北京市	0.684	北京市	0.803
2	深圳市	0.484	上海市	0.614	深圳市	0.702
3	广州市	0.475	深圳市	0.582	上海市	0.682
4	上海市	0.474	广州市	0.549	宁波市	0.669
5	成都市	0.452	成都市	0.533	成都市	0.657
6	沈阳市	0.439	天津市	0.523	苏州市	0.649
7	南京市	0.436	南京市	0.520	广州市	0.645
8	天津市	0.434	西安市	0.518	杭州市	0.626
9	长沙市	0.425	长沙市	0.515	天津市	0.612
10	武汉市	0.424	杭州市	0.510	南京市	0.611

（三）加权介数中心性：北京一城独大

加权介数中心性旨在寻找网络中的"中转站"，节点的加权介数中心性值越大，说明其在网络中承担的"中转流"就越大。2001—2015 年，中国城市技术转移网络的加权介数中心性空间分布也始终呈现出北京一城独大格局，中西部地区一些省会城市因与地方城市技术转移关系密切，承担一些区域性的技术转移流，因而这些城市的加权介数中心性值也较大（表6-5）。

表6-5 　　　　　2001—2015 年中国城市技术转移网络加权
介数中心性前十名城市

位序	2001—2005 年		2006—2010 年		2011—2015 年	
	城市	加权介数中心性	城市	加权介数中心性	城市	加权介数中心性
1	北京市	0.327	北京市	0.303	北京市	0.245
2	深圳市	0.095	上海市	0.114	深圳市	0.100
3	上海市	0.085	深圳市	0.096	上海市	0.054

续表

位序	2001—2005 年		2006—2010 年		2011—2015 年	
	城市	加权介数中心性	城市	加权介数中心性	城市	加权介数中心性
4	广州市	0.050	广州市	0.068	成都市	0.038
5	成都市	0.043	成都市	0.053	广州市	0.033
6	重庆市	0.035	昆明市	0.036	宁波市	0.028
7	佛山市	0.028	重庆市	0.026	苏州市	0.025
8	杭州市	0.025	西安市	0.025	杭州市	0.024
9	武汉市	0.025	长沙市	0.024	天津市	0.021
10	济南市	0.023	武汉市	0.023	昆明市	0.021

2001—2005 年，北京以 0.327 的加权介数中心性值高居第 1 位，成为中国城市技术转移网络的中心，深圳以 0.095 的加权介数中心性值居第 2 位，上海则以 0.085 的加权介数中心性值居第 3 位。东部沿海地区的一些省会城市加权介数中心性值也相对较高，如广州、杭州和济南分别以 0.050、0.025 和 0.023 的加权介数中心性值居第 4 位、第 8 位和第 10 位。另外，在中西部地区，中国城市技术转移网络多以直辖市、省会城市为基地，形成若干专利转移流的中心枢纽，如成都市（0.043，第 5 位）、重庆市（0.035，第 6 位）、武汉市（0.025，第 9 位）等。

2006—2010 年，由于中国城市技术转移网络越发稠密，一些区域性技术转移中心城市快速成长，尤其是中西部地区的省会城市，这些城市的加权度中心性值呈现出上升态势，如成都、昆明、西安和长沙，从而使得全国大部分城市的加权介数中心性值呈现出下降的趋势，其中北京的加权介数中心性值降至 0.303，仍以绝对优势占据全国技术转移中心位置。上海的加权介数中心性值在这一阶段上升较快，超越深圳（0.096），以 0.114 的加权介数中心性值占据第 2 位。中西部地区一些区域性技术转移中心城市的成长，意味着原来技术转移中心城市地位的下降，如重庆和武汉的加权介数中心性值就分别由上一阶段的 0.035 和 0.025 下降至这一阶段的 0.026 和 0.023。

2011—2015 年，随着网络发育演化和众多区域性的技术转移节点成长，中国城市技术转移网络的加权介数中心性值整体呈现出继续下降的态势，北京仍然以 0.245 的加权介数中心性值高居第 1 位。这一阶段，深圳超越上海，以 0.100 加权介数中心性值居第 2 位，上海则以 0.054 的加权介数中心性值居第 3 位。另外，这一阶段长三角地区宁波和苏州这两个城市的加权介数中心性值上升也较快，分别以 0.028 和 0.025 的加权介数中心性居第 6 位和第 7 位。而成都市则在这一阶段成长为中西部地区技术转移的核心枢纽，以 0.038 的加权介数中心性值居第 4 位，而昆明市由于承担较多西南地区城市技术转移流，其加权介数中心性值（0.021）也上升较快，居第 10 位。

（四）网络空间联系：以三角为架构的四边形格局逐渐清晰

基于 ArcGIS 网络分析平台，将中国城市技术转移网络拓扑关系转换至空间联系，从而建构中国城市创新空间网络数据库（表 6 – 6）。研究发现，2001—2015 年，三角结构是中国城市技术转移网络生长的基础组织单元，京津地区、长三角地区和珠三角地区组成了中国城市技术转移网络的核心三角，同时随着城市科技创新实力的增强，成渝地区逐渐成为中国中西部地区的创新技术集散中心，与京津地区、长三角地区和珠三角地区共同架构了中国城市技术转移网络的四边形格局。

表 6 – 6　　　　2001—2015 年中国城市技术转移网络中排名前十的技术转移联系

位序	2001—2005 年		2006—2010 年		2011—2015 年	
	城市联系	技术转移指数	城市联系	技术转移指数	城市联系	技术转移指数
1	上海至深圳	1434.647	北京至深圳	11003.660	上海至北京	73936.164
2	沈阳至上海	716.432	北京至上海	10445.456	上海至苏州	66768.984
3	北京至上海	620.247	上海至苏州	7099.351	深圳至东莞	34745.574

续表

位序	2001—2005 年		2006—2010 年		2011—2015 年	
	城市联系	技术转移指数	城市联系	技术转移指数	城市联系	技术转移指数
4	上海至沈阳	528.067	沈阳至南京	3358.663	武汉至十堰	34076.977
5	上海至北京	275.603	深圳至东莞	3248.068	石家庄至北京	27579.385
6	深圳至东莞	221.236	上海至北京	2271.298	东莞至深圳	25411.572
7	广州至佛山	182.813	大连至北京	2154.794	北京至上海	24404.686
8	海口至天津	151.607	北京至天津	1833.246	深圳至惠州	24302.059
9	长沙至北京	137.619	苏州至上海	1736.862	北京至天津	24208.463
10	佛山至广州	119.172	深圳至北京	1713.170	苏州至深圳	22452.895

2001—2005 年，虽然中国城市创新网络 239 个节点仅生成 848 条边，但这一稀疏的网络仍然孕育出中国城市创新网络的三角框架雏形结构，如京津地区—长三角地区—珠三角地区—京津地区；京津地区—辽中南地区—长三角地区—京津地区；辽中南地区—长三角地区—珠三角地区—辽中南地区。这种三角雏形结构也使得中国技术转移多是跨区域进行，其中，上海至深圳的技术转移指数最高，达到 1434.647，沈阳至上海的技术转移指数达到 716.432，北京至上海的技术转移指数为 620.247，在排名前十的技术联系中，仅深圳至东莞这一技术转移联系属于区域内的技术转移，其余皆为跨区域技术转移。

2006—2010 年，随着城市科技创新实力的迅速提升，城市间的创新联系也迅速增加，中国城市创新网络也发育得更加稠密。此阶段，中国城市创新网络的三角框架雏形结构继续生长，除上一阶段的三个三角框架外，这一阶段还生长出京津地区—成渝地区—珠三角地区—京津地区、珠三角地区—成渝地区—长三角地区—珠三角地区、京津地区—关中地区—珠三角地区—京津地区等若干个跨区域专利转移三角结构，而京津地区—长三角地区—珠三角地区—京津地区的三角结构逐渐成为中国城市创新网络的核心三角，其中北京至深圳的技术转移联系达到 11003.660，成为此阶段指数最高的技术转移。北京至上海的技术转移指数也达到10445.456。另外，中国城市专利转移也由上一阶段倾向于跨区域活动转向此阶段跨区域和区域内转移并重，如长三角地区的上海至苏州的技术转移指数就达到7099.351，居第3位，而苏州至上海的技术转移指数也达到1736.862，居第9位；京津地区的北京至天津的技术转移指数也达到1833.246，居第8位。

2011—2015年，京津地区—长三角地区—珠三角地区—京津地区这一核心三角在中国城市创新网络中的地位趋于稳固，其中上海至北京的技术转移指数达到73936.164，高居第1位。这一阶段，中国城市创新网络继续发育出多个三角形结构，如京津地区—山东半岛地区—辽中南地区—京津地区，京津地区—关中地区—长三角地区—京津地区，京津地区—山东半岛地区—长三角地区—京津地区，长三角地区—闽南地区—珠三角地区—长三角地区，京津地区—成渝地区—长三角地区—京津地区等。在这些三角架构生长发育的过程中，中国城市创新网络以三角为架构的四边形格局逐渐清晰，除京津地区、长三角地区、珠三角地区外，以成都为核心的成渝地区逐渐生长为中国中西部地区的创新技术集散中心。但相较于上两个阶段，中国城市创新网络在这一阶段更加注重区域内的专利转移，城市技术转移的地理邻近性特征逐渐凸显，在排名前十的技术转移联系中，就有7个发生在区域内部，如上海至苏州的技术转移指数达到66768.984，居第2位；深圳至东莞的技术转移指数为34745.574，居第3位；武汉至十堰的技术转移指数为34076.977，居第4位；石家庄至北京的技术转移指数为27579.385，居第5位。

（五）网络社团划分：全国统一技术转移体系和技术交易市场正在形成

2001—2015年，中国城市技术转移网络社团划分差异较大，第一阶段划分为8个社团，第二阶段划分的社团数量达到12个，而第三阶段划分的社团数量降至6个，说明城市技术转移体系由分散向集聚演化，全国统一技术转移体系和技术交易市场正在形成。具体来看：

首先，社团划分等级规模差异较大，呈现出指数分布态势。2001—2005 年，中国城市技术转移网络被划分为 8 个社团，其中规模最大的社团有 146 个城市，而规模最小的社团仅有 2 个城市。2006—2010 年，中国城市技术转移网络被划分为 12 个社团，其中规模最大的社团有 114 个城市，而规模最小的社团仅有 2 个城市；2011—2015 年，中国城市技术转移网络被划分为 6 个社团，其中规模最大的社团更是达到 212 个城市，而规模最小的社团仍只有 2 个城市。

其次，社团划分结果与城市空间分布具有良好对应性的特征正在逐渐消失，中国技术转移网络逐渐形成全国统一的市场体系。2001—2005 年，中国城市技术网络划分的 8 个社团里，除北京主导的社团覆盖全国范围外，其余社团中的城市都呈现出空间集聚分布特征，如石河子市和昌吉回族自治州组成的社团，永州市和湘西土家族苗族自治州组成的社团，以昆明、重庆和成都为核心的西南城市技术转移社团，以上海和深圳为核心的东南沿海技术转移社团，以广州和佛山为核心的广东、广西地区技术转移社团等。2006—2010 年，虽然中国城市技术转移网络划分的社团数量增加，但社团划分在城市空间分布上呈现出更加明显的对应特征，如以武汉为核心的湖北技术转移社团、吴忠市和银川市组成的技术转移社团、以昆明为核心的云南技术转移社团、以乌鲁木齐为核心的新疆技术转移社团、以广州和深圳为核心的东南沿海技术转移社团等。2011—2015 年，中国城市技术转移社团划分锐减至 6 个，全国大部分城市被划分进一个社团之内，除一些小规模的社团仍然能寻迹到空间集聚分布的特征外，城市技术转移网络社团划分与城市空间分布良好对应性的特征逐渐消失。

第三节　中国城市技术转移市场划分及演化

中国走国家自主创新道路，实施创新驱动发展战略的历程实质就是摆脱对国外技术依赖，实现技术独立和领先的过程。为面对增速下行的压力和转型升级的挑战，中央和地方各级政府正努力加快创新技术转移，推动大众创业和万众创新，而这其中的关键就在于建构完善的中国城市技术交易市场等级体系，从而实现创新技术及时有效的转化。

基于非对称相互依赖理论和中国城市基本技术转移识别的中国技术交易市场发现，过去15年来，中国城市技术转移逐渐由封闭走向开放，相应的城市技术交易市场也不断细分，但整体上呈现出由上海向北京演替的格局，至2015年末，中国城市技术转移市场等级体系尚未完全形成，较多高等级技术转移市场类型缺失（表6-7）。

2001—2005年，有技术转移活动的城市数量为272个，但有基本技术转移的城市数量仅有239个，因此在市场识别时产生33个无特征区（无技术转移的城市）。在对这239个城市进行技术交易市场划分时发现，全国共被划分为14个终极技术交易市场和9个封闭市场，其中上海以168个市场腹地排名第一，其市场范围覆盖除云南、重庆、海南、天津以外的所有省、市、自治区，成为一个典型的全国性技术交易市场城市，北京、深圳等城市都在上海的技术市场范围内。广州拥有21个市场腹地，但涉及8个省级范围，成为一个准区域性技术转移市场城市；成都拥有9个市场腹地，但范围仅涉及2个省，多数城市位于四川省境内，因而成为节点性技术转移市场城市；天津虽仅拥有5个市场腹地，市场范围却涉及5个省级范围，成为准区域性技术转移市场城市；武汉、重庆虽仅有4个市场腹地，但皆覆盖3个省份，因而也成为2个准地区性技术交易市场城市；昆明拥有3个技术市场腹地，分布在2个省级范围内，因而成为准节点性技术转移市场城市；烟台拥有 2 个技术市场腹地，分布在 2 个省级市场范围，因而也成为一个准节点性技术转移市场城市。另外，鞍山、承德、丹东、临沂、汕头和威海 6 个城市仅有 1 个市场腹地城市，因而成为 6 个基层技术转移市场城市。

表 6-7　　2001—2015 年中国城市技术交易市场等级体系

层次	类型	2001—2005 年	2006—2010 年	2011—2015 年
第一层次	全国性技术交易市场	上海市	—	北京市
	准全国性技术交易市场	—	北京市、上海市	—
第二层次	大区域性技术交易市场	—	深圳市	—
	准大区域性技术交易市场	—	—	深圳市
第三层次	区域性技术交易市场	—	—	—
	准区域性技术交易市场	广州市、天津市	南京市	上海市、南通市、广州市
第四层次	地区性技术交易市场	—	武汉市	—
	准地区性技术交易市场	武汉市、重庆市	福州市	苏州市、杭州市、常州市、宁波市、芜湖市
第五层次	节点性技术交易市场	成都市	—	武汉市
	准节点性技术交易市场	昆明市、烟台市	石家庄市	泉州市、台州市
第六层次	基层技术交易市场	鞍山市、承德市、丹东市、临沂市、汕头市、威海市	菏泽市、绵阳市、铁岭市、芜湖市、银川市	厦门市、北海市、南宁市

2006—2010 年，有技术转移活动的城市数量为 325 个，其中有

基本技术转移的城市数量达到 318 个,因此在市场识别时产生 7 个无特征区。这一阶段,全国仍被划分为 12 个终极技术交易市场和 9 个封闭市场,但较上一阶段有明显变化。其中北京市从上一阶段从属于上海市的市场腹地,生长为这一阶段拥有技术腹地城市数量最多的终极技术交易市场城市,其技术腹地城市数量达到 136 个,覆盖除贵州、广东、福建、浙江四个省外的所有省级单元,因而成长为一个准全国性技术交易市场城市,其市场腹地空间在山西、山东、河北、内蒙古和黑龙江等省区形成了连片分布格局。深圳市也从上一阶段的从属于上海的市场腹地,生长为这一阶段拥有 78 个技术腹地城市的终极技术交易市场城市,居第 2 位。其技术腹地城市覆盖省级单元也达到 16 个,因而成为一个大区域性技术交易市场城市,其市场腹地主要分布在广东、四川和江西等地。相对的是,上海市在这一阶段的技术腹地城市数量急剧减少,从上一阶段的 168 个减少至这一阶段的 51 个,但覆盖的省级单元仍然达到 18 个,成为一个准全国性技术转移市场城市,其市场腹地主要分布在浙江、福建等地;武汉拥有 13 个技术市场腹地城市,集中分布在湖北境内,但覆盖的省级单元也达到 4 个,成为一个地区性技术转移市场城市;南京拥有 11 个技术市场腹地城市,集中分布在江苏、安徽和辽宁 3 个省,但总体覆盖的省级单元也达到 5 个,成为一个准区域性技术转移市场城市;福州和石家庄这两个城市的技术市场腹地城市数量皆为 4 个,但福州技术市场腹地覆盖的省级单元达到 3 个,而石家庄的技术市场腹地全部位于河北省境内,因而福州成为一个准地区性技术转移市场城市,石家庄成为一个准节点性技术转移市场城市。另外,菏泽市、绵阳市、铁岭市、芜湖市和银川市 5 个城市的技术市场腹地仅有 1 个,因而成为 5 个基层技术转移市场城市。

2011—2015 年,有技术转移活动的城市皆有基本技术转移活动,因而融入中国城市技术转移市场的城市数量达到 347 个。这一阶段,中国城市技术交易市场细化趋势明显,被划分为 16 个终极技术交易市场城市和 6 个封闭市场城市。其中,北京技术交易市场腹地继续增加，达到 215 个，其市场范围覆盖除上海市以外的所有省、市、自治区，继第一阶段上海后，成为第一个成长为全国性技术交易市场城市；深圳市的市场腹地数量（39）和市场范围（11）较上一阶段皆有所缩减，其地位也由上一阶段的大区域性技术交易市场城市下降至这一阶段的准大区域性技术交易市场城市；上海市的技术交易市场腹地数量在这一阶段经历了明显的缩减，降至 8 个，但因其市场范围覆盖 5 个省、市、自治区，而成为准区域性技术转移市场城市。这一阶段涌现出很多新的技术交易市场终极城市，其中南通市以拥有 15 个技术市场腹地城市居全国第 3 位，且覆盖的省级单元也达到 8 个（技术腹地空间分布集中于陕西省），广州市以拥有 13 个技术市场腹地城市居全国第 4 位，且覆盖的省级单元也有 5 个，也成为另外 2 个准区域性技术转移市场城市（技术腹地空间集中分布在广东省）；苏州市以拥有 10 个技术市场腹地城市居全国第 5 位，但仅覆盖 3 个省级单元（技术腹地空间分布集中于辽宁省），成为一个准地区性技术转移市场城市，杭州、武汉的技术腹地城市数量与上海一样，同为 8 个，但杭州因技术腹地城市覆盖 3 个省级单元（技术腹地集中分布在浙江省）成为一个准地区性技术转移市场城市，而武汉的技术腹地城市仅覆盖 2 个省级单元（集中分布在湖北省）因而成为一个节点性技术转移市场城市。常州市的技术市场腹地城市数量虽仅有 5 个，但覆盖 4 个省级单元，因而也成为一个准地区性技术转移市场城市。宁波、泉州和芜湖这 3 个城市的技术腹地城市数量皆只有 3 个，但宁波和芜湖的技术腹地城市覆盖的省级单元都达到了 3 个，因而也成为 2 个准地区性技术转移市场城市，而泉州仅覆盖 2 个省级单元成为一个准节点性技术转移市场城市。台州和厦门这 2 个城市的技术腹地城市数量都为 2 个，但台州覆盖 2 个省级单元成为一个准节点性技术转移市场城市，而厦门仅覆盖 1 个省级单元成为基层技术转移市场城市。同样成为基层技术转移市场城市的还有北海市和南宁市，这 2 个城市的技术市场腹地城市数量皆只有 1 个。

第四节 中国城市技术转移网络的关联与生长机制

复杂实体网络或虚拟网络都是在自组织和他组织的相互作用下不断发育演化。如以航空运输网络、高铁运输网络为代表的交通网络，以电影演员、科学家合作为代表的社会网络，这些网络的生长存在显著的"强强关联"机制，即网络的生长发育总是优先连接高等级的节点，然后逐渐向低等级的节点扩散，网络的生长发育存在显著的等级层次扩散性。上文的相关研究已经揭示出中国城市技术转移网络在2001—2015年发育出显著的等级层次性，但其网络演化是否依照等级扩散规律还有待进一步研究。与其他社会关联网络、生物链网络不同，地理网络因其具有空间属性存在两个维度的关联机制，一是拓扑上的邻近关联机制，二是空间上的地理邻近机制。因此，本节一方面从拓扑和空间两个维度研究中国城市技术转移网络的关联机制，另一方面试图基于多维邻近性理论，从社会经济等背景出发，研究中国城市技术转移的生长机制。

一 城市技术转移网络的关联机制

（一）拓扑关联机制：跳跃转移是中国技术转移网络的连接机制

网络的拓扑连接机制旨在测度网络中节点与其邻近节点在复杂网络统计指标上的相关性程度。2001—2015年，无论是加权度中心性、加权邻近中心性还是加权介数中心性，中国城市技术网络的城市节点拓扑关联系数皆小于0，且相关系数的绝对值介于0.1—0.3之间（图6-2、图6-3和图6-4），一方面说明中国城市技术转移网络中与高加权度中心性（或高加权邻近中心性，或高加权介数中心性）城市节点连接的城市的加权度中心性（或加权邻近中心性，

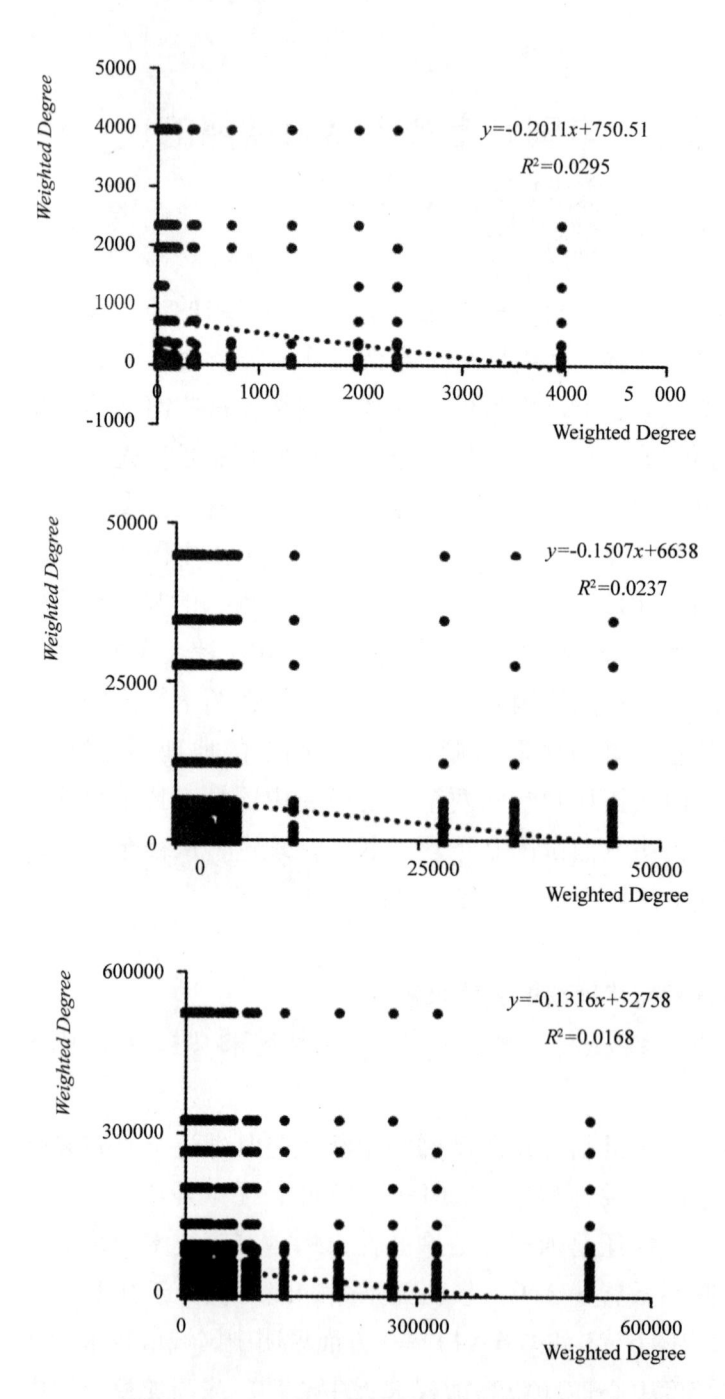

图 6-2　2001—2015 年中国城市技术转移网络加权度中心性相关性

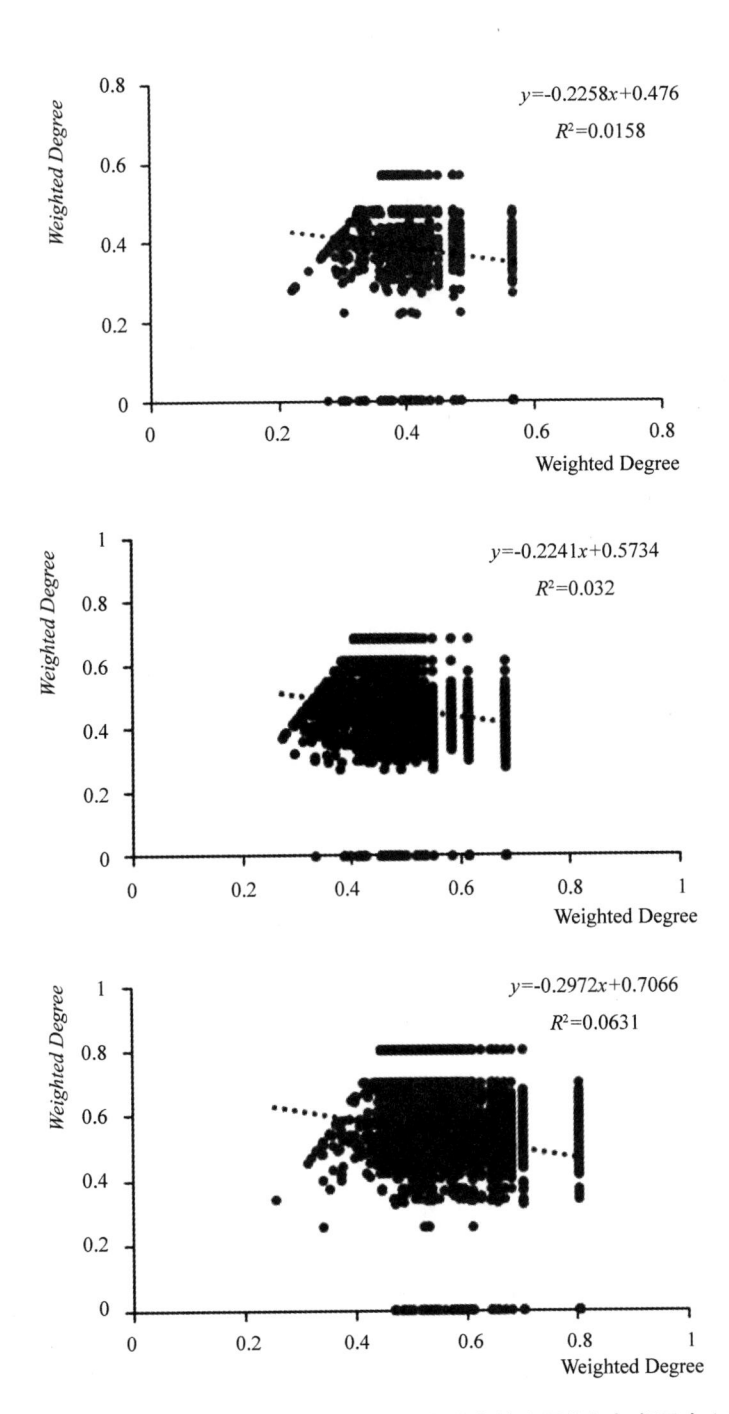

图 6-3 2001—2015 年中国城市技术转移网络加权邻近中心性相关性

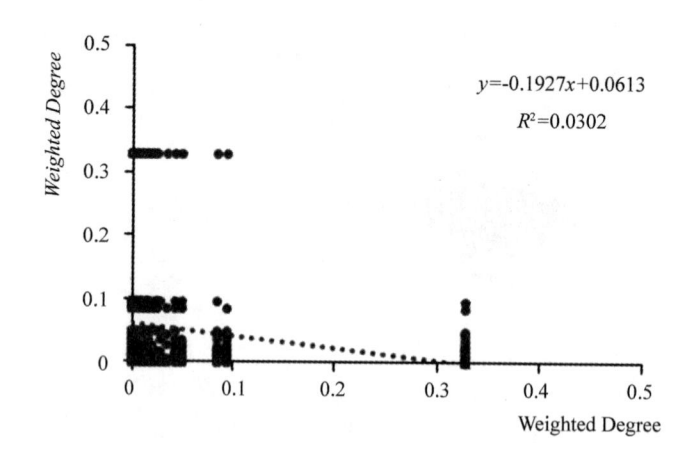

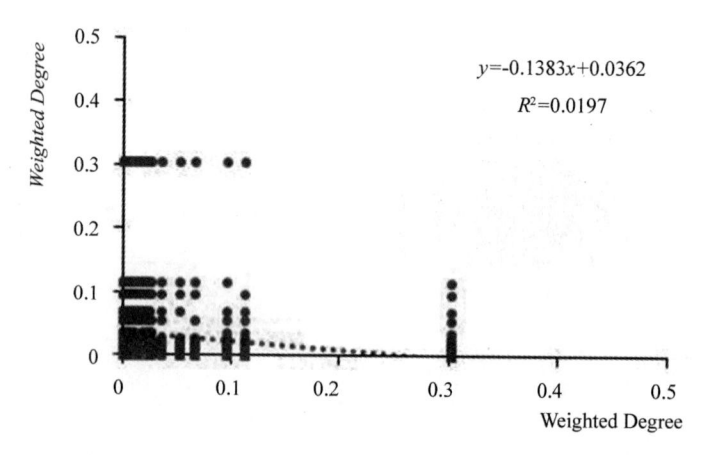

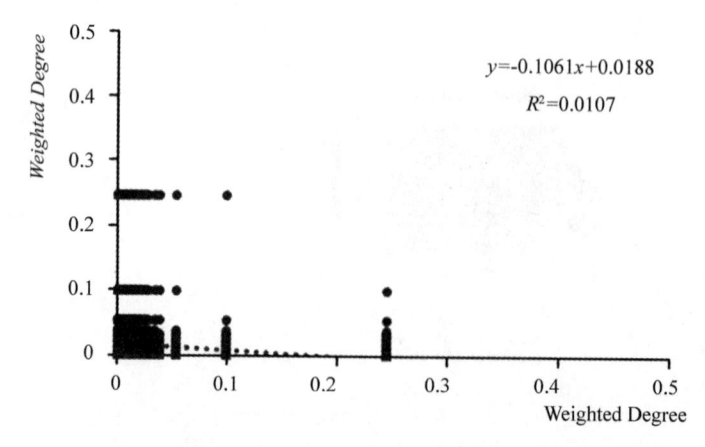

图 6-4　2001—2015 年中国城市技术转移网络加权介数中心性相关性

或加权介数中心性）皆较小，城市技术转移网络中的边连接的两个城市在拓扑统计特征上相差较大；另一方面也说明中国城市技术转移网络中的拓扑关联机制不够显著，并没有形成强的邻近选择偏好性，这也反映了中国城市技术转移网络的生长演化没有体现出诸如社会网络"强强关联"下等级梯度扩散效应，而是呈跳跃态、跨层次进行转移。事实上，在这 15 年时序发展中，中国城市技术转移网络正是在跳跃转移的连接机制下生长演化，从 2001 年的 239 个城市到 2015 年的 347 个城市，新融入城市技术转移网络的城市并不是选择与其地位相近的城市进行技术转移活动，而是直接与网络核心城市（北京、上海、深圳）进行技术转移活动。

但值得一提的是，随着时间的推进，中国城市技术转移网络的拓扑关联系数在负向程度上逐渐降低，其中加权度中心性的拓扑关联程度由第一阶段的负向 0.2011 下降至第三阶段的负向 0.1316，加权介数中心性的拓扑关联程度由第一阶段的负向 0.1927 下降至第三阶段的负向 0.1061，表明中国城市技术转移网络的"强弱"跳跃连接机制在逐渐减弱，有朝"强强"连接演化的趋势。但中国城市技术转移网络加权邻近中心性的拓扑关联程度呈现出总体上升的态势，先由第一阶段的负向 0.2258 下降至第二阶段的负向 0.2241 后上升至第三阶段的负向 0.2972，这也印证了上文的推论，即中国其他城市想要提高其在城市技术转移网络中的地位，除了加强自身创新水平这条途径外，还存中第二条路径，就是积极寻求与网络中心（北京、上海、深圳）产生合作联系，联系越紧密，其地位就会越高。

（二）空间关联机制：逐渐强化的地理邻近机制

网络的空间连接机制通常被用来测度地理系统网络在空间上是否具有邻近效应，测度的方法是采用单变量空间全局自相关模型（见第四章研究方法）来测度网络中节点与其空间邻近节点在同一个复杂网络统计指标上的相关程度，或者是采用双变量全局空间自相关模型来测度网络中节点与其空间邻近节点在两个复杂网络统计指标上的相关程度，本书仅探讨同一指标的空间关联程度。

2001—2015年，无论是加权度中心性、加权邻近中心性还是加权介数中心性测度的中国城市技术转移网络空间关联机制都呈现出不断强化的空间正相关效应和地理邻近效应，但不同指标又呈现出不同的空间关联特征，具体来看：

首先，加权度中心性的Morans' I指数由第一阶段的0.052上升至第三阶段的0.218，中国城市创新网络的空间集聚效应不断凸显。但在集聚演化过程中，加权度中心性的空间关联模式持续性地存在类型缺失的情况，在三个阶段都缺失"高—低"演化类型，这充分说明在中国城市技术转移体系中，高加权度中心性的城市一般呈集聚态分布，不存在空间凸起的情形。而其余三个集聚演化类型在空间上也呈抱团分布，其中"高—高"集聚区在15年间持续性地位居京津地区、长三角地区和珠三角地区，具有强劲的路径依赖和空间锁定效应，"低—低"集聚区一是呈片状分布在西藏、新疆地区，二是呈块状、点状分布在云南、广西、内蒙古和黑龙江地区；"低—高"集聚区数量较少，在空间分布上具有强劲的依附效应，分布在"高—高"集聚区的周围，作为技术转移的空间塌陷地而存在。

其次，加权邻近中心性的Morans' I指数由第一阶段的0.195上升至第三阶段的0.287，其三个阶段的Morans' I指数都是三个指标中最高，集中说明了中国城市技术转移中心城市在空间上呈现集聚分布，即一个地区可分布多个技术转移中心。与加权度中心性空间关联模式类似，在集聚演化过程中，加权度邻近中心性的空间关联模式在第三阶段也开始出现类型缺失的情况，缺失"低—高"演化类型，说明在中国城市技术转移体系中，空间塌陷的情形也非常少见。在另外三种集聚演化模式中，抱团分布特征依然显著。其中，"高—高"集聚区的空间分布格局从第一阶段的分散化向后两个阶段的集中化演进，第一阶段除在京津冀、长三角和珠三角地区形成集聚区外，在中西部地区也形成多个集聚中心，而第二阶段开始至第三阶段，"高—高"集聚区则高度集聚在京津冀、长三角和珠三角这三个地区。"低—低"集聚区在这15年间高度聚居在西藏、新疆以及云南部分地区，具有显著的时空惯性。"高—低"集聚区数量在这15年间急剧减少，到第三阶段已基本呈现出零星分布态势，但在空间上主要是依附于"低—低"集聚区存在，因此其空间分布也多位于云南、新疆等地区。

最后，加权介数中心性的Morans' I 指数由第一阶段的0.030上升至第三阶段的0.061，其三个阶段的Morans' I 指数都是三个指标中最低，虽呈现出一定的空间正相关效应，但空间集聚程度较低。同样，在集聚演化过程中，加权介数中心性的空间关联模式也存在类型缺失的情况，在第一阶段缺失"低—低"类型，由于第一阶段全国大部分城市的加权介数中心性皆较低，其中更是有119个城市的加权介数中心性值为0，因此"低—低"集聚模式在第一阶段不显著，但在后两个发展阶段，"低—低"集聚区呈现出连续片状分布格局，主要分布在西藏、青海、甘肃和新疆等地区。而其余三种集聚类型也基本呈抱团分布，"高—高"集聚区仍然主要分布在长三角、京津冀和珠三角地区，"低—高"集聚区也主要依附于"高—高"集聚区存在，具有包围效应，"高—低"集聚区在三个发展阶段数量皆较少，从第一阶段的分散态分布到后两个阶段的依附于"低—低"集聚区分布。

二　城市技术转移网络的生长机制

（一）多维邻近性理论与中国城市技术转移网络生长机制分析模型

演化经济地理学的邻近性理论为创新网络的演化机制提供了较好的分析视角，获得国内外学者广泛认可。20世纪90年代初期，法国邻近性学派率先审视邻近性在创新过程中的作用，构建多种形式的邻近性来分析创新活动的本地蜂鸣与全球通道①。2005 年 *Regional Studies* 组织专刊探讨邻近性与创新互动、创新绩效的关系，此后有关邻近性理论框架和实证研究的文献大量涌现，成为经济地理学研究的热点问题②。尽管存在多种邻近性的定义和代理表征，Boschma (2005) 将其概括为 5 种维度：地理邻近性、认知邻近性、组织邻近性、制度邻近性和社会邻近性③。

其中地理邻近性，即两个网络主体之间的空间距离或通行时间，其在知识网络中的作用被广泛讨论。大量研究发现，地理距离显著地阻碍着跨区域的合作。认知邻近性是指主体之间共享知识基础的程度，采用余弦相似度或皮尔森相关系数或产业分类测度。它是合作过程发生的前提条件，两者的知识基础越接近，越有可能促进互动交流。也有研究者认为，过度的认知邻近性不利于知识溢出，其原因在于容易导致认知锁定，主体之间知识重叠过多。社会邻近性是指主体之间关系友好的程度，起源于根植性的研究，常用三元闭包或相对联系强度来表征合作关系④。主体之间基于友谊、信任和频

---

① Bathelt Harald, Malmberg Anders, Maskell Peter, "Clusters and Knowledge: Local Buzz, Global Pipelines and the Process of Knowledge Creation", *Progress in Human Geography*, Vol. 28, No.1, February 2004, pp. 31 – 56; Shaw Andr Torre and Gilly Jean-Pierre, "Debates and Survey: On the Analytical Dimension of Proximity Dynamics", *Regional Studies*, Vol. 34, No. 2, Aug, 2010, pp. 169 – 180; Ibert Oliver, Hautala Johanna, Jauhiainen S. Jussi, "From Cluster to Process: New Economic Geographic Perspectives on Practices of Knowledge Creation", *Geoforum*, Vol. 65, October 2015, pp. 323 – 327.

② Bouba-Olga Olivier, Carrincazeaux Christophe, Marie Coris, et al., "Proximity Dynamics, Social Networks and Innovation", *Regional Studies*, Vol. 49, No. 6, May 2015, pp. 901 – 906.

③ Boschma A. Ron, "Proximity and Innovation: A Critical Assessment", *Regional Studies*, Vol. 39, No. 1, Aug, 2010, pp. 61 – 74.

④ Scherngell Thomas and Hu Yuanjia, "Collaborative Knowledge Production in China: Regional Evidence from a Gravity Model Approach", *Regional Studies*, Vol. 45, No. 6, 2011, pp. 755 – 772; Anne L. J. Ter Wal, "Cluster Emergence and Network Evolution: A Longitudinal Analysis of the Inventor Network in Sophia-Antipolis", *Regional Studies*, Vol. 47, No. 5, 2013, pp. 651 – 668.

繁的互动而建立的社会关系，这种信任关系有利于非正式知识的扩散和增加合作的可能性。相似地，组织邻近性也对知识合作具有促进作用，同属某一企业集团的公司之间更有可能发生合作关系，从而减少不确定性。制度邻近性是指主体受到非正式约束和正式规则制约的相似性。研究发现，制度距离阻碍着科研合作。

由于本节探讨的是中国城市间的技术转移网络生长演化机制，基本不存在组织邻近性和制度邻近性的维度影响，但考虑到现有研究多将两个城市的经济发展水平纳入考量范围，特此构建经济邻近性指标，同时基于多维邻近性理论和鉴于城市间的技术转移指数为非负数，且被解释变量的方差明显大于期望，存在"过度分散"。因此，引力模型和负二项式回归方法被引入，研究中国城市技术转移网络的生长机制①：

$$TT_{ij} = \alpha + \beta_1 TIC_i + \beta_2 TIC_j + \beta_3 Geoproxi_{ij} + \beta_4 Ecoproxi_{ij} +$$
$$\beta_5 Cogproxi_{ij} + \varepsilon_{ij} TT_{ij} = Scale_{ij} \times Scope_{ij} \times Speed - 1_{ij} \quad (6.5)$$

式中，α 为常数项；ε_{ij} 为随机误差项；TT_{ij} 为城市 i 与城市 j 之间的技术转移指数，也是本书的被解释变量；TIC_i 和 TIC_j 分别为城市 i 与城市 j 的技术创新能力指数（具体见第四章关于中国技术创新体系的相关论述部分），同时作为引力模型中城市质量的代理变量；$Geoproxi_{ij}$ 为城市 i 与城市 j 之间的地理邻近性，通过计算各个城市之间的距离而获得；$Ecoproxi_{ij}$ 为城市 i 与城市 j 之间的经济邻近性，为一虚拟变量，如果两城市地区生产总值皆高于全国地区生产总值的均值，则赋值为 1，否则为 0；$Cogproxi_{ij}$ 为城市 i 与城市 j 之间的认知邻近性，通过计算两个城市之间的产业结构相似度来获得，通过构建产业结构相似度模型来测算②，用来刻画认知邻近性，计算公式如下：

---

① 杨凡、杜德斌、段德忠等：《城市内部研发密集型制造业的空间分布与区位选择模式——以北京、上海为例》，《地理科学》2017 年第 4 期。
② 任龙、姜学民、傅晓晓：《基于专利权转移的中国区域技术流动网络研究》，《科学学研究》2016 年第 7 期。

$$IndStr_{ij} = \frac{\sum_{k=1}^{k}[(Ind_{i,k} - \overline{Ind_i})(Ind_{j,k} - \overline{Ind})]}{\sqrt{\sum_{k=1}^{k}(Ind_{i,k} - \overline{Ind})^2 \sum_{k=1}^{2}(Ind_{j,k} - \overline{Ind_j})^2}} \quad (6.6)$$

式中，$Ind_{j,k}$ 为城市 i 产业 k 的产出占总产出的比重，$\overline{Ind_i}$ 是 $Ind_{i,k}$ 的均值，k 是产业的数量。由于本书采取划分时段来研究中国城市技术转移网络的时空演化及其生长机制，因此上述变量皆采用各时段平均值进行回归，其中各市专利申请量来源于国家知识产权局专利检索及分析数据库；各市 GDP 和各产业产值则以 2002—2016 年的中国城市统计年鉴为基础，以各省、市、自治区的统计年鉴为补充；城市间的距离则基于 ArcGIS 空间分析技术获取城市间的直线距离。

（二）模型结果

通过对模型进行检验发现，样本方差远大于样本均值，而且 Alpha 的置信区间在 5% 的显著性水平上拒绝"过度分散"参数"Alpha=0"的原假设，即本书使用引力模型和负二项回归方法正确，表 6-8 显示了模型的回归结果。

表 6-8　中国城市技术转移网络生长机制的负二项回归结果

	2001—2005 年	2006—2010 年	2011—2015 年
城市 i 技术创新能力	2.014*** (0.261)	2.896*** (0.101)	2.924*** (0.021)
城市 j 技术创新能力	2.007*** (0.124)	2.914*** (0.107)	2.935*** (0.136)
经济邻近性	0.387** (0.104)	0.529*** (0.114)	0.626*** (0.024)
地理邻近性	0.117 (0.214)	-1.784*** (0.205)	-2.081*** (0.006)
认知邻近性	0.451 (0.379)	0.698*** (0.314)	0.330*** (0.202)
常数	-0.206 (-0.128)	0.374 (0.248)	-0.568 (0.159)

续表

	2001—2005 年	2006—2010 年	2011—2015 年
样本量	848	3005	8646
Alpha	0.769	0.968	1.012
Wald chi2	98.253	245.132	632.124
Prob > chi2	0.0000	0.0000	0.0000
Log pseudolikelihood	-542.124	-1542.168	-2458.657

注：*指 $P<0.10$；＊＊指 $P<0.05$；＊＊＊指 $P<0.01$。

2001—2015 年，城市的技术创新能力是城市技术转移网络生长的重要影响因素，且影响程度呈持续强化趋势。城市间技术转让指数与各自的技术创新能力成正比，即城市的技术创新能力越高，两城之间存在技术转移的可能性就越大，表明中国城市技术转移网络存在显著的强强联合、合作共赢的网络演化态势，这与以往以专利合作为媒介构建的城市技术转移网络和以专利转让构建的省际创新网络的研究结论一致。2001—2015 年，城市经济发展水平对城市间专利技术转移的影响程度逐渐提升，凸显出中国城市技术转移越来越多地发生在经济发展水平相近的城市之间，城市间的经济发展水平越接近，相应的技术需求越一致，越能促进技术转移规模，这与城市技术转移网络演化机制中的经济邻近性分析结论一致，如任龙等对中国各省域之间的专利转移机制研究发现，省际经济水平差距越大，专利转移量就越小[1]。

2001—2015 年，城市间的地理距离对城市专利技术转移的阻抗

---

[1] 任龙、姜学民、傅晓晓：《基于专利权转移的中国区域技术流动网络研究》，《科学学研究》2016 年第 7 期。

作用越发凸显，即城市之间的地理距离与转移的专利数量呈显著的负相关。其中，2001—2005 年城市间的地理距离对城市专利技术转移的影响还不显著，而进入后两个时段则表现出了显著的阻抗作用，2001—2005 年，中国城市技术转移的平均地理距离为 833.92 千米，而大于这一距离的城市技术转移样本量有 297 个，且这 297 个样本量专利转移总量为 1748 件，占整体数量的比重达到 57.48%。而 2006—2010 年和 2011—2015 年，中国城市技术转移的平均地理距离分别达到 856.40 千米和 917.90 千米，且大于这一距离的城市技术转移样本量分别有 994 个和 2664 个，而在这 994 和 2664 个样本量中，专利转移总量分别只占到总体的 41.79% 和 36.95%，由此可见虽然中国城市技术转移的距离在不断增加，但长距离的技术转移量占整体比重却在不断下降，中国城市技术转移网络生长的地理邻近性逐渐凸显。

2001—2015 年，城市产业结构相似度对城市技术转移网络生长的影响程度呈现出波动下降的趋势，但仍然对城市间专利技术转移产生正相关影响。其中，2001—2005 年城市间的产业结构相似度对城市专利技术转移的影响还不显著，而后两个阶段则对城市专利技术转移产生了一定的正向影响，即城市间产业体系越相近，则技术转移量就越大。这一研究结论与已有关于省际技术转移网络研究结论不一致，表明城市产业结构相似度对城市技术转移网络生长的影响存在空间尺度依赖性，但随着影响程度的降低，这种尺度依赖性也在降低。

第五节　本章小结

基于城市技术转移研究理论框架和复杂网络理论，本章探讨了中国城市技术转移网络的时空演化格局及其生长机制，并基于非对称相互依赖理论建构了中国城市技术转移市场的划分体系，从而对中国城市技术转移市场的时空演化进行了研究，得出以下结论：

拓扑结构演化上，2001—2015 年，中国城市技术转移网络规模迅速扩张，逐渐由稀疏网络生长为稠密的复杂网络，且在复杂性发育的过程中，中国城市技术转移网络节点发育呈现出显著的差异性，两极分化严重，但网络关系非常密切；2001—2015 年，伴随着规模的迅速扩张，中国城市技术转移网络加权度中心性位序—规模分布从幂律分布逐渐演化至服从指数分布，渐失其无标度特性，但因具有较大的集聚系数，较小的平均路径长度，小世界性越发强劲。

空间结构演化上，2001—2015 年，三角结构是中国城市技术转移网络生长的基础组织单元，京津地区、长三角地区和珠三角地区组成了中国城市技术转移网络的核心三角，同时随着城市科技创新实力的增强，成渝地区逐渐成为中国中西部地区的创新技术集散中心，与京津地区、长三角地区和珠三角地区共同架构了中国城市技术转移网络的四边形格局；2001—2015 年，中国城市技术转移网络加权度中心性的空间分布始终呈现出三极格局，京津冀、长三角和珠三角成为中国城市专利转移最为活跃和频繁的地区；加权邻近中心性的空间分布差异逐渐缩小，总体格局趋于平衡；而加权介数中心性空间分布呈现出北京一城独大格局。

基于非对称相互依赖理论和中国城市基本技术转移识别的中国技术转移市场发现，过去 15 年来，中国城市技术转移市场不断细分，但整体上呈现出由上海主导向北京主导演替的格局，北京市一城独大，成为全国技术转移市场的核心。但至研究末期，中国城市技术转移市场等级体系尚未完全形成，较多高等级技术交易市场类型缺失。

关联与生长机制上，首先，中国城市技术转移网络中的拓扑关联机制不够显著，并没有形成强的邻近选择偏好性，而是呈跳跃态、跨层次进行转移。其次，中国城市技术转移网络空间关联机制呈现出不断强化的空间正相关效应和地理邻近效应。最后，通过引力模型和负二项式回归分析发现，中国城市创新网络生长与城市技术创新能力显著正相关，且受到地理距离的阻抗作用，凸显出强烈的地理邻近性。经济发展水平相似度和产业结构相似度也是影响城市创新网络生长的重要因素，但经济发展水平相似度对城市创新网络生长的影响程度逐渐提升，而产业结构相似度对城市创新网络生长的影响程度呈现波动下降的趋势。

第七章

中国城市技术转移与区域发展

从创新的概念和全球创新网络理论来看,城市技术转移正是通过主体技术转移的微观利己机制来实现宏观上的"涌现",服务于城市经济增长,是一个"将知识变为钱"的过程。本章从速度效应、集聚效应和开放效应三个层面评估中国城市技术转移的空间效应,并从技术转移体系一体化的视角对长三角城市群、京津冀城市群和珠三角城市群的区域一体化发展进行了剖析。

第一节 技术转移与城市经济增长

基于城市技术转移的结构体系和维度体系,不难发现城市技术转移的空间效应主要有以下三种:第一种是速度效应,即验证城市技术转移速度是否遵循当前创新速度理论的主要结论——速度越快,城市经济增长越快;第二种是开放效应,虽然城市经济理论认为城市的发展动力源于城市基本经济活动,但城市技术转移服务于城市经济增长是依赖于内部转移的城市非基本技术转移还是外向转移的城市基本技术转移还有待验证;第三种是集聚效应,城市通过集聚和扩散实现外向技术转移,那么城市基本技术转移服务于城市经济增长,是通过集聚机制还是通过扩散机制,也有待进一步验证。

一 中国城市技术转移的速度效应

城市技术转移的速度效应主要是为了揭示两个问题：第一个是回答是否越快越好这个问题；第二是回答多快算好这个问题。基于创新速度理论，本书将城市技术转移速度定义为一个城市专利转让的平均花费时间（计算公式见7.1），而将专利转让的时间（Patent Transfer Speed，P_T_Spe）定义为专利申请至专利转让的间隔时间（计算公式见7.1）。为验证城市技术转移的速度效应，这里将城市基本技术转移和城市非基本技术转移进行合并，从而得到城市技术转移整体所花费的平均时间。

$$TT\_Spe = \frac{\sum_{i=1}^{n} P\_T\_Spe_i}{n}, P\_T\_Spe_i = ptime_{transfer} - ptime_{application} \quad (7.1)$$

式中，TT_Spe 为城市技术转移的平均速度；P_T_Spe 为专利转让的速度，即专利转让花费的时间；n 为该城市在这一年中转让的专利件数；$ptime_{transfer}$ 为专利转让的时间；$ptime_{application}$ 为专利申请的时间。

借鉴已有的创新速度研究文献，同时根据专利转让的时间，我们将城市技术转移速度分为四个层次：第一层次为转移所需时间不超过一年（Oneyear），即统计城市每年专利转让中花费时间不超过一年的转移量；第二层次为转移所需时间超过一年，但不超过两年（Twoyear），即统计城市每年专利转让中花费时间超过一年但不超过两年的转移量；第三层次为转移所需时间超过两年，但不超过五年（Fiveyear），即统计城市每年专利转让中花费时间超过两年但不超过五年的转移量；第四层次为转移所需时间超过五年（Upfiveyear），即统计城市每年专利转让中花费时间超过五年的转移量。

以2005—2015年中国城市技术转移空间数据库为数据源，本书基于Stata 12.0建构系列中国城市经济增长的技术转移速度贡献度空间面板回归模型［模型一仅有一个普通变量，即城市技术转移的平均速度（Ave_Speed），用来回答城市技术转移速度效应的第一个问题；模型二有四个普通变量，即城市技术转移速度的四个层次，用来回答城市技术转移速度效应的第二个问题］，从而对城市技术转移的速度效应进行有效的揭示。另外，为增加普通变量解释度的可信度，本书借鉴城市经济增长理论模型[①]，以各行业从业人口总和度量的劳动力（Labor）、全社会固定资产投资度量的资本（Capital）和外商直接投资度量资本变量补充（FDI）三个变量作为控制变量，以城市GDP来衡量城市经济增长水平作为被解释变量，从而构建系列回归模型，以下类同。

（一）模型检验

采用以"city"（城市）为聚类变量的聚类稳健标准误，由于同一个城市不同时期（2005—2015年）之间的扰动项一般存在自相关，而默认的普通标准误计算方法假设扰动项为独立同分布的，因此普通标准误的估计并不准确，故而首先采用混合回归方法对城市技术转移的速度效应进行检验，检验结果见表7-1。

表7-1　　　　中国城市技术转移速度效应的混合回归结果

变量	模型一 系数	标准误差	t	$P>\|t\|$	模型二 系数	标准误差	t	$P>\|t\|$
Labor	121489.600***	34082.190	3.560	0.000	53909.140*	27612.850	1.950	0.052
Capital	0.569***	0.134	4.250	0.000	0.649***	0.079	8.260	0.000
FDI	43.672***	14.207	3.070	0.002	31.032***	8.651	3.590	0.000
Ave_Speed	46491.180	77850.060	0.600	0.551	—	—	—	—
Oneyear	—	—	—	—	663.198	3149.209	0.210	0.833
Twoyear	—	—	—	—	14310.440*	8177.572	1.750	0.081

---

① 王婷、孙斌栋：《技术创新在城市经济增长中的作用》，《城市问题》2015年第2期。

续表

变量	模型一				模型二			
	系数	标准误差	t	$P>|t|$	系数	标准误差	t	$P>|t|$
Fiveyear	—	—	—	—	11086.340	8947.217	1.240	0.217
Upfiveyear	—	—	—	—	-930.588	13615.700	-0.070	0.946
常量	1321069	1281550	1.030	0.304	2817238***	1004256	2.810	0.005

注：*、**和***分别表示10%、5%和1%的显著性水平。

其次，应用随机效应模型对速度效应的两个模型进行检验，回归结果见表6-10。由于模型一 LM 检验的 Chibar2（1）统计值为4347.790，对应的 P 值为0.000，模型二 LM 检验的 Chibar2（1）统计值为5246.110，对应的 P 值为0.000，因而对于速度效应两个回归模型而言，随机效应模型要优于混合模型（表7-1）。

表7-2　　中国城市技术转移速度效应的随机效应回归结果

变量	模型一				模型二			
	系数	标准误差	t	$P>|t|$	系数	标准误差	t	$P>|t|$
Labor	78599.890*	44822.380	1.750	0.080	29547.420	20535.150	1.430	0.151
Capital	0.838***	0.098	8.570	0.000	0.800***	0.050	15.990	0.000
FDI	29.539**	13.169	2.240	0.025	13.755**	5.790	2.380	0.018
Ave_Speed	43597.230	31811.730	1.010	0.312	—	—	—	—
Oneyear	—	—	—	—	876.440	1496.789	0.590	0.558
Twoyear	—	—	—	—	10070.060**	4091.426	2.460	0.014
Fiveyear	—	—	—	—	7899.915	5458.223	1.450	0.148
Upfiveyear	—	—	—	—	10897.730	9123.595	1.180	0.237
常量	1891212	1872401	1.010	0.312	4221300***	911719.600	4.630	0.000

注：*、**和***分别表示10%、5%和1%的显著性水平。

再次，由于每个城市的情况不同，可能存在不随时间变化的遗漏变量，因此考虑用固定效应模型对两个模型进行回归检验，回归结果见表7-3。由于模型一的 F 检验统计值为19.710，对应的 P 值为 0.000，模型二的 F 检验统计值为 30.870，对应的 P 值为 0.000，强烈拒绝"不存在个体随机效应"原假设，因而对于两个模型而言，固定效应模型要优于混合回归模型，且应用豪斯曼检验发现两个模型的 P 值皆为 0.000，因此固定效应模型也优于随机效应模型。

表 7-3　　中国城市技术转移速度效应的固定效应回归结果

变量	模型一 系数	标准误差	t	$P>\|t\|$	模型二 系数	标准误差	t	$P>\|t\|$
Labor	64153.770	45445.950	1.410	0.159	18943.430	15482.990	1.220	0.222
Capital	0.887***	0.100	8.820	0.000	0.831***	0.048	17.290	0.000
FDI	25.443*	13.298	1.910	0.057	9.712*	5.139	1.890	0.060
Ave_Speed	34401.930	36194.280	0.950	0.343	—	—	—	—
Oneyear	—	—	—	—	818.491	1445.880	0.570	0.572
Twoyear	—	—	—	—	9920.652**	3892.355	2.550	0.011
Fiveyear	—	—	—	—	7562.152	5140.896	1.470	0.143
Upfiveyear	—	—	—	—	12815.640	8903.280	1.440	0.151
常量	2487301	2185500	1.140	0.256	4774018***	772031.500	6.180	0.000

注：*、**和***分别表示 10%、5% 和 1% 的显著性水平。数据来源：作者计算得出。

最后，由于也可能存在随时间变化的遗漏变量，因而继续考虑用双向固定效应模型对两个模型进行回归检验，回归结果见表 7-4。由于模型一的 F 检验统计值为 21.050，对应的 P 值为 0.000，模型二的 F 检验统计值为 22.000，对应的 P 值也为 0.000，因此两个模型都强烈拒绝"不存在时间效应"原假设，因而双向固定效应模型也要优于固定效应模型。

表 7-4　　中国城市技术转移速度效应的双向固定效应回归结果

变量	模型一 系数	标准误差	t	$P>\|t\|$	模型二 系数	标准误差	t	$P>\|t\|$
Labor	69445.530	42296.550	1.640	0.102	23704.800*	13944.990	1.700	0.090

续表

变量	模型一 系数	标准误差	t	P>|t|	模型二 系数	标准误差	t	P>|t|
Capital	0.735 ***	0.156	4.710	0.000	0.745 ***	0.069	10.820	0.000
FDI	28.359 *	13.9.6	2.040	0.042	10.972 **	5.556	1.970	0.049
Ave_Speed	-11989.250	35932.860	0.330	0.739	—	—	—	—
Oneyear	—	—	—	—	1162.323	1492.617	0.780	0.437
Twoyear	—	—	—	—	8595.399 **	3582.968	2.230	0.027
Fiveyear	—	—	—	—	7687.801	4947.835	1.550	0.122
Upfiveyear	—	—	—	—	13174.800	8556.520	1.540	0.125
2006年	653021.900 ***	148724.800	4.390	0.000	693851.800 ***	103259.500	6.720	0.000
2007年	1311741 ***	231005	5.680	0.000	1376049 ***	179219	7.680	0.000
2008年	2082461 ***	337253.200	6.170	0.000	1839193 ***	210160	8.750	0.000
2009年	1890668 ***	587185.300	3.220	0.001	1587891 ***	282432.200	5.620	0.000
2010年	2705596 ***	833935.900	3.240	0.001	2197498 ***	417983.100	5.260	0.000
2011年	4553971 ***	901213.700	5.050	0.000	3712050 ***	406318	9.140	0.000
2012年	4402988 ***	1054113	4.180	0.000	3688407 ***	462449.800	7.980	0.000
2013年	3621706 **	1436696	2.520	0.012	2768639 ***	565572.600	4.900	0.000
2014年	3398271 **	1695262	2.000	0.046	2308905 ***	622433.500	3.710	0.000
2015年	4126139 **	2005153	2.060	0.041	2501716 ***	786155.100	3.180	0.002
常量	1098357	2061505	0.530	0.595	3311293 ***	739612.500	4.480	0.000

注：*、**和***分别表示10%、5%和1%的显著性水平。

(二) 模型结果

从模型检验过程来看，中国城市技术转移速度效应的模型优度呈现出双向固定效应模型＞固定效应模型＞随机效应模型＞混合回归模型的态势，因此本书采用双向固定效应模型对中国城市技术转移的速度效应进行回归。

根据回归结果（表7-4），虽然与我们预期相同的是，城市技术转移的平均时间与城市经济增长水平成反比（在模型一中，普通变量 Ave_Speed 的系数小于0），即城市技术转移所花费的时间越短，城市经济增长越快，但其并没有通过显著性检验，表明这种反比关系虽然存在，但不够显著，这似乎预示着城市技术转移速度并不是越快越好，当城市技术转移速度达到某一临界值后，这种反比关系可能会呈现出逆向特征。

　　模型二的回归结果刚好印证模型一的结果。当我们将城市技术转移所花费的时间划分为四个层次进行回归后，发现虽然四个时间段的技术转移量都与城市经济增长水平呈现出正向关系，但其中仅有 Twoyear 这个指标通过显著性检验，而代表最快转移速度的 Oneyear 和相对较慢速度的 Fiveyear 和 Upfiveyear 都没有通过显著性检验，这表明城市技术转移速度对于城市经济增长而言，并不是越快作用越大，而是保持一个相对较快的速度（比如通过模型验证的 1—2 年的时间）对城市经济增长贡献最大，这也佐证了学术界关于技术转移速度的一些"质疑"，即过快的技术转移使得技术拥有方并没有足够的时间去充分评估其拥有的技术的价值，也没有充分的时间去评估受让方是否具有足够的能力去消化这项技术，从而使得技术转移的收益下降，或者使得技术在没有得到很好的商业开发下处于浪费状态[1]。

　　通过城市技术转移速度效应的回归结果，我们不禁会思考当前中国许多地方政府制定的促进科技成果转化的政策是否符合技术转移的客观规律。在当前中国地方政府促进技术转移或者科技成果转化的政策中，"加速科技成果转化"或"加快技术转移"不绝于耳，甚至诸如"全力加快科技成果转化"或"下大力加快技术转移"也时常出现在政府的文件中，或者新闻媒体的"头版头条"。政府过多地强化技术转移的速度有违技术转移的客观规律，可能会适得其反，技术转移并不是越快越好，只要保持一个相对较快的速度就能够很好地促进城市经济增长。

　　通过城市技术转移速度效应的回归结果，我们似乎还可以提出一些疑问，速度是不是城市技术转移中主要的维度？当前学术界集

---

[1] Allain M. Laure, Henry Emeric, Kyle Margaret, "Inefficiencies in Technology Transfer: Theory and Empirics", CEPR Discussion Paper No. DP8206, EconPapers, Sciences Po Publications, Sciences Po., January 2011.

中于阐述技术转移的速度效应是否存在片面性？如果速度不是城市技术转移中主要维度，那又是什么？那么这些问题的回答，将会在下面两个效应机制模型结果中得到解答。

二 中国城市技术转移的集聚效应

城市技术转移的集聚效应主要是为了回答城市是向内集聚技术（基本技术集聚）对其经济增长贡献大还是向外扩散技术（基本技术扩散）对其经济增长贡献大这个问题。由于城市基本技术集聚和基本技术扩散都存在规模、深度、范围和速度四个维度，因而基于Stata12.0建构的中国城市经济增长的技术转移集聚效应模型存在8个普通变量。通过模型结果，我们可以判定如果城市向内集聚技术对其经济增长贡献大，那么是通过规模、深度、范围和速度四个维度中的哪个维度或哪几个维度产生效应？如果城市向外扩散技术对其经济增长贡献大，那么又是通过规模、深度、范围和速度四个维度中的哪个维度或哪几个维度产生效应？如果城市技术转移是既通过基本技术集聚又通过基本技术扩散对城市经济增长产生贡献，那么是通过这两个方面的哪些维度产生效应？通过模型结果，我们还可以为今后中国城市技术转移的政策制定提供指导，即城市政府是通过制定政策加强城市技术集聚还是通过制定政策加强城市技术扩散来为城市经济增长服务？

（一）模型检验

继续首先采用混合回归方法对城市技术转移的集聚效应进行检验，检验结果见表7-5。

表7-5　　　中国城市技术转移集聚效应的混合回归结果

变量	系数	标准误差	t	$P>\mid t\mid$
Labor	60866.880***	22633.490	2.690	0.008
Capital	0.399***	0.128	3.120	0.002

续表

变量	系数	标准误差	t	P>|t|
FDI	35.814***	8.119	4.410	0.000
B_T_A_Sca	-6248.540*	3249.971	-1.920	0.056
B_T_D_Sca	11443.520	10777.600	1.060	0.289
B_T_A_Dep	73483.100**	35127.810	2.090	0.037
B_T_D_Dep	70811.520	55148.780	1.280	0.200
B_T_A_Are	305715.200***	148099.100	2.060	0.040
B_T_D_Are	-18872.340	132482.400	-0.140	0.887
B_T_A_Spe	168824.500***	57789.360	2.920	0.004
B_T_D_Spe	236359.900***	66571.750	3.550	0.000
常量	1639526***	550598.900	2.980	0.003

注：*、**和***分别表示10%、5%和1%的显著性水平。

其次，仍然应用随机效应模型进行回归检验，回归结果见表7-6。由于 LM 检验的 Chibar2（1）统计值为4321.380，对应的 P 值为0.000，因而随机效应模型优于混合模型。

表7-6　中国城市技术转移集聚效应的随机效应回归结果

变量	系数	标准误差	t	P>|t|
Labor	35596.040*	18154.080	1.960	0.050
Capital	0.551***	0.102	5.430	0.000
FDI	25.532***	7.852	3.250	0.001
B_T_A_Sca	1081.446	2779.927	0.390	0.697
B_T_D_Sca	13267.920**	6689.392	1.980	0.047
B_T_A_Dep	13454.650	25303.650	0.530	0.595
B_T_D_Dep	34711.840	35424.430	0.980	0.327
B_T_A_Are	259822.400**	103777.700	2.500	0.012
B_T_D_Are	27622.450	85596.070	0.320	0.747
B_T_A_Spe	120593.200***	35180.290	3.430	0.001
B_T_D_Spe	96584.420***	33142.290	2.910	0.004
常量	36692390***	7403210	4.960	0.000

注：*、**和***分别表示10%、5%和1%的显著性水平。

再次，继续用固定效应模型进行回归检验，回归结果见表7-7。

由于 F 检验统计值为 23.400，对应的 P 值为 0.000，强烈拒绝"不存在个体随机效应"原假设，因而固定效应模型优于混合回归模型，且应用豪斯曼检验发现 P 值为 0.000，因此固定效应模型也优于随机效应模型。

表 7-7　中国城市技术转移集聚效应的固定效应回归结果

变量	系数	标准误差	t	p>|t|
Labor	21387.650	13416.640	1.590	0.112
Capital	0.617***	0.094	6.540	0.000
FDI	20.525***	7.419	2.770	0.006
B_T_A_Sca	2320.724	2845.313	0.820	0.416
B_T_D_Sca	15623.330**	6318.069	2.470	0.014
B_T_A_Dep	7379.802	25727	0.290	0.774
B_T_D_Dep	36372.500	33286.340	1.090	0.276
B_T_A_Are	229252.700**	99069.400	2.310	0.021
B_T_D_Are	2810.736	83368.620	0.030	0.973
B_T_A_Spe	96381.500***	33646.060	2.860	0.005
B_T_D_Spe	67262.930**	32248.460	2.090	0.038
常量	4558653***	610374.100	7.470	0.000

注：*、**和***分别表示10%、5%和1%的显著性水平。

最后，继续用双向固定效应模型进行回归检验，回归结果见表 7-8。由于 F 检验统计值为 26.500，对应的 P 值为 0.000，强烈拒绝"不存在时间效应"原假设，因而双向固定效应模型优于固定效应模型。

表 7-8　中国城市技术转移集聚效应的双向固定效应回归结果

变量	系数	标准误差	t	p>|t|
Labor	24705.600**	12277.720	2.010	0.045
Capital	0.556***	0.107	5.200	0.000

续表

变量	系数	标准误差	t	p>|t|
FDI	19.769 **	7.778	2.540	0.012
B_T_A_Sca	2233.622	2848.270	0.780	0.434
B_T_D_Sca	15293.880 **	6167.139	2.480	0.014
B_T_A_Dep	8323.127	24724.750	0.340	0.737
B_T_D_Dep	37928.040	33271.870	1.140	0.255
B_T_A_Are	239551.500 **	98735.700	2.430	0.016
B_T_D_Are	11195.760	82635.090	0.410	0.892
B_T_A_Spe	-41408.430	26272.970	-1.580	0.116
B_T_D_Spe	-18205.830	29850.410	-0.610	0.542
2006年	646080.500 ***	96664.430	6.680	0.000
2007年	1403281 ***	173915.600	8.070	0.000
2008年	2134525 ***	224028	9.530	0.000
2009年	1842676 ***	352773	5.220	0.000
2010年	2821602 ***	519119.200	5.440	0.000
2011年	4424769 ***	508748.100	8.700	0.000
2012年	4325162 ***	565930.300	7.640	0.000
2013年	2563233 ***	587533.100	4.360	0.000
2014年	1431273 *	776315.800	1.840	0.066
2015年	1497223	977227.900	1.530	0.127
常量	3416411 ***	599620.300	5.700	0.000

注：*、**和***分别表示10%、5%和1%的显著性水平。

(二) 模型结果

从模型检验过程来看，中国城市技术转移集聚效应的模型优度继续呈现出双向固定效应模型 > 固定效应模型 > 随机效应模型 > 混合回归模型的态势，因此本书继续采用双向固定效应模型对中国城市技术转移的集聚效应进行回归。

根据回归结果（表7-8），同样与我们预期结果相同的是，在集聚与扩散8个普通变量中，除基本技术集聚速度（B_T_A_Spe）和基本技术扩散速度（B_T_D_Spe）这两个变量外，基本技术集聚规模（B_ T_ A_ Sca）、基本技术扩散规模（B_ T_ D_ Sca）、基本技术集聚深度（B_ T_ A_ Dep）、基本技术扩散深度（B_ T_ D_ Dep）、基本技术集聚范围（B_ T_ A_ Are）和基本技术扩散范围（B_ T_ D_ Are）这6个变量都与城市经济增长呈现出正向关系，而速度继续呈现出与城市经济增长的负向关系。然而在这8个变量中，仅有基本技术扩散规模和基本技术集聚范围这两个变量通过显著性检验，表明城市技术转移既通过扩散机制对城市经济增长产生作用，又通过集聚机制作用于城市经济增长，但在具体机制上存在差异，即城市经济增长的技术扩散机制是通过规模来反馈，向外扩散的技术数量越多，对城市经济增长的作用越大；而城市经济增长的技术集聚机制则是通过范围来起作用，城市的技术腹地范围越广，城市经济增长越快。这给予了中国城市制定技术转移政策很好的启示：第一，强化城市的技术对外服务功能，扩大技术扩散规模；第二，扩充城市的技术腹地范围，从更广泛的范围获取技术。

从这个回归结果中我们也可得知，在综合考虑技术转移的规模、深度、范围和速度后，速度不再是技术转移的主要维度，这一方面印证了本书的城市技术转移思维框架划分的合理性，另一方面也给予今后技术转移相关研究以启示，即要充分考虑技术转移的多维性。

三 中国城市技术转移的开放效应

城市技术转移的开放效应主要是为了揭示城市是内部技术消耗（非基本技术转移）对其经济增长贡献大还是进行城市间的技术转移（基本技术转移）对其经济增长贡献大这个问题。由于城市非基本技术转移存在规模、深度和速度三个维度，不存在范围这个维度，而且城市基本技术转移的范围又涉及两个方面，因而在这里也去掉范围维度。那么基于Stata 12.0建构的中国城市经济增长的技术转移开放效应模型就存在6个普通变量。通过模型结果，我们可以判定如果城市技术转移是通过非基本技术转移对城市经济增长产生贡献，那么是通过规模、深度和速度三个维度中的哪个维度或哪几个维度产生效应？如果城市技术转移是通过基本技术转移对城市经济增长产生贡献，那么是通过规模、深度、范围和速度四个维度中的哪个维度或哪几个维度产生效应？如果城市技术转移是既通过非基本技术转移又通过基本技术转移对城市经济增长产生贡献，那么是通过这两个方面的哪些维度产生效应？通过模型结果，我们还可以为今后中国城市技术转移的政策制定提供指导，即城市政府是通过制定政策加强城市内部转移还是通过制定政策加强城市间技术转移来为城市经济增长服务。

（一）模型检验

仍然采用以"city"（城市）为聚类变量的聚类稳健标准误，由于同一个城市不同时期（2005—2015年）之间的扰动项一般存在自相关，而默认的普通标准误计算方法假设扰动项为独立同分布的，因此普通标准误的估计并不准确，故而首先采用混合回归方法对城市技术转移的开放效应进行检验，检验结果见表7-9。

表7-9　　　　中国城市技术转移开放效应的混合回归结果

变量	系数	标准误差	t	$p>|t|$
$Labor$	51261.790**	22181.200	2.310	0.022
$Capital$	0.464***	0.110	4.200	0.000
FDI	28.909***	7.093	4.080	0.000
NB_TT_Sca	11116.310***	2482.224	4.480	0.000
NB_TT_Dep	59805.030***	20541.040	2.910	0.004
NB_TT_Spe	210461.100***	67049.220	3.140	0.002
B_TT_Sca	-647.144	1003.853	-0.640	0.520
B_TT_Dep	70792.080**	27713.050	2.560	0.011
B_TT_Spe	167873.100***	56992.360	2.950	0.004
常量	1806211***	569172	3.170	0.002

注：*、**和***分别表示10%、5%和1%的显著性水平。

其次，应用随机效应模型进行回归检验，回归结果见表 7 – 10。由于 LM 检验的 Chibar2（1）统计值为 5325.3，对应的 P 值为 0.000，因而随机效应模型优于混合模型。

表 7 – 10　中国城市技术转移开放效应的随机效应回归结果

变量	系数	标准误差	t	p>|t|
Labor	29102.210 *	16750.050	1.740	0.082
Capital	0.622 ***	0.077	8.050	0.000
FDI	16.448 ***	5.793	2.840	0.005
NB_TT_Sca	11709.450 ***	1402.054	8.350	0.000
NB_TT_Dep	45035.180 **	13377.030	3.370	0.001
NB_TT_Spe	78452.460 **	30754.240	2.550	0.011
B_TT_Sca	481.190	643.400	0.750	0.455
B_TT_Dep	47445.830 **	20430.560	2.320	0.020
B_TT_Spe	95213.410 **	30116.650	3.160	0.002
常量	3658609 ***	690848.700	5.300	0.000

注：*、**和***分别表示10%、5%和1%的显著性水平。

再次，由于每个城市的情况不同，可能存在不随时间变化的遗漏变量，因此考虑用固定效应模型进行回归检验，回归结果见表 7 – 11。由于 F 检验统计值为 27.290，对应的 P 值为 0.000，强烈拒绝"不存在个体随机效应"原假设，因而固定效应模型优于混合回归模型，且应用豪斯曼检验发现 P 值为 0.000，因此固定效应模型也优于随机效应模型。

表 7 – 11　中国城市技术转移开放效应的固定效应回归结果

变量	系数	标准误差	t	p>|t|
Labor	19117.900	12671.620	1.510	0.133
Capital	0.666 ***	0.070	9.510	0.000
FDI	12.839 ***	5.378	2.390	0.018
NB_TT_Sca	12208.420 ***	1464.455	8.340	0.000

续表

变量	系数	标准误差	t	$p>\|t\|$
NB_TT_Dep	30919.540 **	12593.230	2.460	0.015
NB_TT_Spe	50862.400 *	29282.310	1.740	0.084
B_TT_Sca	497.371	672.694	0.740	0.460
B_TT_Dep	51516.790 **	19913.620	2.590	0.010
B_TT_Spe	76101.400 ***	28223.410	2.700	0.007
常量	4362041 ***	623450.300	7.000	0.000

注：*、**和***分别表示10%、5%和1%的显著性水平。

最后，由于也可能存在随时间变化的遗漏变量，因而继续考虑用双向固定效应模型进行回归检验，回归结果见表7-12。由于F检验统计值为25.320，对应的P值为0.000，强烈拒绝"不存在时间效应"原假设，因而双向固定效应模型优于固定效应模型。

表7-12　中国城市技术转移开放效应的双向固定效应回归结果

变量	系数	标准误差	t	$p>\|t\|$
$Labor$	22670.040 *	11891.110	1.910	0.058
$Capital$	0.615 ***	0.080	7.730	0.000
FDI	13.426 ***	5.787	2.320	0.021
NB_TT_Sca	12161.030 ***	1479.376	8.220	0.000
NB_TT_Dep	13864.010	12695.150	1.090	0.276
NB_TT_Spe	-24806.170	25046.200	-0.990	0.323
B_TT_Sca	574.565	680.002	0.840	0.399
B_TT_Dep	62769.150 **	20756.330	3.020	0.003
B_TT_Spe	-11816.510	27946.560	-0.420	0.673
2006年	682486.300 ***	102212.500	6.680	0.000
2007年	1299255 ***	152738.900	8.510	0.000
2008年	1745949 ***	184495.700	9.460	0.000
2009年	1465313 ***	251187.300	5.830	0.000
2010年	2126456 ***	390207.400	5.450	0.000

续表

变量	系数	标准误差	t	p>|t|
2011 年	3478485***	358355.600	9.710	0.000
2012 年	3272766***	365099.500	8.960	0.000
2013 年	2125219***	541071.100	3.930	0.000
2014 年	1696673***	553196.300	3.070	0.002
2015 年	1748951**	791939.200	2.210	0.028
常量	3503700***	626191	5.600	0.000

注：*、**和***分别表示10%、5%和1%的显著性水平。

（二）模型结果

从模型检验过程来看，中国城市技术转移开放效应的模型优度依然呈现出双向固定效应模型>固定效应模型>随机效应模型>混合回归模型的态势，因此本书依然采用双向固定效应模型对中国城市技术转移的开放效应进行检验。

根据回归结果（表7-12），在6个普通变量中，仅有非基本技术转移规模（NB_TT_Sca）和基本技术转移深度（B_TT_Dep）这两个变量对城市经济增长的作用显著，突出表明城市内部转移技术规模越大，对城市经济增长的作用就越明显，这也与中国城市技术转移持续性地以非基本技术转移为主有关。而城市进行城际间技术转移对城市经济增长的作用集中体现在转移的技术类别数量上，转移的技术类别数量越多，对城市经济增长的作用就越大。毋庸置疑，城市基本技术转移深度源于城市自身的技术创新体系深度和产业体系的厚度，即与专业化的技术创新体系和产业体系相比，多样性的技术创新体系和多样性的产业体系更有利于城市经济增长。这给予了中国城市制定技术转移政策很好的启示：第一，要强化技术的本地化转移，扩大就地转移规模；第二，要丰富本地技术创新体系和产业体系，增加本地技术种类和产业门类；第三，要多样性地扩散本地技术和集聚外来技术。

另外，从这个回归结果中我们也可以得出，在城市技术转移四个维度中，技术转移的速度对于城市经济增长的作用并未呈现出将其单独视之那样显得重要，这一方面继续印证了将城市技术转移划分为四个维度的理论框架的正确性，另一方面也对当前集中于创新速度效应揭示的研究提出了很好的质疑，即仅仅关注技术转移的速度，或者仅仅加快技术转移速度，对城市经济增长的作用并不显著，甚至会因忽视其他方面而导致适得其反。

第二节　技术转移与区域一体化发展

近年来，区域一体化越来越被视为获取利益和应对全球化负面影响的工具[①]。从早期注重于（尽管现在也非常注重）消除同一区域内国家间的贸易壁垒以实现区域经济一体化[②]，区域一体化在越来越强调区域制度一体化和区域政治一体化的同时，也越来越关注国家内部的区域发展不平衡问题[③]。得益于经济全球化和区域经济一体化，中国经济在改革开放后，经历了40年的高速发展时期，取得了举世瞩目的成就。但中国国内的区域发展不均衡问题一直是

---

① Krugman Paul and Venables J. Anthony, "Globalization and the Inequality of Nations", *The Quarterly Journal of Economics*, Vol. 110, No. 4, Nov. 1995, pp. 857 – 880; Július Horvath and Grabowski Richard, "Core and Periphery in the World Economy: An Empirical Assessment of the Integration of the Developing Countries into the World Economy", *International Economic Journal*, Vol. 13, No. 4, 1999, pp. 35 – 51; Krieger-Boden Christiane and Soltwedel Rüdiger, "Identifying European Economic Integration and Globalization: A Review of Concepts and Measures", *Regional Studies*, Vol. 47, No. 9, 2013, pp. 1425 – 1442.

② Kiggundu N. Kiggundu and DeGhetto Kaitlyn, "Regional integration: Review of the Management Literature and Implications for Theory, Policy, and Practice", *Africa Journal of Management*, Vol. 1, No. 4, Dec. 2015, pp. 303 – 332.

③ Chung Him, "Unequal Regionalism: Regional Planning in China and England", *Planning Practice & Research*, Vol. 30, No. 5, Otorber 2015, pp. 570 – 586; Crane Bret, Albrecht Chad, Duffin Mchay Kristopher, et al., "China's Special Economic Zones: An Analysis of Policy to Reduce Regional Disparities", *Regional Studies, Regional Science*, Vol. 5, No. 1, Feb. 2018, pp. 98 – 107.

中国经济发展问题的核心,也是制约中国经济由高增速向高质量进阶的主要因素。因在缩小区域内部发展差距方面的卓越贡献,区域一体化也被中国各级政府作为发展区域经济的有效政策工具[1],如京津冀城市群协同发展,长江三角洲区域一体化,粤港澳大湾区建设等。

区域一体化是管理学、经济学以及区域研究中的核心议题,其是缩小区域内部差距的手段,也是发展区域经济的目标。在内涵上,虽然已有研究从多个视角(贸易一体化、旅游一体化、产业一体化、设施一体化、金融一体化等)阐释了区域一体化[2],但关于区域一体化的内涵几乎没有争议,即都强调区域内的紧密联系和区域内的差距不断缩小。在测度上,已有研究一方面通过建构引力模型、协调度模型、耦合度模型、网络社团划分等来测度区域一体化的发展程度,尤其在贸易理论模型和新经济地理模型中,区域一体化通常被刻画为贸易成本的倒数或距离衰减函数[3];另一方面也通过建构区域一体化指数来对区域一体化发展进行评估,如欧洲央行指数,亚太区域合作与一体化指数、非洲区域一体化指数等。在区域一体化指数中,区域内贸易份额通常被视为评估区域一体化是否实现的最为直接的指标,如欧盟一体化的有力证据之一就是区域内贸易份额

---

[1] Liu Weidong, Dunford Michael, Song Zhouying, et al., "Urban-rural Integration Drives Regional Economic Growth in Chongqing, Western China", *Area Development and Policy*, Vol. 1, No. 1, Apr. 2016, pp. 132 – 154.

[2] 刘生龙、胡鞍钢:《交通基础设施与中国区域经济一体化》,《经济研究》2011年第3期;戴斌、黄璜:《区域旅游一体化的理论建构与战略设计——以京津冀为例》,《人文地理》2016年第3期;季菲菲、陈雯、魏也华等:《长三角一体化下的金融流动格局变动及驱动机理——基于上市企业金融交易数据的分析》,《地理学报》2014年第6期。

[3] Combes Pierre-Philippe and Lafourcade Miren, "Transport Costs: Measures, Determinants and Regional Policy Implications for France", *Journal of Economic Geography*, Vol. 5, No. 3, June 2005, pp. 319 – 349; Hanson H. Gordon, "Market Potential, Increasing Returns and Geographic Concentration", *Journal of International Economics*, Vol. 67, No. 1, September 2005, pp. 1 – 24.

持续超过60%。此外,区域一体化指数还分别从区域内进口份额和区域内出口份额视角评估区域商品供应链和区域商品销售链的一体化进程。然而,无论是国家间的区域一体化还是国家内部的区域一体化,现有的研究大多从成本衰减的视角探测区域一体化程度,也多着眼于基于物质流、资金流的区域一体化,而基于信息(知识、技术)流的区域一体化研究还很少见。

基于此,本节以长三角城市群(江苏、浙江、安徽和上海"三省一市"的26个城市)、京津冀城市群(北京、天津和河北"两市一省"的13个城市)和珠三角城市群(广东省9个地级市)为例,试图通过评估基于专利转让的技术转移体系的一体化程度来理解中国三大城市群的区域一体化进程差异,一方面以期对区域一体化研究提供新的分析视角和分析方法,另一方面也试图为中国的区域一体化发展提供案例支撑和政策指导。

一 技术转移下的区域一体化评价体系建构

受区域一体化评价体系中常用的诸如区域内进口份额和区域内出口份额等指标启发,本章也根据城市在区域内和区域外的技术输入和输出份额,对城市的技术输入类型和技术输出类型做如下划分,具体见表7-13。

表7-13　　城市群内部城市技术输出与输入类型划分

定义	判定标准	描述
完全内源型	$C_{D^{in}}^{in^w} > C_{D^{ex}}^{in^w}$ 且 $C_{D^{ex}}^{in^w} = 0$	专利输入完全来自于城市群内部
完全内给型	$C_{D^{in}}^{out^w} > C_{D^{ex}}^{out^w}$ 且 $C_{D^{ex}}^{out^w} = 0$	专利输出完全面向城市群内部
主要内源型	$C_{D^{in}}^{in^w} > C_{D^{ex}}^{in^w} > 0$	专利输入主要来自于城市群内部
主要内给型	$C_{D^{in}}^{out^w} > C_{D^{ex}}^{out^w} > 0$	专利输出主要面向城市群内部
完全外源型	$C_{D^{ex}}^{in^w} > C_{D^{in}}^{in^w}$ 且 $C_{D^{in}}^{in^w} = 0$	专利输入完全来自于城市群外部

续表

定义	判定标准	描述
完全外给型	$C_{D^{in}}^{out^w} > C_{D^{ex}}^{out^w}$ 且 $C_{D^{in}}^{out^w} = 0$	专利输出完全面向城市群外部
主要外源型	$C_{D^{ex}}^{in^w} > C_{D^{in}}^{in^w} > 0$	专利输入主要来自城市群外部
主要外给型	$C_{D^{ex}}^{out^w} > C_{D^{in}}^{out^w} > 0$	专利输出主要面向城市群外部

注：$C_{D^{in}}^{in^w}$ 为城市在区域内的技术输入量；$C_{D^{ex}}^{in^w}$ 为城市在区域外的技术输入量；$C_{D^{in}}^{out^w}$ 为城市在区域内的技术输出量；$C_{D^{ex}}^{out^w}$ 为城市在区域外的技术输出量。

基于以上城市技术输入类型和输出类型划分体系将城市群内部城市的技术转移类型又划分为3种类型（表7－14）：第一种为内流型，即技术转移完全或主要发生在城市群内部；第二种为外流型，即技术转移完全或主要依赖于城市群外部；第三种为混流型，即技术转移在输入和输出方面，总有一个依赖城市群外部。

表7－14　　　　　城市群内部城市技术转移类型划分

技术转移类型	技术输入类型	技术输出类型
内流型	完全内源型	完全内给型
	完全内源型/主要内源型	—
	—	完全内给型/主要内给型
	主要内源型	主要内给型
混流型	主要内源型	主要外给型
	主要外源型	主要内给型
外流型	完全外源型	完全外给型
	完全外源型/主要外源型	—
	—	完全外给型/主要外给型
	主要外源型	主要外给型

最后，本书从 3 个层面提出了城市群技术转移体系一体化程度测度标准：首先是整体层面，又包括两个方面，一个是区域内技术转移份额，即内部技术转移网络中转移的专利数量是否超过外部技术转移网络中流通的专利数量，另一个则是三大城市群是否在中国城际技术转移整体网络中独自形成一个单独的社区；其次是技术供应链层面，即城市群的技术来源（供给）是否完全（或主要）依赖于城市群内部；最后则是技术销售链层面，即城市群的技术市场（销售）是否完全（或主要）依赖于城市群内部。

二 整体层面的城市群技术转移体系一体化

2001—2015 年，融入中国城际技术转移网络中的城市数量由第一阶段的 239 个增长至第三阶段的 347 个，在网络中流转的专利数量由第一阶段的 3146 件增长至第三阶段的 104476 件。对于三大城市群而言，皆有少数几个城市在第一阶段未参与到内部城际技术转移网络或外部城际技术转移网络中，而在第二阶段和第三阶段所有城市都融入网络中。其中长三角城市群区内专利转移数量和区内技术转移份额分别由第一阶段的 167 件和 13.9% 增长至第三阶段的 15707 件和 31.3%；珠三角城市群区内专利转移数量虽由第一阶段的 278 件增长至第三阶段的 5237 件，但其区内技术转移份额却由第一阶段的 24.8% 下降至第三阶段的 20.05%；京津冀城市群区内专利转移数量和区内技术转移份额分别由第一阶段的 82 件和 8.17% 增长至第三阶段的 3645 件和 12.82%，由此可见，虽然三大城市群区内技术转移数量在快速增长，但区内技术转移份额皆低于 50%，三大城市群在技术转移方面还未实现区域一体化。另外，在三大城市群差异上，长三角城市群和京津冀城市群的技术转移体系皆朝着一体化方向发展，尤其是长三角城市群，其技术转移体系一体化程度最高，而珠三角城市群的技术转移体系却朝着分散化的方向发展，一体化程度逐渐降低（表 7-15）。

表7-15 不同尺度不同类别下的城际技术转移网络中城市节点数与专利数量

尺度	网络类别	属性	2001—2005年	2006—2010年	2011—2015年
中国	—	城市节点数	239	318	347
		转移的专利数量	3146	19099	104476
长三角城市群	内部网络	城市节点数	22	26	26
		转移的专利数量	167	2507	15707
	外部网络	内部城市节点数	21	26	26
		外部城市节点数	68	184	278
		转移的专利数量	1027	5494	34433
珠三角城市群	内部网络	城市节点数	9	9	9
		转移的专利数量	278	1214	5237
	外部网络	内部城市节点数	8	9	9
		外部城市节点数	90	177	280
		转移的专利数量	840	4126	20885
京津冀城市群	内部网络	城市节点数	12	13	13
		转移的专利数量	82	804	3645
	外部网络	内部城市节点数	9	13	13
		外部城市节点数	111	213	302
		转移的专利数量	922	5274	24785

三 技术供应链视角下的城市群区域一体化

（一）长三角城市群：朝一体化方向发展，大部分城市的技术获取依赖于内部

2001—2015年，长三角城市群26个城市从城市群内部和外部获取的专利数量分别由第一阶段的167件和579件增长至第三阶段的15707件和18930件，虽然其区内技术输入份额由第一阶段的22.48%快速增长至第三阶段的45.35%，但依然低于50%，这意味着技术供应链下的长三角城市群区域一体化尚未实现。细致来看，在第一阶段，有8个城市（南通、合肥、芜湖、绍兴、盐城、马鞍山、安庆、舟山）既没有从内部获取专利也没有从外部获取专利，

有 3 个城市（池州、铜陵和宣城）的技术输入完全来自城市群内部，有 5 个城市（金华、湖州、扬州、嘉兴和滁州）从内部获取专利的比重超过 50%（小于 100%），而其余 10 个城市则主要从城市群外部获得专利，特别是在上海，其区内技术输入份额低于 10%；在第二阶段，有 2 个城市（铜陵和舟山）没有专利输入活动，而其余 24 个城市都从长三角城市群内部和外部获取专利，其中有 12 个城市的区内技术输入份额超过 50%；在第三阶段，所有城市都有专利输入活动，其中 17 个城市的区内技术输入份额超过 50%，在其余 9 个城市中，绍兴的专利获取完全依赖城市群外部。从长三角城市群的专利输入类型演化来看，内源型（包括完全内源型和主要内源型）的城市数量从第一阶段的 8 个增加到第三阶段的 17 个，表明虽然长三角城市群从内部获取的专利数量少于从外部获取的专利数量，但大多数长三角城市的技术获取依赖内部技术转移网络，长三角城市群区域一体化的技术转移网络建构势在必行。

（二）珠三角城市群：朝一体化相反方向发展，技术输入格局基本保持

2001—2015 年，虽然珠三角城市群 9 个城市从内部获取的专利数量由第一阶段的 278 件快速增长至第三阶段的 5237 件，但其区内技术输入份额却由第一阶段的 37.22% 下降至第三阶段的 35.54%，这表明技术供应链下的珠三角城市群正朝着一体化的相反方向发展。细致来看，在第一阶段，仅有肇庆这 1 个城市没有专利输入活动，而其余 8 个城市皆从内部和外部获取专利，其中东莞、佛山、惠州和江门这 4 个城市的区内技术输入份额超过 50%，广州、深圳、珠海和中山这 4 个城市专利获取主要来自于外部，尤其是深圳，其区内技术输入份额仅为 13.68%；在第二阶段，9 个城市皆从城市群内部和外部获取专利，其中肇庆、东莞、惠州、江门和中山这 5 个城市主要从内部获取专利，为主要内源型城市，佛山、广州、深圳和珠海这 4 个城市的区域技术输入份额小于 50%，为主要外源型城市；在第三阶段，珠三角城市群 9 个城市的技术输入情况基本延续上一

阶段，仅东莞这1个城市的技术输入类型发生变化，由上一阶段的主要内源型转变为这一阶段的主要外源型。总体来看，珠三角城市群城市技术输入类型的总体格局在这15年间基本保持，深圳、广州和珠海这3个城市的技术输入始终主要来源于外部，江门和惠州这两个城市的技术输入也始终主要来源于内部。

（三）京津冀城市群：一体化程度最低，大部分城市的技术获取依赖于外部

2001—2015年，京津冀城市群13个城市从城市群内部和外部获取的专利数量分别由第一阶段的82件和509件增长至第三阶段的3645件和14132件，虽然其区内技术输入份额由第一阶段的13.87%总体增长至第三阶段的20.50%，但其在第二阶段的区内技术输入份额达到26.84%，因而对于京津冀城市群，其技术供应链下的区域一体化程度虽整体上升，但是近年来下降明显，且其一体化程度在三大城市群中最低。细致来看，在第一阶段，衡水、秦皇岛、张家口和承德这4个城市没有任何专利输入活动，沧州和邢台这2个城市的技术输入完全来自京津冀城市群内部，为2个完全内源型城市，保定、石家庄、邯郸和廊坊这4个城市从内部获取专利的比重超过50%，为4个主要内源型城市，北京、唐山和天津为3个主要外源型城市，技术输入主要来自城市群外部，其中北京的区内技术输入份额仅有11.87%；在第二阶段，仅有邢台这1个城市没有专利输入活动，而其余12个城市都从京津冀城市群输入了专利，其中，秦皇岛、承德、石家庄、廊坊、唐山和天津这6个城市的区内技术输入份额超过50%；在第三阶段，所有城市都有专利输入活动，其中邢台、承德、廊坊、唐山、衡水和张家口这6个城市的区内技术输入份额超过50%，其余7个城市皆主要从外部获取专利。总体来看，京津冀城市群内源型的城市数量比重明显降低，由第一阶段的66.67%下降至第三阶段的46.15%，大部分城市的技术获取越发依赖外部技术转移网络。

四 技术销售链视角下的城市群区域一体化

（一）长三角城市群：已实现一体化，以上海为核心的一体化技术转移网络加速形成

2001—2015 年，长三角城市群 26 个城市向城市群内部和外部转移的专利数量分别由第一阶段的 167 件和 451 件增加到第三阶段的 15707 件和 15503 件，其区内技术输出份额已经由第一阶段的 27.02% 增加到第三阶段的 50.33%，表明技术销售链下的长三角城市群区域一体化已经实现。具体来看，在第一阶段，马鞍山、滁州、铜陵、池州和盐城这 5 个城市没有专利输出活动，镇江和舟山这 2 个城市的专利输出完全面向长三角城市群内部，南通、芜湖和宣城这 3 个城市的专利输出则完全面向长三角城市群外部，在其余 16 个城市中有 10 个城市（主要集中在浙江省，如杭州、湖州、嘉兴、宁波、台州、绍兴和金华）的区内技术输出份额超过 50%，这一阶段上海的区内技术输出份额最低，仅为 12.43%；在第二阶段，仅有池州这 1 个城市没有专利输出活动，而其余 25 个城市都面向长三角内部和外部输出专利，其中有 17 个城市的区内技术输出份额超过 50%；在第三阶段，所有 26 个城市都有专利输出活动，其中 14 个城市的区内技术输出份额超过 50%。从长三角城市群的专利输出类型演化来看，内给型（包括完全内给型和主要内给型）的城市数量由第一阶段的 12 个增加到第二阶段的 17 个，然后下降至第三阶段的 14 个，另外作为长三角城市群中专利输出最多的城市，上海的专利输出类型已经由前两个阶段的主要外给型转变为第三阶段的主要内给型，由此可见以上海为核心的长三角城市群区域一体化的技术转移网络正在建构。

（二）珠三角城市群：也朝一体化相反方向发展，技术销售主要面向外部

2001—2015 年，珠三角城市群 9 个城市向城市群内部和外部转移的专利数量分别由第一阶段的278件和371件快速增加到第三阶段的5237件和11387件，但其区内技术输出份额却从第一阶段的42.84%持续下降至第三阶段的31.50%，这表明技术销售链下的珠三角城市群也朝着一体化的相反方向发展。具体来看，在三个阶段中珠三角地区9个城市都有专利输出活动，其中在第一阶段，仅有肇庆这1个城市的专利输出完全面向珠三角城市群内部，为完全内给型城市。佛山、广州和中山这3个城市的区内技术输出份额超过50%，为3个主要内给型城市。其余5个城市的区内技术输出份额低于50%，为5个主要外给型城市。在第二阶段，珠海这个城市的专利输出完全面向珠三角城市外部，为完全外给型城市。肇庆、惠州和江门这3个城市的区内技术输出份额超过50%，为3个主要内给型城市，其余5个城市则皆为主要外给型城市。在第三阶段，仅肇庆这1个城市的区内技术输出份额超过50%，而其余8个城市的专利输出皆主要面向珠三角城市群外部。综合来看，珠三角城市群外给型的城市数量逐渐增多，占据主导地位，珠三角城市群的技术销售越发不受限于城市群边界，而面向城市群外部。

（三）京津冀城市群：朝一体化方向发展，大部分城市的技术销售面向内部

2001—2015年，京津冀城市群13个城市向城市群内部和外部转移的专利数量分别由第一阶段的82件和413件增长至第三阶段的3645件和10653件，其区内技术输出份额由第一阶段的16.57%持续增长至第三阶段的25.49%，表明技术供应链下的京津冀城市群区域一体化还未实现，但正朝着一体化方向发展。具体来看，在第一阶段，仅有邢台这1个城市没有任何专利输出活动，也仅有承德这1个城市的专利输出完全面向城市群外部，沧州、唐山、衡水、廊坊和张家口这5个城市的专利输出完全面向城市群内部，为5个完全内给型城市。在其余6个城市中，北京、石家庄和天津这3个城市的专利输出主要面向城市群外部，为3个主要外给型城市。在第二阶段，所有13个城市都向城市群内部和外部输出专利，其中沧州、

唐山、衡水、张家口、承德、邢台、保定和邯郸这8个城市的专利输出主要面向城市群内部，为8个主要内给型城市。在第三阶段，主要内给型的城市数量增加至10个，除上一阶段的8个城市外，廊坊和石家庄这2个城市的专利输出在这一阶段也主要面向城市群内部。总体来看，京津冀城市群大部分城市的专利输出面向城市群内部，且内给型城市数量不断增多，由第一阶段的8个增长至第三阶段的10个，这表明内给型城市在京津冀城市群城市的技术销售链中的地位越发重要。

第三节 本章小结

微观主体层面的技术转移服务于主体经济收益，而城市技术转移就是通过技术转移从而促进城市经济增长。本章基于多种空间面板回归模型对中国城市技术转移的空间效应进行了揭示，同时也试图从技术转移体系一体化的视角对中国三大城市群的区域一体化进程进行阐释，得出以下结论：

（1）双向固定效应模型揭示的中国城市技术转移空间效应显示，中国城市技术转移既通过速度效应，也通过集聚效应和开放效应服务于城市经济增长，但并不是速度越快越好，检验发现技术转移平均速度以2年最为合适；中国城市技术转移集聚扩散效应是通过扩散规模和集聚范围对城市经济增长产生作用；而城市技术转移的开放效应则是通过内部技术转移规模和外部技术转移深度服务于城市经济增长。

（2）在总体层面，因区内技术转移份额始终低于50%，长三角、珠三角和京津冀这三大城市群在技术转移视角下的区域一体化皆未实现，其中长三角城市群和京津冀城市群正朝着一体化方向发展，而珠三角城市群却相向而行。中国城际技术转移网络的社区结构探测也从整体层面印证了这三大城市群的区域一体化尚未实现。

在技术供给链层面，因区内技术输入份额也始终低于50%，技术供应链视角下的区域一体化在三大城市群也皆未实现。但在三大城市群之间差别依然较大，其中长三角城市群技术供应链一体化程度最高，且快速朝一体化方向发展，大部分城市技术获取依赖区内技术转移网络；珠三角城市群技术供应链一体化程度次之，但朝着一体化相反方向发展；京津冀城市群一体化程度最低，且近年来呈现出快速下降趋势，大部分城市的技术获取越发依赖外部技术转移网络。在技术销售链层面，仅有长三角城市群的区内技术输出份额超过50%，实现了技术销售链层面的区域一体化，以上海为核心的一体化技术转移体系正加速形成。珠三角城市群的区内技术输出份额持续下降，大部分城市的技术销售越发依赖城市群外部。京津冀城市群的区内技术输出份额持续上升，且大部分城市的技术销售越发依赖城市群内部。

（3）区域创新系统和区域创新网络已经被广泛用来阐释区域创新发展和高绩效发展的机理，但也有很多研究指出这种局域化或区域范围固定的视角往往忽视了外部环境对区域发展的影响。城市群区域一体化显然是有边界的，但城市群技术转移体系往往会超越区域边界。三大城市群中，混流型和外流型的城市数量在不断增加，意味着三大城市群的技术流动越来越多地跨越边界，区域内技术转移网络越来越无法满足城市群的技术发展需求。

第八章

结论、展望与建议

第一节 主要结论

　　毋庸置疑，城市技术转移系统是一开放复杂的巨系统，因而具体到城市技术转移体系的研究，不宜过早给出定论，尤其是创新性的结论，主要是研究对象本身的复杂性和笔者经验认识的有限性使然。但正所谓"有始有终"，一项研究工作终究还是得有自己的"结论"。因此，本书在这里将笔者思索两年的"心得"和研究"发现"略举一二。

一　中国城市技术转移活动高度遵循宏观上的空间集聚规律和微观上的地理邻近效应

　　空间集聚性是科技创新活动的第一特征，而知识溢出的地理邻近性又是科技创新活动空间集聚特征的内在机制。在中国城市体系尺度上，由京津冀、长三角、珠三角、成渝地区、山东半岛等多地区控制的中国技术创新多极格局正在形成，而在这两个尺度的技术创新格局演进中，皆凸显出强劲的地理邻近性特征。科技创新活动空间分布集聚性的无尺度依赖性特征决定了内生于其的技术转移活动也必然呈现出空间集聚性和地理邻近性特征，主要表现在：

其一，中国技术转移活动在空间上高度集聚。无论是城市非基本技术转移还是城市基本技术转移，无论是城市技术转移规模、深度、范围还是速度，中国城市技术转移活动都呈现出空间上的高度集聚性规律和统计上的两极分化特征，长三角、京津冀和珠三角是中国城市技术转移最为活跃和频繁的地区，北京、上海和深圳是中国城市技术转移的三大中心城市。

其二，中国技术转移中心城市在空间上高度集聚。通过构建城市技术转移能力综合评估体系发现，中国技术转移能力前十的城市在空间分布上都呈现出区域集中的态势，如长三角地区的上海、苏州、杭州、宁波和南京；珠三角地区的深圳、广州、东莞和佛山；京津冀地区的北京和天津，表明技术转移并不会在区域上形成空间塌陷效应，存在多个技术转移中心在区域内部共存的现实证据。

其三，地理邻近性是中国城市技术转移结构差异性和网络连接的空间机制。首先，城市技术转移的地理邻近性决定了城市率先转移本城内的创新技术，这使得非基本技术转移成为中国城市技术转移的主体；其次，城市技术转移的地理邻近性也使得中国城际技术转移由多发生于跨区域间向多发生于区域内转变；最后，中国城市技术转移的集聚演化模式呈现出显著的空间相关性，4种类型基本呈"抱团"分布。

二　技术差距是中国城市技术转移网络演化的动力与拓扑连接机制

空间差异格局和空间联系网络是分析经济活动空间特征的两大视角，而其中空间差异决定空间联系，空间联系源于空间差异。创新经济学中的技术差距理论早已揭示出技术差距是技术转移的动力机制，并在以跨国公司技术转移的南北技术转移实践中寻得证据。本书研究发现，在国家内部，技术差距仍然是技术转移的动力与拓扑连接机制，主要表现在：

其一，由大城市主导并推动的中国城市技术创新体系演变，使得中国城市技术转移体系的演变也由少数大城市主导并推动。大城市的"大"一方面体现在城市技术创新能力上，研究发现城市的技术创新能力是城市技术转移网络生长的重要影响因素，且影响程度呈持续强化趋势，中国城市技术转移网络存在显著的强强联合、合作共赢的网络演化态势；另一方面体现在城市经济发展水平上，研究同样发现，中国城市技术转移越来越多地发生在经济发展水平相近的城市之间，城市间的经济发展水平越接近，相应的技术需求越一致，那么两者之间的技术转移指数就越高。

其二，中国城市技术转移网络中的拓扑关联机制没有形成强的邻近选择偏好性，反映出中国城市技术转移网络的生长演化没有体现出诸如社会网络"强强关联"下等级梯度扩散效应，而是呈跳跃态、跨层次进行转移。在2001—2015年这15年时序发展中，中国城市技术转移网络正是在跳跃转移的连接机制下生长演化，新融入城市技术转移网络的城市并不是选择与其地位相近的城市进行技术转移活动，而是直接与网络核心城市进行技术转移活动。

其三，基于技术差距的拓扑连接机制使得大部分城市选择与中国成熟技术转移核心城市北京进行技术转移，从而使得中国城市技术转移网络社团划分结果与城市空间分布具有良好对应性的特征逐渐消失，全国大部分城市被划分进一个社团之内，中国技术转移网络逐渐形成全国统一的市场体系。而基于非对称相互依赖理论识别的中国城市技术转移市场体系也印证了这一点，即中国城市技术转移市场等级体系尚未完全形成，较多高等级技术转移市场类型缺失，仅有作为中国城市技术转移核心城市的北京一个城市，成为全国性技术交易市场城市。

三 "速度—集聚—开放"的城市技术转移空间效应体系很好地阐释了城市技术转移如何作用于城市经济增长

城市技术转移是城市科技创新活动的一部分，又从属于城市经济活动，目的是服务于城市经济增长。基于城市技术转移的非基本和基本二元结构，城市技术转移的规模、深度、范围和速度四维框架体系，本书建构的城市技术转移"速度—集聚—开放"渐进式的空间效应评估体系一方面很好地阐释了城市技术转移如何作用于城市经济增长，另一方面也印证了在技术转移的空间研究层面，速度不是主要的维度，需综合考虑空间技术转移的多维性，主要表现在：

其一，主流的创新经济学广泛地认为技术转移的速度越快技术转让方的收益越大，虽然近年来有一些质疑之声兴起，即技术转移速度过快有可能适得其反，但因缺乏实证证据颇受"创新速度论"推崇者的"谴责"。本书对中国城市技术转移速度效应的实证研究则很好地佐证了这一"质疑"，即城市技术转移在速度上可能存在一个"阈值"，以中国城市技术转移体系为实证研究结果显示，城市技术转移以 2 年最为合适。

其二，城市技术转移的集聚经济效应和扩散经济效应并不是通过所有维度产生作用，仅突出表现在以集聚范围为代表的城市技术腹地范围和以扩散规模为代表的对外技术扩散量上，而速度等其他维度在城市技术转移的集聚—扩散效应中并不显著。

其三，城市技术转移的开放效应也不是通过所有维度产生作用，仅表现在以内部消耗量为代表的非基本技术转移规模和以技术贸易多样性为代表的基本技术转移深度上，同样，速度等其他维度在城市技术转移的开放效应中并不显著。

第二节　主要创新之处

由于研究对象的复杂性和认识发展的局限性，技术转移空间研究一直没有突破空间尺度和解释理论匮乏的束缚，处于理论研究的借鉴和移植阶段。因此有学者呼吁：一是加强理论探索，建构技术转移空间研究的理论框架；二是突破空间尺度和数据的约束，加强城市尺度的技术转移的实证研究。从这个角度来看，本书建构理论与实证分析相结合的研究范式，研究目的基本是达到了。一方面，从概念体系、结构体系、维度体系和效应体系建构了城市技术转移的理论研究框架，引入和改进了部分创新地理学空间计量模型和复杂网络模型；另一方面，基于中国城市体系这一尺度和城市间专利转让这一数据源展开实证分析，实现了空间尺度的向下扩展。

一　理论层面

将微观主体层面的技术转移抽象至空间层面，并基于城市经济理论，从概念体系、结构体系、维度体系和效应体系四个层次构建了城市技术转移研究的理论框架，主要理论创新体现在以下四个方面：

其一，从专利、技术和创新的定义开始，到专利转让、技术转移、技术创新和科技成果转化的概念辨析，本书系统性地探讨了技术转移相关概念内涵。

其二，以往的区域技术转移研究仅关注区域间的技术转移，对区域内部的技术转移选择性地"失明"。本书从城市经济理论出发，围绕城市经济活动的本质规律和开放性特征将城市技术转移活动划分为城市非基本技术转移和城市基本技术转移两个组成部分，同时又将城市基本技术转移划分为城市基本技术集聚和城市基本技术扩散两个部分，实现了城市技术转移内容上的统一、方向上的统一和结构上的统一。

其三，以往的技术转移研究仅关注技术转移的规模和速度，由此建构了技术转移的规模效应理论和创新速度理论。本书从一般经济理论出发，基于"技术"的商品属性，从产品规模、产品多样性、市场范围和销售速度四个方面建构了城市技术转移的规模、深度、范围和速度四个维度，实现了对城市技术转移活动的多维解剖，也实现了城市技术转移研究的框架统一。

其四，从属于城市经济活动的一部分，城市技术转移必然服务于城市经济增长。以往的技术转移效应研究集中通过解析转移速度和规模来看其收益效应，而将微观主体间的技术转移抽象至空间层面，速度是否起作用，速度是不是决定性因素不得而知。本书从回答城市技术转移是否越快越好，多快算快这两个微观效应问题出发，在回答是集聚效应还是扩散效应，是通过哪些维度起作用这两个中观效应问题后，尝试回答是内部转移还是对外扩散，又是通过哪些维度起作用这两个宏观效应问题，从而构建了城市技术转移的速度—集聚—开放这一渐进式的效应评估模型体系，丰富了技术转移的效应研究理论体系，实现了对城市技术转移效应评估体系的统一，也为精准制定城市技术转移政策提供扎实的理论指导。

二 实证层面

（一）空间尺度上的精细化发展

虽已有研究将微观主体层面的技术转移抽象至空间层面，但集中于区域（省级）这一尺度，本书在对中国城市技术转移体系进行研究的过程中，实现了空间尺度（或曰研究视角）上的向下拓展，主要表现在：将技术转移主体的空间属性通过邮编识别系统归纳至城市层面，从而为从城市尺度研究技术转移提供了可能。本书正是通过这一空间抽象过程，创新性地建构了中国城市技术转移时—空间数据库，从而对中国城市技术转移体系进行实证研究，实现了空间尺度的向下拓展。

（二）研究方法上的引进与重构

本书对中国城市技术转移体系进行研究的过程，也是对当前创新地理学研究方法不断创新的过程，主要体现在：

其一，现有的技术创新能力评价虽有关注到"专利申请量"这个指标，但忽视了专利所覆盖的技术类别数量。对一个区域的专利技术类别覆盖度进行统计，不仅能发掘该区域的技术创新特色，还能识别该区域的技术创新体系的完善程度。本书从技术创新规模和技术创新深度两个方面建构了区域技术创新能力评价体系，丰富和完善了当前技术创新评价体系。

其二，现有的区域技术创新能力等级层次性集中于从能力值大小去划分识别。本书基于"中心地"思想提出了区域技术创新能力大小与区域经济规模、人口规模之间关系的三个假设，并印证了中国城市体系尺度的技术创新体系皆是由大规模国家或大规模城市主导并推动，且电学技术都成为不同尺度技术创新体系中的热门技术。

其三，现有的创新网络加权评价模型建构主要是从规模着手，即仅关注节点间的"流量"大小。本书基于城市技术转移研究维度体系，从城市间技术转移的规模、速度和深度着手，实现了创新网络评价模型的多维加权，从而能够更加准确地评估中国城市技术转移网络的动态演化过程和准确地划分中国城市技术转移的市场体系。

其四，现有的产业技术创新能力研究多为"自上而下"的研究范式，即先明晰产业，然后寻求该产业的创新投入产出数据，从而探讨该产业的技术创新能力及网络机制。这种自上而下的研究方式多是建立在相关平台对具体产业的技术创新活动情况的统计分析基础上，如中国国家知识产权局专利检索与服务系统中的重点产业专利信息服务平台就详细统计了中国十个重点产业的专利申请情况，然而，在脱离该平台或者其他平台后，我们无论是依据中国国民经济行业分类标准（GB/T 4754—2017），还是北美产业分类标准（NAICS），都无法对其分类下的任意一制造业的技术创新进行不同空间尺度下的特征揭示。本书建构的IPC-USPC-NAICS的专利分类至产业分类识别系统为研究不同空间尺度下的产业技术创新变迁提供了全新的视角和方法。

其五，现有的创新地理学机制、效应模型多集中于几种固定的空间面板模型。本书首先构建多元线性模型对中国城市技术转移能力的影响因素进行了研究；其次构建空间自相关模型对中国城市技术转移能力的集聚演化模式、中国城市技术转移网络的空间关联机制进行了研究；再次借助多维邻近性理论构建引力模型对中国城市技术转移网络的生长机制进行了研究；复次借助非对称相互依赖理论建构依赖度模型对中国城市技术转移市场体系进行了识别和划分；最后应用空间计量经济学模型（固定效应模型、随机效应模型、双向固定效应模型、混合回归模型等）对中国城市技术转移的经济效应进行了研究。

（三）数据来源上的补充与拓展

数据是实证研究的基础。本书也正是在当前创新空间研究数据库的基础上，对数据源进行了补充和拓展，才能够实现从城市体系尺度对技术转移的空间问题进行研究，主要表现在：

其一，建构了中国城市技术创新时—空间数据库。本书以万方中外专利数据库为数据源，获取了2000—2015年中国发明专利和实用新型专利的申请详情数据，并基于中国邮编数据库系统，将专利申请数据对应至城市（包括直辖市、地级市、自治州、盟、地区、省直管县级市），从而建构了2000—2015年中国城市技术创新空间数据库。

其二，建构了中国城市技术转移时—空间数据库。本书采用大数据挖掘手段，以国家知识产权局专利检索及分析平台为数据源，通过检索专利法律状态关键词——"转移"，从而获取了2001—2015年中国专利转让详情数据，并根据IPC专利分类体系获取每条专利的IPC分类号，且根据专利转移记录中关于专利转让前权利人和专利转让后权利人地址的详情数据进行城市识别，从而建构了2001—2015年中国城市技术转移空间数据库。

第三节　不足之处及展望

由于本书所研究的对象（城市技术转移）是一个点线交织而错综复杂、微观杂乱而宏观有序的复杂系统，笔者在面临这一新的命题时，时常感到无力和困惑，尽管经过多次论证和修改，试图构建一个相对合理的城市技术转移研究框架，从而系统研究中国技术转移体系的空间问题，但是于已看来，仍然存在诸多不足和不尽如人意之处，有待后续提升和完善。

一　技术转移中的企业主体地位需要强化

本书将微观主体层面的技术转移抽象至空间层面，研究城市技术转移问题，研究对象虽然仍集中于"技术转移"，但研究主体已然从微观层面的企业、大学、科研机构或者个人转换至宏观层面的城市，且在建构城市技术转移的研究框架中，集中于"城市"主体的表达。不可否认的是，无论是哪个空间尺度的技术转移，企业、大学都依然是技术转移的主体，尤其是企业，不仅是技术创新的主体，也是技术转移的主体，建立以企业为主体，以市场为导向的技术转移体系也是我国技术转移体系建设的目标。因而，在今后的城市技术转移研究中，需要建构一个包含以企业为技术转移主体的城市技术转移研究框架，且在城市技术转移研究中，要综合考虑技术转移前后权利人（企业）的属性，从而更加准确地刻画技术转移的空间规律。

二　空间尺度和研究视角上仍有待突破

本书虽然基于城市体系这一尺度，且通过城市非基本技术转移和基本技术转移划分来实现对城市技术转移的结构解剖，但并未深入到城市内部对城市非基本技术转移活动进行细致挖掘，因而在今后的研究中，需要通过典型城市的案例研究，深入城市内部，挖掘城市技术内部转移的微观时空规律。

三　数据来源和数据处理上仍有待补充和完善

专利属于技术的一种，专利转让也属于技术转移的一种途径。本书以城市间专利转让来描述中国城市技术转移体系仍然逃不脱片面性的问题，主要表现在：

其一，碍于数据的可获得性，本书仅挖掘国家知识产权局关于国内专利的转让数据，一是忽视了城市间国际专利（如 PCT 专利）转让，二是忽视了以专利进行技术转移的其他方式，如专利许可、专利权人变更等。

其二，本书是通过大数据挖掘和分析方法，在 2016 年的 12 月至 2017 年的 1 月集中挖掘并集合邮编识别法建构了中国城市技术转移数据库，而专利数据库动态变化性较大，可能会有所遗漏。

其三，碍于数据的可获得性，本书虽然建构了城市技术转移的四维框架，但并没有涉及技术转移的收益维度，即体现专利转让价值的合同金额无法获取，但这是衡量专利转让价值最为准确的指标。

其四，本书在分析城市技术转移的空间效应时，碍于 2001—2004 年城市间专利转让过少，仅选取 2005—2015 年 11 年间的城市技术转移数据建构空间面板回归模型，可能会对效应评估结果有所影响。

其五，本书采集的城市专利转让数据时至 2015 年，因而本书对于中国城市技术转移体系的时空演化格局和空间效应皆是时至 2015 年的一个判断。虽然在笔者构思博士学位论文时还算恰逢其时，但相对于 2020 年的今天已显得相对"落后"。

因而在未来的研究中，在数据来源和处理上建议：第一，充分利用国际技术转移平台挖掘国际技术转移数据，一是补充城市间技术转移数据，二是研究国家间的技术转移体系；第二，在专利转让的基础上，融合专利许可、项目合作、论文合作等数据；第三，应对过往专利转移数据进行多次采集进行校正；第四，鉴于数据难以获得，建议通过考量专利转让前后权利人的属性来对专利转让的价值进行加权处理（如华为和中兴之间进行专利转让和许可，则默认为其价值较高，而个人与个人之间的专利转让和许可则默认价值较低）；第五，应持续跟踪关注中国城市技术转移的动态变化趋势。

四 城市技术转移的空间效应仍有待进一步验证

本书虽然基于"速度—集聚—开放"这一渐进式的空间效应评

估体系对中国城市技术转移的经济效应进行了初步判读,但碍于数据处理上的缺陷,以及时效性的问题,中国城市技术转移的空间效应仍有待进一步验证。因而在未来的研究中建议:第一,要进行长期持续性的跟踪研究;第二,要增加对典型城市的案例研究;第三,要增加对典型微观主体技术转移案例的研究;第四,要增加国际案例的比较研究。

第四节 政策建议

本书的研究主题源于深刻的现实背景问题。2017年9月26日,国务院发布了《国家技术转移体系建设方案》(国发〔2017〕44号),首次提出了"国家技术转移体系"这一概念,并提出了一系列的要求、建设原则以及建设目标。另外,各地方政府也都在基于这一方案制定技术转移政策,从而促进科技成果转化。源于现实问题,必将回馈于现实,对现实问题解决作出理论性的指导和实证性的检验。

一 国家层面——中国城市技术转移体系的建构方案选择

本书从中国城市技术创新体系出发,从城市间专利转让的视角研究中国城市技术转移体系的时空演化格局及其机制效应,对于国家建设技术转移体系则是一项基础性的研究工作。基于本书的理论与实证研究,对中国城市技术转移体系提供如下两条建构方案。

(一) 依托城市技术创新体系建设城市技术转移体系

技术转移源于技术创新,城市技术创新能力直接决定城市有多大的技术转移能力。实证研究表明,2001—2015年,中国城市技术转移体系的时空演化格局与中国城市技术创新体系的时空演化格局基本同构,长三角地区、京津地区和珠三角地区既是中国技术创新活动的集聚地也是中国技术转移活动的集聚地,北京、上海、深圳这三个城市既是中国技术创新能力最强的三个城市，也是中国技术转移能力最强的三个城市。因而，中国城市技术转移体系可依托于现有已经形成的技术创新体系和技术转移市场体系展开建设，具体举措可从以下几个方面进行：

第一，继续巩固北京作为全国性技术转移市场城市地位，将上海、深圳和成都这三个城市也建设成为全国性或准全国性技术转移市场城市，原因有以下几点：一是上海和深圳作为技术创新实力仅次于北京的城市，其技术转移能力相对较弱，尤其是上海，其在技术转移市场体系中的地位与其本身具有的技术创新能力极不相符；二是成都作为中西部地区技术转移的中心城市一方面服务于广大中西部地区的技术需求，另一方面也是"一带一路"国际技术转移的核心城市。

第二，将苏州、杭州、广州、武汉、重庆等城市建设成为大区域性或准大区域性技术转移市场城市。

第三，依托于其他省会城市建设区域性或准区域性技术转移市场城市。

（二）依托产业技术创新体系建设城市技术转移体系

技术转移又通过产业消化服务于城市经济增长。实证研究表明，2001—2015 年，中国城市产业技术创新体系总体格局与城市技术转移体系虽基本同构，但在具体产业上存在较大差别，中国城市依托于不同产业已经形成各具特色的专业化技术创新体系。因而，中国城市技术转移体系也可依托于现有已经形成的产业技术创新体系展开建设，具体举措可从以下几个方面进行：

第一，在 ICT 产业和电气设备产业，以北京、深圳和上海为核心，以苏州、天津和广州等城市为副中心，建设中国 ICT 产业和电气设备产业城市技术转移体系；

第二，在机械产业，以苏州、重庆和北京为核心，以天津、上海和无锡等城市为副中心，建设中国机械产业技术转移体系；

第三，在化学制造产业，以青岛、北京和苏州为核心，以上海、南京、天津等城市为副中心，建设中国化学产业技术转移体系；

第四，在纺织服装产业，以无锡、苏州为核心，以泉州、上海、北京等城市为副中心，建设中国纺织服装产业技术转移体系；

第五，在医疗设备和医药产业，以青岛、北京和上海为中心，以济南、广州和南京等城市为副中心，建设中国医疗设备和医药技术转移体系；

第六，在交通运输设备产业，以重庆、北京和上海为中心，以天津、苏州和合肥等城市为副中心，建设中国交通运输技术转移体系。

二 城市层面——促进城市技术转移政策制定的启示

通过解剖城市技术转移的结构和维度，以及对城市技术转移的经济效应进行研究后，本书针对城市层面的技术转移政策制定提出以下三点建议。

（一）全面提升城市的技术创新能力

中国城市技术转移体系与城市技术创新体系时空间同构已经印证了这一点，而提升城市的技术创新能力一是要扩大技术创新产出规模，尤其是高质量的技术创新产出规模；二是要不断丰富技术创新体系，增加技术种类。城市技术转移的开放效应已经印证技术种类的多样性能够有效促进城市经济增长。

（二）提升技术转移的速度，但不能过度

欲速则不达。城市技术转移的速度固然重要，但并非越快越好。实证研究表明，以2年转移最为合适。但综合当前中国城市技术转移速度来看，2年有效转移的技术量仍然较少，绝大部分城市技术转移的速度普遍超过3.5年，因而提升中国城市技术转移的速度在今后一段时间内依然重要。

（三）既要强化技术的本地化转移，也要强化技术的对外集散功能

城市技术转移开放效应检验发现，城市内部技术转移规模越大，城市经济增长越快，因而对于大部分中国城市，技术的本地化服务是其首先需要解决的技术转移问题。城市技术转移的集聚效应检验发现，城市对外技术扩散规模越大，城市的技术腹地范围越广，城市经济增长越快，因而城市技术的对外服务功能也需要加强。如上海市，其技术对外扩散规模在2015年远低于北京和深圳两个城市，其技术腹地范围更是与北京和深圳相差甚多，因而上海面临的问题就是要扩大技术的对外服务规模，扩充其技术腹地范围。

附　　件

附表1　　2000年中国大规模城市和小规模城市的专利申请量和技术类别数量　　单位：件；万人；万元

	经济规模				人口规模			
	城市	GDP	专利申请量	专利类别数量	城市	人口总数	专利申请量	专利类别数量
Top 10	上海市	45511500	6497	411	重庆市	3091.09	826	237
	北京市	24787600	6559	475	上海市	1321.63	6497	411
	广州市	23759129	1563	331	北京市	1107.53	6559	475
	深圳市	16652406	1844	265	保定市	1055.17	227	119
	天津市	16393600	1565	324	周口市	1043.84	71	50
	重庆市	15896000	826	237	南阳市	1040.29	164	86
	苏州市	15406798	1024	218	成都市	1013.35	1191	302
	杭州市	13825616	1044	271	临沂市	1001.38	184	91
	成都市	13129900	1191	302	哈尔滨市	934.64	966	272
	武汉市	12068363	1268	312	天津市	912.00	1565	324
Bot 10	嘉峪关市	179307	3	2	嘉峪关市	15.96	3	2
	三亚市	295398	9	7	克拉玛依市	27.63	49	30
	金昌市	350746	13	13	乌海市	39.72	35	22
	乌海市	382203	35	22	金昌市	45.25	13	13
	铜川市	404280	9	9	三亚市	47.51	9	7
	石嘴山市	505034	26	22	海口市	57.34	109	66
	鹰潭市	539487	53	36	铜陵市	69.00	21	20
	七台河市	562078	25	17	石嘴山市	69.17	26	22
	防城港市	575085	15	12	珠海市	73.9	234	99
	池州市	581223	5	4	防城港市	76.31	15	12

附表 2   2005 年中国大规模城市和小规模城市的
专利申请量和技术类别数量   单位：件；万人；万元

	经济规模				人口规模			
	城市	GDP	专利申请量	专利类别数量	城市	人口总数	专利申请量	专利类别数量
Top 10	上海市	91541800	15721	515	重庆市	3169.16	2577	348
	北京市	68863101	16522	521	上海市	1360.26	15721	515
	广州市	51542283	4075	408	北京市	1180.7	16522	521
	深圳市	49509078	12755	403	周口市	1112.51	70	50
	苏州市	40265200	2809	338	保定市	1092.17	474	190
	天津市	36976200	6206	412	成都市	1082.03	2844	389
	重庆市	30704900	2577	348	南阳市	1079.14	299	140
	杭州市	29426519	5687	415	临沂市	1018.63	550	153
	无锡市	28046800	1955	325	哈尔滨市	974.84	2086	343
	青岛市	26958172	2262	336	天津市	939.31	6206	412
Bot 10	固原市	448776	6	6	嘉峪关市	17.22	11	7
	丽江市	603328	11	10	克拉玛依市	29.74	119	35
	中卫市	658484	12	11	乌海市	43.11	16	13
	铜川市	695200	13	11	金昌市	46.57	10	10
	定西市	713036	5	5	三亚市	51.19	14	9
	陇南市	741836	5	5	铜陵市	72.22	48	29
	三亚市	742144	14	9	石嘴山市	72.28	29	25
	嘉峪关市	813069	11	7	铜川市	84.39	13	11
	临沧市	965139	7	4	七台河市	88.43	34	26
	吴忠市	981093	15	14	珠海市	89.60	842	200

附表3　　2010年中国大规模城市和小规模城市的
专利申请量和技术类别数量　　单位：件；万人；万元

	经济规模				人口规模			
	城市	GDP	专利申请量	专利类别数量	城市	人口总数	专利申请量	专利类别数量
Top 10	上海市	171659800	42758	554	重庆市	3303.45	12030	483
	北京市	141135800	47044	559	上海市	1412.32	42758	554
	广州市	107482828	11084	481	北京市	1257.80	47044	559
	深圳市	95815101	26977	454	周口市	1224.35	196	107
	苏州市	92289100	22586	492	南阳市	1186.69	1034	223
	天津市	92244600	13705	490	保定市	1161.01	1323	278
	重庆市	79255800	12030	483	成都市	1149.07	10159	468
	杭州市	59491687	18509	514	临沂市	1072.69	1781	264
	无锡市	57933000	13195	485	阜阳市	1011.84	693	202
	青岛市	56661900	6976	437	哈尔滨市	992.02	4848	419
Bot 10	固原市	1040310	28	15	嘉峪关市	21.80	31	24
	丽江市	1435885	44	22	克拉玛依市	37.51	231	72
	定西市	1560193	95	38	金昌市	46.48	179	69
	陇南市	1694085	20	16	乌海市	53.00	40	27
	中卫市	1731892	31	19	三亚市	57.01	22	13
	嘉峪关市	1843192	31	24	铜陵市	74.01	784	174
	铜川市	1877340	27	21	石嘴山市	74.82	103	46
	伊春市	2024407	89	57	铜川市	85.44	27	21
	金昌市	2105134	179	69	防城港市	91.24	24	20
	张掖市	2127010	75	42	七台河市	92.86	49	33

附表4　　2015年中国大规模城市和小规模城市的
专利申请量和技术类别数量　　单位：件；万人；万元

		经济规模			人口规模			
	城市	GDP	专利申请量	专利类别数量	城市	人口总数	专利申请量	专利类别数量
Top 10	上海市	251234500	74640	569	重庆市	3371.84	61747	541
	北京市	230145900	124916	574	上海市	1442.97	74640	569
	广州市	181004136	36381	537	北京市	1345.20	124916	574
	深圳市	175028634	65366	511	周口市	1244.35	633	186
	天津市	165381900	56189	554	成都市	1228.05	42233	530
	重庆市	157172700	61747	541	保定市	1202.19	3660	381
	苏州市	145040700	73988	544	南阳市	1188.50	3490	356
	武汉市	109056000	26833	531	临沂市	1124.04	4660	366
	成都市	108011633	42233	530	邯郸市	1049.70	3269	364
	杭州市	100502079	39216	547	阜阳市	1042.65	5031	338
Bot 10	嘉峪关市	1900441	238	104	嘉峪关市	20.25	238	104
	七台河市	2126515	163	69	克拉玛依市	29.97	521	120
	固原市	2170391	58	24	乌海市	44.49	133	72
	金昌市	2245163	472	129	金昌市	45.69	472	129
	儋州市	2317313	176	62	拉萨市	53.03	151	48
	伊春市	2481966	296	60	三亚市	57.78	132	59
	鹤岗市	2655736	116	64	铜陵市	73.80	2541	223
	丽江市	2896117	250	66	石嘴山市	74.53	243	80
	定西市	3049178	190	66	七台河市	83.11	163	69
	陇南市	3151353	74	37	铜川市	83.64	64	38

附表5　　　　"中心地"思想下中国城市技术创新体系
　　　　　　　方程（4.1）的回归结果

	2000 年		2005 年		2010 年		2014 年	
	OLS 1	OLS 2	OLS 1	OLS 2	OLS 1	OLS 2	OLS 1	OLS 2
Intercept	0.220	-0.142	0.476	-0.193	0.743	-0.271	1.102	-0.277
SE	0.031	—	0.039	—	0.043	—	0.047	—
X1	0.769	1.045	0.666	1.050	0.584	1.048	0.513	1.031
SE	0.008	—	0.008	—	0.007	—	0.007	—
X2	—	-0.041	—	-0.046	—	-0.046	—	-0.043
SE	—	—	—	—	—	—	—	—
R2	0.944	0.955	0.917	0.938	0.913	0.947	0.905	0.951
F	9860.158	—	6639.047	—	6416.962	—	5804.931	—
P	0.000	0.000	0.000	0.000	0.000	0.000	0.000	0.000
N	591	591	606	606	614	614	614	614

注：OLS1 和 OLS2 分别为一阶最小二乘法（ordinary least squares）回归和二阶最小二乘法回归；以下类同。

附表6　　　　"中心地"思想下中国城市技术创新体系
　　　　　　　方程（4.2）的回归结果

	2000 年		2005 年		2010 年		2014 年	
	OLS 1	OLS 2	OLS 1	OLS 2	OLS 1	OLS 2	OLS 1	OLS 2
Intercept	6.238	6.409	6.080	6.319	6.200	6.492	6.314	6.388
SE	0.054	—	0.056	—	0.060	—	0.081	—
X^1	-0.391	-0.521	-0.291	-0.429	-0.293	-0.427	-0.317	-0.345
SE	0.014	—	0.012	—	0.010	—	0.012	—
X^2	—	0.019	—	0.017	—	0.013	—	0.002
SE	—	—	—	—	—	—	—	—
R^2	0.580	0.585	0.513	0.524	0.584	0.591	0.542	0.542
F	811.235	—	635.031	—	859.011	/	724.381	—
P	0.000	0.000	0.000	0.000	0.000	0.000	0.000	0.000
N	591	591	606	606	614	614	614	614

附表7 **"中心地"思想下中国城市技术创新体系方程（4.3）的回归结果**

	2000年		2005年		2010年		2014年	
	OLS 1	OLS 2	OLS 1	OLS 2	OLS 1	OLS 2	OLS 1	OLS 2
Intercept	15.451	15.947	16.005	16.463	16.557	17.202	16.925	17.570
SE	0.066	—	0.070	—	0.066	—	0.070	—
X^1	-0.393	-0.770	-0.328	-0.592	-0.270	-0.564	-0.265	-0.507
SE	0.017	—	0.014	—	0.011	—	0.010	—
X^2	—	0.055	—	0.032	—	0.029	—	0.020
SE	—	—	—	—	—	—	—	—
R^2	0.484	0.524	0.462	0.482	0.489	0.523	0.528	0.550
F	552.506547	—	517.699	—	585.631	—	683.245	—
P	0.000	0.000	0.000	0.000	0.000	0.000	0.000	0.000
N	591	591	606	606	614	614	614	614

参考文献

John P. Walsh、洪伟：《美国大学技术转移体系概述》，《科学学研究》2011年第5期。

安同良、刘伟伟、田莉娜：《中国长江三角洲地区技术转移的渠道分析》，《南京大学学报》（哲学·人文科学·社会科学）2011年第4期。

白俊红、卞元超：《政府支持是否促进了产学研协同创新》，《统计研究》2015年第11期。

白庆华、赵豪迈、申剑等：《产学研合作法律与政策瓶颈问题分析》，《科学学研究》2007年第1期。

毕克新、杨朝均、隋俊：《跨国公司技术转移对绿色创新绩效影响效果评价——基于制造业绿色创新系统的实证研究》，《中国软科学》2015年第11期。

蔡汝魁：《科技成果转化为生产力的过程及其机理探讨》，《科学学研究》1989年第2期。

蔡跃洲：《科技成果转化的内涵边界与统计测度》，《科学学研究》2015年第1期。

曹威麟、谭敏：《社会网络视角下跨区域技术转移绩效影响因素研究——基于我国30个省区关系数据的实证检验》，《中国科技论坛》2012年第1期。

曹霞、于娟、张路蓬：《不同联盟规模下产学研联盟稳定性影响因素及演化研究》，《管理评论》2016年第2期。

陈劲、陈雪颂：《设计驱动式创新——一种开放社会下的创新模式》，《技术经济》2010年第8期。

程叶青、王哲野、马靖：《中国区域创新的时空动态分析》，《地理学报》2014年第12期。

戴斌、黄璜：《区域旅游一体化的理论建构与战略设计——以京津冀为例》，《人文地理》2016年第3期。

丁响：《南北贸易、技术转移与技术创新的路径选择》，《国际经贸探索》2001年第4期。

杜德斌、段德忠、杨文龙等：《中国经济权力空间格局演化研究——基于国家间相互依存的敏感性与脆弱性分析》，《地理学报》2016年第10期。

杜德斌、段德忠：《全球科技创新中心的空间分布、发展类型及演化趋势》，《上海市城市规划》2015年第1期。

杜德斌、马亚华：《"一带一路"——全球治理模式的新探索》，《地理研究》2017年第7期。

杜德斌：《全球科技创新中心：动力与模式》，上海人民出版社2015年版。

段德忠、杜德斌、刘承良：《上海和北京城市创新空间结构的时空演化模式》，《地理学报》2015年第12期。

段德忠、刘承良、桂钦昌等：《西方城市公共交通空间研究进展：一个地理学的视角》，《地理与地理信息科学》2016年第5期。

樊霞、赵丹萍、何悦：《企业产学研合作的创新效率及其影响因素研究》，《科研管理》2012年第2期。

范柏乃、余钧：《高校技术转移效率区域差异及影响因素研究》，《科学学研究》2015年第12期。

范斐、杜德斌、李恒等：《中国地级以上城市科技资源配置效率的时空格局》，《地理学报》2013年第10期。

范建亭、汪立：《出口导向、技术类型与跨国公司内部技术转移——基于在华日资企业的实证分析》，《财经研究》2015年第10期。

方创琳、马海涛、李广东等：《中国创新型城市建设的综合评估与空间格局分异》，《地理学报》2014年第4期。

冯锋、司尚奇、李徐伟：《我国跨省区技术转移差异性分析——基于1996—2007年各省技术转移数据》，《中国科技论坛》2009年第11期。

冯秀珍、聂巧：《技术转移投入要素对区域经济发展的贡献滞后性分析——以北京市高技术产业为例》，《经济问题探索》2014年第9期。

傅正华、林耕、李明亮：《建立和完善国家技术转移体系的建议》，《中国科技论坛》2006年第2期。

高霞、陈凯华：《基于SIPO专利的产学研合作模式及其合作网络结构演化研究——以ICT产业为例》，《科学学与科学技术管理》2016年第11期。

桂钦昌、刘承良、董璐瑶等：《国外交通地理学研究的知识图谱与进展》，《人文地理》2016年第6期。

郭东妮：《中国高校技术转移制度体系研究》，《科研管理》2013年第6期。

郭凡生：《评国内技术的梯度推移规律——与何钟秀、夏禹龙老师商榷》，《科学学与科学技术管理》1984年第12期。

何建坤、吴玉鸣、周立：《大学技术转移对首都区域经济增长的贡献分析》，《科学学研究》2007年第5期。

何舜辉、杜德斌、焦美琪等：《中国地级以上城市创新能力的时空格局演变及影响因素分析》，《地理科学》2017年第7期。

何郁冰：《产学研协同创新的理论模式》，《科学学研究》2012年第2期。

贺德方：《对科技成果及科技成果转化若干基本概念的辨析与思考》，《中国软科学》2011年第11期。

胡冬雪、陈强：《促进我国产学研合作的法律对策研究》，《中国软科学》2013年第2期。

胡剑波：《跨国公司技术转移的方式、影响因素及对策分析》，《国际经济合作》2008年第2期。

胡小娟、柯善咨：《关系型经济地理学研究评述》，《经济学动态》2011年第6期。

黄菁菁：《产学研协同创新效率及其影响因素研究》，《软科学》2017年第5期。

季菲菲、陈雯、魏也华等：《长三角一体化下的金融流动格局变动及驱动机理——基于上市企业金融交易数据的分析》，《地理学报》2014年第6期。

江小娟：《吸引外资对推进中国产业技术进步的影响》，《中国煤炭工业》2004年第5期。

姜黎辉、张朋柱：《跨国公司向其在华合资企业技术转移决策系统分析》，《科研管理》2004年第6期。

康荣平、谢燮正、张毛弟：《论技术的梯度转移——兼与"新技术革命与经济不发达地区的基本对策"一文商榷》，《科学学与科学技术管理》1984年第12期。

科学管理研究编委：《国内技术转移理论讨论综述———场意义深远的讨论》，《科学管理研究》1985年第4期。

李成龙、刘智跃：《产学研耦合互动对创新绩效影响的实证研究》，《科研管理》2013年第3期。

李丹丹、汪涛、魏也华等：《中国城市尺度科学知识网络与技术知识网络结构的时空复杂性》，《地理研究》2015年第3期。

李杰、郭晓宏、姜亢等：《安全科学知识图谱的初步研究——以〈Safety Science〉期刊数据为例》，《中国安全科学学报》2013年第4期。

李廉水：《论产学研合作创新的组织方式》，《科研管理》1998年第1期。

李律成、程国平：《爱尔兰大学技术转移的经验及启示》，《中国科技论坛》2017年第3期。

李梅芳、刘国新、刘璐:《企业与高校对产学研合作模式选择的比较研究》,《科研管理》2012年第9期。

李平、钱利:《进口贸易与外国直接投资的技术溢出效应——对中国各地区技术进步的实证研究》,《财贸研究》2015年第6期。

李文波:《国立科研机构技术转移的知识产权问题》,《中国科技论坛》2003年第4期。

李小建、罗庆:《经济地理学的关系转向评述》,《世界地理研究》2007年第4期。

连燕华、马晓光:《我国产学研合作发展态势评价》,《中国软科学》2001年第1期。

刘承良、桂钦昌、段德忠等:《全球科研论文合作网络的结构异质性及其邻近性机理》,《地理学报》2017年第4期。

刘芳:《社会资本对产学研合作知识转移绩效影响的实证研究》,《研究与发展管理》2012年第1期。

刘芳芳、冯锋:《产学研跨区域合作现状及特征研究——基于社会网络视角》,《科学学与科学技术管理》2015年第8期。

刘凤朝、刘靓、马荣康:《区域间技术交易网络、吸收能力与区域创新产出——基于电子信息和生物医药领域的实证分析》,《科学学研究》2015年第5期。

刘凤朝、马荣康:《区域间技术转移的网络结构及空间分布特征研究——基于我国2006—2010省际技术市场成交合同的分析》,《科学学研究》2013年第4期。

刘生龙、胡鞍钢:《交通基础设施与中国区域经济一体化》,《经济研究》2011年第3期。

刘卫东:《"一带一路"倡议的科学内涵与科学问题》,《地理科学进展》2015年第5期。

刘炜、李郇、欧俏珊:《产业集群的非正式联系及其对技术创新的影响——以顺德家电产业集群为例》,《地理研究》2013年第3期。

刘一良:《新型工业化背景下湖南省承接国内外先进汽车产业技术转

移策略研究》，《经济地理》2010 年第 6 期。

柳卸林：《技术创新经济学的发展》，《数量经济技术经济研究》1993 年第 4 期。

鲁若愚、张鹏、张红琪：《产学研合作创新模式研究——基于广东省部合作创新实践的研究》，《科学学研究》2012 年第 2 期。

吕国庆、曾刚、郭金龙：《长三角装备制造业产学研创新网络体系的演化分析》，《地理科学》2014 年第 9 期。

吕拉昌、黄茹、廖倩：《创新地理学研究的几个理论问题》，《地理科学》2016 年第 5 期。

吕拉昌等：《创新地理学》，科学出版社 2017 年版。

罗堃、叶仁道：《清洁发展机制下的低碳技术转移：来自中国的实证与对策研究》，《经济地理》2011 年第 3 期。

骆严、朱雪忠、焦洪涛：《论美国大学与联邦实验室技术转移政策的差异》，《科学学研究》2016 年第 3 期。

马荣康、刘凤朝：《基于专利许可的新能源技术转移网络演变特征研究》，《科学学与科学技术管理》2017 年第 6 期。

潘雄锋、张静、米谷：《中国区际技术转移的空间格局演变及内部差异研究》，《科学学研究》2017 年第 2 期。

饶凯、孟宪飞、Andrea Piccaluga 等：《丹麦公共研发机构专利技术转移研究》，《科技进步与对策》2011 年第 8 期。

饶凯、孟宪飞、Andrea Piccaluga 等：《英国大学专利技术转移研究及其借鉴意义》，《中国科技论坛》2011 年第 2 期。

饶凯、孟宪飞、陈绮等：《中欧大学专利技术转移比较研究》，《软科学》2011 年第 10 期。

任龙、姜学民、傅晓晓：《基于专利权转移的中国区域技术流动网络研究》，《科学学研究》2016 年第 7 期。

邵邦：《中科院国家技术转移机构技术转移模式研究》，《科技和产业》2017 年第 3 期。

邵景波、张立新：《美日政府在高校技术转移中的作用比较》，《哈尔滨工业大学学报》（社会科学版）2003 年第 4 期。

沈玉芳、孙强辉：《我国西部地区技术状况空间分布特征及上海在西部技术转移过程中的作用研究》，《世界地理研究》2001 年第 2 期。

盛垒：《中国省区间的外资 R&D 知识溢出及其空间差异研究——基于随机前沿生产模型（SFA）的实证》，《人文地理》2013 年第 5 期。

盛亚：《中国技术转移的理论与实际问题》，《科学管理研究》1994 年第 6 期。

史焱文、李二玲、李小建：《地理邻近、关系邻近对农业产业集群创新影响——基于山东省寿光蔬菜产业集群实证研究》，《地理科学》2016 年第 5 期。

司尚奇、冯锋：《我国跨区域技术转移联盟研究——基于 38 个城市合作网络分析》，《科学学研究》2010 年第 8 期。

司月芳、曾刚、曹贤忠等：《基于全球—地方视角的创新网络研究进展》，《地理科学进展》2016 年第 5 期。

苏竣、陈俊、陈晓红：《透析日本东北技术转移联合会衍生企业的运作模式》，《科学学与科学技术管理》2013 年第 11 期。

隋俊、毕克新、杨朝均等：《跨国公司技术转移对我国制造业绿色创新系统绿色创新绩效的影响机理研究》，《中国软科学》2015 年第 1 期。

孙鹏、曾刚：《西方国家大学技术转移研究的进展和启示》，《人文地理》2011 年第 2 期。

孙淑玲、武永清：《科技成果转化机制探讨》，《科研管理》1990 年第 3 期。

孙卫、徐昂、尚磊：《创新速度理论研究评述与展望》，《科技进步与对策》2010 年第 7 期。

覃川、金兼斌：《中国大学技术转移的基本模式与关键因素分析》，《技术与创新管理》2005 年第 5 期。

唐允斌：《应当研究技术引进中的经济问题》，《世界经济》1978年第1期。

唐志新、万淑芬：《跨国公司先进制造技术对我国的转移方式和效应研究》，《技术经济》1999年第10期。

王承云、孙飞翔：《长三角城市创新空间的集聚与溢出效应》，《地理研究》2017年第6期。

王缉慈：《关于中国产业集群研究的若干概念辨析》，《地理学报》2004年第Z1期。

王娟茹、潘杰义：《产学研合作模式探讨》，《科学管理研究》2002年第1期。

王秋玉、曾刚、吕国庆：《中国装备制造业产学研合作创新网络初探》，《地理学报》2016年第2期。

王文治：《跨国公司垂直技术转移、后向关联与东道国产业的发展》，《世界经济研究》2009年第11期。

王亚齐：《创新经济学的发展演化及其现实意义》，《创新与创业管理》2013年第1期。

王永梅：《科研院所技术转移绩效影响因素的实证研究——基于技术供给方的视角》，《科学学与科学技术管理》2014年第11期。

王铮、马翠芳、王莹等：《区域间知识溢出的空间认识》，《地理学报》2003年第5期。

翁君奕：《美日中高校技术转移激励政策比较》，《高等教育研究》2000年第4期。

吴晓波、窦伟、李璟琰：《跨国公司内部技术转移研究评述》，《科技管理研究》2010年第18期。

肖国芳、李建强：《改革开放以来中国技术转移政策演变趋势、问题与启示》，《科技进步与对策》2015年第6期。

谢建国：《市场竞争、东道国引资政策与跨国公司的技术转移》，《经济研究》2007年第6期。

熊宁：《科学技术地理学——人文地理学的分支学科之一》，《人文地理》1991 年第 1 期。

徐静、冯锋、张雷勇等：《我国产学研合作动力机制研究》，《中国科技论坛》2012 年第 7 期。

许学强、周一星、宁越敏等：《城市地理学》，高等教育出版社 2008 年版。

颜银根、安虎森：《演化经济地理：经济学与地理学之间的第二座桥梁》，《地理科学进展》2013 年第 5 期。

杨凡、杜德斌、段德忠等：《上海市创新型工业的空间格局与区位模式研究》，《华东经济管理》2016 年第 8 期。

杨慧玉、王会斌、张平平：《高校技术转移的机制研究》，《研究与发展管理》2005 年第 5 期。

杨龙志、刘霞：《区域间技术转移存在"马太效应"吗？——省际技术转移的驱动机制研究》，《科学学研究》2014 年第 12 期。

杨沛霆：《试论科学技术波动与转移的规律——科研管理学术思想杂谈之一》，《科研管理》1980 年第 2 期。

杨向辉、陈通：《基于 VAR 模型的天津市技术转移与区域经济发展动态关系研究》，《软科学》2010 年第 9 期。

叶静怡、杨洋、韩佳伟等：《中美高校技术转移效率比较——基于专利的视角》，《中国科技论坛》2015 年第 1 期。

袁剑锋、许治：《中国产学研合作网络结构特性及演化研究》，《管理学报》2017 年第 7 期。

原长弘、李阳、田元强等：《大学衍生企业公司治理对自主创新能力影响的实证分析——来自中国高校上市公司的证据》，《科学学与科学技术管理》2013 年第 12 期。

曾刚：《京沪区域创新系统比较研究》，《城市规划》2006 年第 3 期。

张士运、刘彦蕊：《德国史太白技术转移网络的发展经验与政策启示》，《中国科技论坛》2013 年第 3 期。

张莹：《跨国公司在中国的技术转移问题及对策分析》，《科技进步与对策》2001 年第 3 期。

张玉利、杨永峰、秦剑：《大学技术转移绩效驱动因素研究与展望》，《科学学与科学技术管理》2013 年第 10 期。

章琰：《大学技术转移影响因素模型研究》，《科学学与科学技术管理》2007 年第 11 期。

郑雨：《八十年代后跨国公司技术转移特征——基于技术范式理论视角的分析》，《科学管理研究》2007 年第 4 期。

周凤华：《资源因素与大学技术转移绩效研究》，《研究与发展管理》2017 年第 5 期。

周勤、陈柳：《技术差距和跨国公司技术转移战略》，《中国工业经济》2004 年第 5 期。

周正、尹玲娜、蔡兵：《我国产学研协同创新动力机制研究》，《软科学》2013 年第 7 期。

朱桂龙、李卫民：《国际技术在中国技术转移影响因素分析》，《科学学与科学技术管理》2004 年第 6 期。

Aldridge T. Taylor and Audretsch B. David, "The Bayh-Dole Act and Scientist Entrepreneurship", *Research Policy*, Vol. 40, No. 8, October 2011.

Allain M. Laure, Henry Emeric, Kyle Margaret, "Inefficiencies in Technology Transfer: Theory and Empirics", *CEPR Discussion Paper No. DP*8206, *EconPapers*, Sciences Po Publications, Sciences Po., January 2011.

Al-Tabbaa Omar and Ankrah Samuel, "Social Capital to Facilitate 'Engineered' University-industry Collaboration for Technology Transfer: A Dynamic Perspective", *Technological Forecasting and Social Change*, Vol. 104, March 2016.

Al-Tabbaa Omar, Leach Desmond, March John, "Collaboration between Nonprofit and Business Sectors: A Framework to Guide Strategy Development for Nonprofit Organizations", *Voluntas International Journal of Voluntary and Nonprofit Organizations*, Vol. 25, March 2013.

Andergassen Rainer, Nardini Franco, Ricottilli Massimo, "Innovation Diffusion, General Purpose Technologies and Economic Growth", *Structural Change & Economic Dynamics*, Vol. 40, March 2017.

Anderson R. Timothy, Daim U. Tugrul, Lavoie F. Francois, "Measuring the Efficiency of University Technology Transfer", *Technovation*, Vol. 27, No. 5, May 2007.

Ankrah Samuel and AL-Tabbaa Omar, "Universities-industry Collaboration: A Systematic Review", *Scandinavian Journal of Management*, Vol. 31, No. 3, September 2015.

Ankrah S. N., Burgess T. F., Grimshaw P., et al., "Asking both University and Industry Actors about Their Engagement in Knowledge Transfer: What Single-group Studies of Motives Omit", *Technovation*, Vol. 33, No. 2 – 3, February-March 2013.

Anne L. J. Ter Wal, "Cluster Emergence and Network Evolution: A Longitudinal Analysis of the Inventor Network in Sophia-Antipolis", *Regional Studies*, Vol. 47, No. 5, 2013.

atzenstein J. Peter, "International Relations and Domestic Structures: Foreign Economic Policies of Advanced Industrial States", *International Organization*, Vol. 30, No. 1, 1976.

Audretsch B. David and Feldman P. Maryann, "R&D Spillovers and the Geography of Innovation and Production", *The American Economic Review*, Vol. 86, No. 3, Jun. 1996.

Audretsch B. David, Lehmann E. Erik, Warning Susanne, "University Spillovers and New Firm Location", *Research Policy*, Vol. 34, No. 7, September 2005.

Audretsch B. David, Lehmann E. Erik, Wright Mike, "Technology Transfer in a Global Economy", *Journal of Technology Transfer*, Vol. 39, December 2012.

Azagra-Caro M. Joaquín M, "What Type of Faculty Member Interacts with

What Type of Firm? Some Reasons for the Delocalisation of University-industry Interaction", *Technovation*, Vol. 27, No. 11, November 2007.

Bathelt Harald and Glückler Johannes, "Toward a Relational Economic Geography", *Journal of Economic Geography*, Vol. 3, No. 2, April 2003.

Bathelt Harald, Malmberg Anders, Maskell Peter, "Clusters and Knowledge: Local buzz, Global Pipelines and the Process of Knowledge Creation", *Progress in Human Geography*, Vol 28, No. 1, February 2004.

Bekkers Rudi and Freitas Isabel MariaBodas, "Analysing Knowledge Transfer Channels Between Universities and Industry: To What Degree do Sectors also Matter?", *Research Policy*, Vol. 37, No. 10, December 2008.

Belderbos Rene, Ito Banri, Wakasugi Ryuhe, "Intra-firm Technology Transfer and R&D in Foreign Affiliates: Substitutes or Complements? Evidence from Japanese Multinational Firms", *Journal of the Japanese and International Economies*, Vol. 22, No. 3, September 2008.

Bercovitz Janet and Feldman Maryann, "Academic Entrepreneurs: Organizational Change at the Individual Level", *Organization Science*, Vol. 19, No. 1, Jan. - Feb. 2008.

Boardman P. Craig, "Beyond theStars: The Impact of Affiliation with University Biotechnology Centers on the Industrial Involvement of University Scientists", *Technovation*, Vol. 28, No. 5, May 2008.

Borensztein E., De Gregorio J., Lee J-W., "How does Foreign Direct Investment Affect Economic Growth?", *Journal of International Economics*, Vol. 45, No. 1, June 1998.

Boschma A. Ron and Frenken Koen, The Emerging Empirics of Evolutionary Economic Geography, *Journal of Economic Geography*, Vol. 11, No. 2, March 2011.

Boschma A. Ron and Frenken Koen, "Why is Economic Geography not

An Evolutionary Science? Towards an Evolutionary Economic Geography", *Journal of Economic Geography*, Vol. 6, No. 3, June 2006.

Boschma A. Ron, "Proximity and Innovation: A Critical Assessment", *Regional Studies*, Vol. 39, No. 1, Aug 2010.

Bouba-Olga Olivier, Carrincazeaux Christophe, Marie Coris, et al., "Proximity Dynamics, Social Networks and Innovation", *Regional Studies*, Vol. 49, No. 6, May 2015.

Bozeman Barry and Crow Michael, "TechnologyTransfer from U. S. Government and University R&D Laboratories", *Technovation*, Vol. 11, No. 4, May 1991.

Bozeman Barry, Rimes Heather, Youtie Jan, "The Evolving State-of-the-art in Technology Transfer Research: Revisiting the Contingent Effectiveness Model", *Research Policy*, Vol. 44, No. 1, February 2015.

Bozeman Barry, "TechnologyTransfer and Public Policy: A Review of Research and Theory", *Research Policy*, Vol. 29, No. 4 – 5, April 2000.

Branstetter G. Lee, Fisman Raymond, Foley C. Fritz, "Do Stronger Intellectual Property Rights Increase International Technology Transfer? Empirical Evidence from U. S. Firm-level Panel Data", *Quarterly Journal of Economics*, Vol. 121, No. 1, Feb. 2006.

Breschi Stefano, "The Geography of Innovation: A Cross-sector Analysis", *Regional Studies*, Vol. 34, No. 3, Aug. 2010.

Chen E. Yegin, "The Evolution of University-industry Technology Transfer in Hong Kong", *Technovation*, Vol. 14, No. 7, September 1994.

Chen ShinHorng, "Taiwanese IT Firms' Offshore R&D in China and the Connection with the Global Innovation Network", *Research Policy*, Vol. 33, No. 2, March 2004.

ChenChaomei, Hu Zhigang, Liu Shengbo, et al., "Emerging Trends in Regenerative Medicine: A Scientometric Analysis in CiteSpace", *Expert Opinion on Biological Therapy*, Vol. 12, No. 5, March 2012.

ChenChaomei, "CiteSpace II: Detecting and Visualizing Emerging Trends and Transient Patterns in Scientific Literature", *Journal of the Association for Information Science and Technology*, Vol. 57, No. 3, February 2006.

ChenYanning, "Comparing North-South Technology Transfer and South-South Technology Transfer: The Technology Transfer Impact of Ethiopian Wind Farms", *Energy Policy*, Vol. 116, May 2018.

ChristianBinz and Bernhard Truffer, "Global Innovation Systems—A Conceptual Framework for Innovation Dynamics in Transnational Contexts", *Research Policy*, Vol. 46, No. 7, September 2017.

Chung Him, "UnequalRegionalism: Regional Planning in China and England", *Planning Practice & Research*, Vol. 30, No. 5, Otorber 2015.

Clarysse Bart, Wright Mike, Lockett Andy, et al., "Spinning out New Ventures: A Typology of Incubation Strategies from European Research Institutions", *Journal of Business Venturing*, Vol. 20, No. 2, March 2005.

Cohen M. Wesley, Goto Akira, Nagata Akiya, et al., "R&D Spillovers, Patents and the Incentives to Innovate in Japan and the United States", *Research Policy*, Vol. 31, No. 8 – 9, December 2002.

Cohen M. Wesley, Levinthal A. Daniel, "Absorptive Capacity: A New Perspective on Learning and Innovation", *Administrative Science Quarterly*, Vol. 35, No. 1, March 1990.

Combes Pierre-Philippe and Lafourcade Miren, "Transport Costs: Measures, Determinants and Regional Policy Implications for France", *Journal of Economic Geography*, Vol. 5, No. 3, June 2005.

Costantini Valeria and Liberati Paolo, "Technology Transfer, Institutions and Development", *Technological Forecasting and Social Change*, Vol. 88, October 2014.

Crane Bret, Albrecht Chad, Duffin Mchay Kristopher, et al., "China's

Special Economic Zones: An Analysis of Policy to Reduce Regional Disparities", *Regional Studies, Regional Science*, Vol. 5, No. 1, Feb. 2018.

Cricelli Livio and Grimaldi Michele, "Knowledge-based Inter-organizational Collaborations", *Journal of Knowledge Management*, Vol. 14, No. 3, 2010.

Crow Michael and Bozeman Barry, "R&DLaboratory Classification and Public Policy: The Effects of Environmental Context on Laboratory Behavior", *Research Policy*, Vol. 16, No. 5, October 1987.

Decter Moira, Bennett David, Leseure Michel, "University to Business Technology Transfer: UK and USA Comparisons, *Technovation*, Vol. 27, No. 3, March 2007.

Drake A. Tracey and Caves E. Richard, "ChangingDeterminants of Japanese Foreign Investment in the United States", *Journal of the Japanese & International Economies*, Vol. 6, No. 3, September 1992.

Dunning H. John andLundan M. Sarianna, "Institutions and the OLI Paradigm of the Multinational Enterprise", *Asia Pacific Journal of Management*, Vol 24, No. 4, December 2008.

D'Este Pablo and Perkmann Markus, "Why do Academics Engage with Industry? The Entrepreneurial University and Individual Motivations", *Journal of Technology Transfer*, Vol. 36, February 2010.

D'Este P. and Patel P., "University-industry Linkages in the UK: What are the Factors Underlying the Variety of Interactions with Industry?", *Research Policy*, Vol. 36, No. 9, November 2007.

Elia Stefan and Grazia D. Santangelo, "The Evolution of Strategic Asset-seeking Acquisitions by Emerging Market Multinationals", *International Business Review*, Vol. 26, No. 5, October 2017.

Etzkowitz Henry, Leydesdorff, "The Dynamics of Innovation: From National Systems and 'Mode 2' to a Triple Helix of University-industry-government Relations, *Research Policy*, Vol. 29, No. 2, February 2000.

Etzkowitz Henry, "Innovation lodestar: The Entrepreneurial University in a Stellar Knowledge Firmament", *Technological Forecasting and Social Change*, Vol. 123, October 2017.

Faulkner Wendy andSenker Jacqueline, "Making Sense of Diversity: Public-private Sector Research Linkage in Three Technologies", *Research Policy*, Vol. 23, No. 6, November 1994.

Fernández-Esquinas Manuel, Pinto Hugo, Yruela Pérez Manuel, et al., "Tracing the Flows of Knowledge Transfer: Latent Dimensions and Determinants of University-industry Interactions in Peripheral Innovation Systems", *Technological Forecasting and Social Change*, Vol. 113, No. B, December 2016.

Flatten C. Tessa, Engelen Andreas, Zahra A. Shaker, "A Measure of Absorptive Capacity: Scale Development and Validation", *European Management Journal*, Vol. 29, No. 2, April 2011.

FrancoMário and Haase Heiko, "University-industry Cooperation: Researchers' Motivations and Interaction Channels", *Journal of Engineering and Technology Management*, Vol. 36, April-June 2015.

Freeman Chris, "The 'National System of Innovation' inHistorical Perspective", *Cambridge Journal of Economics*, Vol. 19, No. 1, February 1995.

Freitas Isabel Maria Bodas, Geuna Aldo, Rossi Federica, "Finding the Right Partners: Institutional and Personal Modes of Governance of University-industry Interactions", *Research Policy*, Vol. 42, No. 1, February 2013.

Geuna Aldo and Nesta J. J. Lionel, "University Patenting and Its Effects on Academic Research: The Emerging European Evidence", *Research Policy*, Vol. 35, No. 6, July 2006.

Giuliani Elisa, Morrison Andrea, Pietrobelli Carlo, et al., "Who are the

Researchers that are Collaborating with Industry? An Analysis of the Wine Sectors in Chile, South Africa and Italy", *Research Policy*, Vol. 39, No. 6, July 2010.

Görg Holger and Strobl Eric, "Spillovers from Foreign Firms through Worker Mobility: An Empirical Investigation", *The Scandinavian Journal of Economics*, Vol. 107, No. 4, December 2005.

Hanson H. Gordon, "MarketPotential, Increasing Returns and Geographic Concentration", *Journal of International Economics*, Vol. 67, No. 1, September 2005.

Harman Grant andSherwell Val, "Risks in University-industry Research Links and the Implications for University Management", *Journal of Higher Education Policy and Management*, Vol. 24, No. 1, Aug. 2010.

Hensengerth Oliver, "South-South Technology Transfer: Who Benefits? A Case Study of the Chinese-built Bui Dam in Ghana", *Energy Policy*, Vol. 114, March 2018.

Huallacháin Breandán, Kane Kevin, Kenyon Sean, "Invention in the United States City System", *Annals of the Association of American Geographers*, Vol. 105, No. 6, Nov. 2015.

Ibert Oliver, Hautala Johanna, Jauhiainen S. Jussi, "From Cluster to Process: New Economic Geographic Perspectives on Practices of Knowledge Creation", *Geoforum*, Vol. 65, October 2015.

Javorcik Smarzynska Beata, "Does Foreign Direct Investment Increase the Productivity of Domestic Firms? In Search of Spillovers through Backward Linkages", *The American Economic Review*, Vol. 94, No. 3, Jun. 2004.

Jensen Richard andThursby Marie, "Proofs and Prototypes for Sale: The Licensing of University Inventions", *The American Economic Review*, Vol. 91, No. 1, March 2001.

John A. Mathews, "DragonMultinationals: New Players in 21st Century

Globalization", *Asia Pacific Journal of Management*, Vol. 23, No. 1, March 2006.

Juan CarlosLeiva, Juan Antonio Rodríguez Alvarez, Ricardo Monge González, "Effects of Hiring Former Employees of Multinationals in the Absorptive Capacity of Local Frms", *Contaduría Y Administración*, Vol. 62, No. 2, April-June 2017.

Július Horvath and Grabowski Richard, "Core and Periphery in the World Economy: An Empirical Assessment of the Integration of the Developing Countries into the World Economy", *International Economic Journal*, Vol. 13, No. 4, 1999.

KalePrashant, "The Global Indian Firm: Growth & Value Creation through Overseas Acquisitions", *Indian Journal of Industrial Relations*, Vol. 45, No. 1, Jul. 2009.

Kessler H. Eric andChakrabarti K. Alok, "Innovation Speed: A Conceptual Model of Context, Antecedents, and Outcomes", *Academy of Management Review*, Vol. 21, No. 4, Octorber 1996.

Kiggundu N. Kiggundu and DeGhetto Kaitlyn, "Regional Integration: Review of the Management Literature and Implications for Theory, Policy, and Practice", *Africa Journal of Management*, Vol. 1, No. 4, Dec. 2015.

Kogut Bruce, Zander Udo, "Knowledge of the Firm and the Evolutionary Theory of the Multinational Corporation", *Journal of International Business Studies*, Vol. 24, No. 4, December 1993.

Krieger-Boden Christiane and Soltwedel Rüdiger, "Identifying European Economic Integration and Globalization: A Review of Concepts and Measures", *Regional Studies*, Vol. 47, No. 9, 2013.

Krugman Paul and Venables J. Anthony, "Globalization and the Inequality of Nations", *The Quarterly Journal of Economics*, Vol. 110, No. 4, Nov. 1995.

Lawless M. W. and Anderson P. C. , "Generational Technological Change: Effects of Innovation and Local Rivalry on Performance", *The Academy of Management Journal*, Vol. 39, No. 5, Oct. 1996.

Link N. Albert, Scott T. John, Siegel S. Donald, "The Economics of Intellectual Property at Universities: An Overview of the Special Issue", *International Journal of Industrial Organization*, Vol. 21, No. 9, November 2003.

Lissoni Francesco, "Knowledge Codification and the Geography of Innovation: The Case of Brescia Mechanical Cluster", *Research Policy*, Vol. 30, No. 9, December 2001.

Liu Chengliang and Gui Qinchang, "Mapping Intellectual Structures and Dynamics of Transport Geography Research: A Scientometric Overview from 1982 to 2014", *Scientometrics*, Vol. 109, No. 1, October 2016.

Liu Weidong, Dunford Michael, Song Zhouying, et al. , "Urban-Rural Integration Drives Regional Economic Growth in Chongqing, Western China", *Area Development and Policy*, Vol. 1, No. 1, Apr. 2016.

Lockett Andy, Siegel S. Donald, Wright Mike, et al. , "The Creation of Spin-off Firms at Public Research Institutions: Managerial and Policy Implications, *Research Policy*, Vol. 34, No. 7, September 2005.

Lommerud Erik Kjell, Meland Frode, Straume Odd Rune, "North-South Technology Transfer in Unionised Multinationals", *Journal of Development Economics*, Vol. 99, No. 2, November 2012.

Luo Yadong and Rosalie L. Tung, "International Expansion of Emerging Market Enterprises: A Springboard Perspective", *Journal of International Business Studies*, Vol. 38, No. 4, July 2007.

Mansfield Edwin, "Intrafirm Rates of Diffusion of An Innovation", *The Review of Economics & Statistics*, Vol. 45, No. 4, Nov. 1963.

Mansfield Edwin, "The Speed and Cost of Industrial Innovation in Japan and the United States: External vs. Internal Technology", *Management*

Science, Vol. 4, No. 10, Octorber 1988.

Markman D. Gideon, Gianiodis T. Peter, Phan H. Phillip, et al., "Innovation Speed: Transferring UniversityTechnology to Market", *Research Policy*, Vol. 34, No. 7, September 2005.

Mowery C. David, Nelson R. Richard, Martin R. Ben, "TechnologyPolicy and Global Warming: Why New Policy Models are Needed (or Why Putting New Wine in Old Bottles Won't Work), *Research Policy*, Vol. 39, No. 8, October 2010.

Mowery C. David, Nelson R. Richard, Sampat N. Bhaven, et al., "The Growth of Patenting and Licensing by U.S. Universities: An Assessment of the Effects of the Bayh – Dole Act of 1980", *Research Policy*, Vol. 30, No. 1, January 2001.

Nelson R. Richard, "TheMarket Economy, and the Scientific Commons", *Research Policy*, Vol. 33, No. 3, April 2004.

Nonaka Ikujiro and Krogh von Georg, "Tacit Knowledge and Knowledge Conversion: Controversy and Advancement in Organizational Knowledge Creation Theory", *Organization Science*, Vol 20, No. 3, 2009.

Page L. Albert, "AssessingNew Product Development Practices and Performance: Establishing Crucial Norms", *Journal of Product Innovation Management*, Vol. 10, No. 4 September 1993.

Park I. Byung, "Knowledge Transfer Capacity of Multinational Enterprises and Technology Acquisition in International Joint Ventures", *International Business Review*, Vol. 20, No. 1, February 2011.

Patrick vander Heiden, Christine Pohl, Shuhaimi Mansor, et al., "Necessitated Absorptive Capacity and Metaroutines in International Technology Transfer", *Journal of Engineering and Technology Management*, Vol. 41, July-September 2016.

Perkmann Markus and Walsh Kathryn, "Engaging the Scholar: Three Types of Academic Consulting and Their Impact on Universities and Industry", *Research Policy*, Vol. 37, No. 10, December 2008.

Perkmann Markus, King Zella, Pavelin Stephen, "Engaging Excellence? Effects of Faculty Quality on University Engagement with Industry", *Research Policy*, Vol. 40, No. 4, May 2011.

RaiVarun, Schultz Kaye, Funkhouser Erik, "International Low Carbon Technology Transfer: Do Intellectual Property Regimes Matter?", *Global Environmental Change*, Vol. 24, January 2014.

Saggi Kamal, "Trade, Foreign Direct Investment, and International Technology Transfer: A Survey", *The World Bank Research Observer*, Vol. 17, No. 2, Autumn 2002.

Santacreu Ana Maria, "Innovation, Diffusion, and Trade: Theory and Measurement", *Journal of Monetary Economics*, Vol. 75, October 2015.

Santoro D. Michael and Gopalakrishnan Shanthi, "The Institutionalization of Knowledge Transfer Activities within Industry-university Collaborative Ventures", *Journal of Engineering and Technology Management*, Vol. 17, No. 3–4, September 2000.

Scherngell Thomas and Hu Yuanjia, "Collaborative Knowledge Production in China: Regional Evidence from a Gravity Model Approach", *Regional Studies*, Vol. 45, No. 6, 2011.

Schulz Martin, "The Uncertain Relevance of Newness: Organizational Learning and Knowledge Flows", *The Academy of Management Journal*, Vol. 44, No. 4, Aug. 2001.

Scott J. Allen, "A Perspective of Economic Geography", *Journal of Economic Geography*, Vol. 4, No. 5, November 2004.

Sethi Deepak, "Are Multinational Enterprises from the Emerging Economies Global or Regional?", *European Management Journal*, Vol. 27, No. 5, October 2009.

Shane Scott, "Encouraging University Entrepreneurship? The Effect of the Bayh-Dole Act on University Patenting in the United States", *Journal of Business Venturing*, Vol. 19, No. 1, January 2004.

ShawAndr Torre and Gilly Jean-Pierre, "Debates and Survey: On the Analytical Dimension of Proximity Dynamics", *Regional Studies*, Vol. 34, No. 2, Aug. 2010.

Siegel S. Donald, Waldman A. David, Atwater E. Leanne, et al., "CommercialKnowledge Transfers from Universities to Firms: Improving the Effectiveness of University - industry Collaboration", *Journal of High Technology Management Research*, Vo. 14, No. 1, Spring 2003.

Smitha R. Nair, Mehmet Demirbag, Kamel Mellahi, "Reverse Knowledge Transfer in Emerging Market Multinationals", *The Indian context*, *International Business Review*, Vol. 25, No. 1, February 2016.

Sunley Peter, "Relational Economic Geography: A Partial Understanding or a New Paradigm?", *Economic Geography*, Vol. 84, No. 1, Jan. 2008.

Szulanski Gabriel, "Exploring Internal Stickiness: Impediments to the Transfer of Best Practice within the Firm", *Strategic Management Journal*, Vol. 17, No. S2, Winter 1996.

Szulanski Gabriel, "The process of knowledge transfer: A diachronic analysis of stickiness", *Organizational Behavior & Human Decision Processes*, Vol. 82, No. 1, May 2000.

Teece J. David, "Business Models and Dynamic Capabilities", *Long Range Planning*, Vol. 51, No. 1, February 2018.

Teece J. David, "Dynamic Capabilities and Entrepreneurial Management in Large Organizations: Toward a Theory of the (Entrepreneurial) Firm, *European Economic Review*, Vol. 86, July 2016.

Tina C. Ambos, Björn Ambos, Bodo B. Schlegelmilch, "Learning from Foreign Subsidiaries: An Empirical Investigation of Headquarters' Benefits from Reverse Knowledge Transfers", *International Business Review*, Vol. 15, No. 3, June 2006.

Tour laArnaudde, Glachant Matthieu, Ménière Yann, "Innovation and International Technology Transfer: The Case of the Chinese Photovoltaic Industry", *Energy Policy*, Vol. 39, No. 2, February 2011.

UrbanFrauke, "China's rise: Challenging the North-South Technology Transfer paradigm for Climate Change Mitigation and Low Carbon Energy", *Energy Policy*, Volume 113, February 2018.

Villani Elisa, Rasmussen Einar, Grimaldi Rosa, "How Intermediary Organizations Facilitate University – industry Technology Transfer: A Proximity Approach", *Technological Forecasting and Social Change*, Vol. 114, January 2017.

Walsh P. John, Cohen M. Wesley, Cho Charlene, "WhereExcludability Matters: Material Versus Intellectual Property in Academic Biomedical Research", *Research Policy*, Vol. 36, No. 8, October 2007.

Warren B. Brown andNecmi Karagozoglu Brown, "Leading the Way to Faster New Product Development", *The Academy of Management Journal*, Vol. 7, No. 1, 1993.

Xu Bin, "Multinational Enterprises, Technology Diffusion, and Host country Productivity Growth", *Journal of Development Economics*, Vol. 62, No. 2, August 2000.

Yang Qin, Mudambi Ram, Meyer E. Klaus, "Conventional and Reverse Knowledge Flows in Multinational Corporations", *Journal of Management*, Vol. 34, No. 5, May 2008.

Yong S. Lee, "TheSustainability of University-industry Research Collaboration: An Empirical Assessment", *Journal of Technology Transfer*, Vol. 25, June 2000.

Zahra A. Shaker and George Gerard, "Absorptive Capacity: A Review, Reconceptualization, and Extension", *Academy of Management Review*, Vol. 27, No. 2, Apr 2002.

索 引

B

拜杜法案 28—30

半结构访谈 28,63

本地蜂鸣与全球通道 212

布莱克法律词典 64

C

产学研合作 49,50,52—55,57,59,79

产学研联合开发工程 52

城市非基本经济活动 83

城市基本技术集聚 84,86,87,133,135,144—148,150—155,158—160,226,251

城市基本技术扩散 84,86,87,135—137,147—150,152—155,160—162,251

城市基本经济活动 83,219

城市技术转移 1,3,6—11,13,14,63,75,77,80—88,122,123,125—129,131,132,137—139,141,147,149,154—156,162—164,166,168—170,174,176—197,199—201,203—211,213—217,219—235,238,245,247—260

城市技术转移范围

城市技术转移规模

城市技术转移深度

城市技术转移市场

城市技术转移速度

城市技术转移网络

创新地理学 4—7,13,63,77—81,251—253

创新经济学 13,23,63,64,68,72—75,78,248,250

创新扩散 26,74,75,77

创新驱动发展战略 3,4,6—8,178,180,200

创新速度 63,75—77,219,220,235,250,251

D

大学技术转移办公室

地理邻近性 2,80,81,96,140,144,147,150,153,155,163,170,178,199,212—214,216,218,247,248

电气设备产业 110,113—115,121,258

多维邻近性理论 13,205,211,213,253

F

发明专利 31,65,66,89,254

非对称相互依存理论 183

非基本技术转移 6,81,84—87,125—132,138—143,145,147,149,155—158,162—166,168,170—172,178,179,181,219,220,230,231,234,248,250,251,255

G

孤岛思维 25

国际专利分类斯特拉斯堡协定

国家技术转移体系

J

机械产业 110,115—117,121,258

基本技术转移 6,81,84—87,125—127,129,130,132—135,137,139,142—144,146,150,151,153,155,158,162—164,166—168,172,173,178,179,181,201,203,217,219,220,230,231,234,248,250,251,255

技术供应链 239—242,244,246

技术销售链 239,243—246

技术转移 1—9,11,13,15—24,26—64,69—76,79,80,82—86,93,125—133,135,136,138,142,145,147,149,151,155,157,158,162—165,168—170,173,174,176—181,184—188,190,194—205,209,210,213,215—217,219,220,225,226,230,231,234,235,237—243,245—260

技术转移体系一体化

技术转移网络

竞争战略 25

K

开放创新 1,25,37,180

科技成果转移转化 3

空间复杂性 191

M

美国专利分类

美国专利商标局

Q

企业家精神 25

清洁发展机制 4,28

区域一体化 13,219,235—237,239—246

全球—地方化 2

全球创新网络 1,2,32,37,184,219

全球科技创新中心 1,2,8,80,179
全球生产网络 1,32
全球研发网络 1,32,37

R

认知邻近性 212—214

S

三螺旋理论 23
社会邻近性 212
社会网络 22,28,59,61,62,205,209,249
深度访谈 28,63
实用新型专利 14,65,66,89,99,103,104,109,254
世界贸易组织 64
世界知识产权组织 65,67,68

T

拓扑复杂性 186

U

USPC—IPC 的反向一致性对应表
USPC—NAICS 一致性对应表 91,93

W

外观设计专利 65

X

吸收能力 23—26,28,34—36,42,50

新制度主义 24
信息通信产业（ICT） 110

Y

演化经济地理学 211
医疗设备产业 13,110,117—121

Z

知识黏性 24
植物专利 65
制度邻近性 212,213
中心地理论 89,90
专利 3,5,7,9,13,14,25,29,31,33,57—59,61,64—67,69,70,77,86,88—94,96,99,100,103—107,109,112—115,117,119,120,122—128,132,137,138,142,154,157,176,177,181,182,194,196,198,199,213—217,220,237—245,251—257,261—264
专利分类标准
专利权
专利转让
组织邻近性 212,213
组织行为学 24

后　　记

本书由笔者在博士学位论文基础上修改完成。出版之际，回首一路走来，悄然间接受过如此多无私的关怀、支持和帮助。在此，我想将此书献给所有在我成长过程中给予关怀与帮助的人。

首先，感谢我的导师，华东师范大学城市与区域科学学院院长杜德斌教授。四年博士学习期间，杜老师给予我的不仅是研究视角、研究方向、研究方法上的根本性变革和跃升，还给予我重新定义何谓学术之道。从我的博士学位论文选题、理论框架建构到实证研究，无不凝聚着恩师的汗水和心血，也正是在他的不断鼓励和鞭策下，我才斗胆将博士学位论文修订出版。

其次，感谢我留美期间合作导师，美国路易斯安那州立大学地理与人类学系主任、终身教授Fahui Wang（王法辉）老师。一年的访学短暂而美好，王老师教会我的不只是学术上的严谨，还有生活上、家庭上的尊重和感激。王老师"身体第一、家庭第二、事业第三"的人生信条也将继续指引我在接下来的人生道路上满怀感激之心行走。

再次，感谢我的兄长，华东师范大学城市与区域科学学院副院长刘承良教授。师兄长我十岁，把我未来十年将要遇到的各种问题和磨难都以他的"经验"来让我"安全"避开，让我能够一路通畅地走下去。从我的第一篇学术论文，到硕士学位论文，到博士入学，到出国访学，再到博士学位论文，这其中无不有师兄的极力帮助和关怀。

此外，感谢华东师范大学全球创新与发展研究院的马亚华老师、张仁开老师、龚利老师、翟庆华老师、孙燕铭老师、将雪中老师、宋韬老师等在学术研究和科研项目上给予我的帮助，感谢华东师范大学城市与区域科学学院汤建中教授、上海浦东改革与发展研究院院长朱金海教授和中国浦东干部学院楚天骄教授给予本书诸多启发性的建议。

攻读博士学位期间，也有幸聆听曾刚老师、宁越敏老师、孙斌栋老师、谷人旭老师、汪明峰老师、孔翔老师、滕堂伟老师等的教诲，得到张红老师、徐蓓丽老师、赵琳老师、顾春香老师、陈敏老师等的帮助与支持，以及范斐副教授、肖刚博士、李恒博士、胡曙虹博士、游小珺博士、王倩倩博士、何舜辉博士、杨凡博士、林晓博士、桂钦昌博士、侯纯光博士、焦美琪博士等"斌团"弟子在生活上的关心和学业上的帮助。正是有你们的陪伴，四年的博士学习生活丰富多彩。

感谢国家社科基金后期资助优秀博士论文出版项目和华东师范大学 2019 年度人文社科精品力作培育项目对本书出版的资助。

最后，我要感谢我的妻子谌颖。博士学习期间，由于我微薄的博士生活补贴，家里的经济重担都压在妻子一个人身上，是妻子在精神上与生活上无私无怨的支持，我才能顺利完成博士学业。博士的四年，是我和妻子艰苦奋斗的四年，正是有了这四年的积累，我们之间更加相互尊重，相互理解，相互支持。

段德忠
2019 年 12 月 23 日
华东师大闵行校区